宁夏地方史话丛书

沙湖史话

总主编　张　廉
主　编　贠有强

黄河出版传媒集团
宁夏人民出版社

图书在版编目(CIP)数据

沙湖史话/贠有强主编. —银川:宁夏人民出版社,2017.12

(宁夏地方史话丛书/张廉主编)

ISBN 978-7-227-06839-6

Ⅰ.①沙… Ⅱ.①贠… Ⅲ.①旅游区—介绍—平罗县 Ⅳ.①K928.704.34

中国版本图书馆CIP数据核字(2017)第328824号

宁夏地方史话丛书 张 廉 总主编
沙湖史话 贠有强 主 编

责任编辑 白 雪
责任校对 杨敏媛
封面设计 香 榆
责任印制 肖 艳

黄河出版传媒集团 宁夏人民出版社 出版发行

地 址 宁夏银川市北京东路139号出版大厦(750001)
网 址 http://www.nxpph.com http://www.yrpubm.com
网上书店 http://shop126547358.taobao.com http://www.hh-book.com
电子信箱 nxrmcbs@126.com renminshe@yrpubm.com
邮购电话 0951-5019391 5052104
经 销 全国新华书店
印刷装订 宁夏报业传媒印刷有限公司
印刷委托书号 (宁)0008152

开本 720mm×980mm 1/16
印张 15.5 字数 230千字
版次 2017年12月第1版
印次 2017年12月第1次印刷
书号 ISBN 978-7-227-06839-6
定价 55.00元

《宁夏地方史话丛书》

《沙湖史话》

前　言

宁夏历史悠久，文化灿烂，是中华文明的发祥地之一。有史以来，北方游牧民族与中原农耕民族在这里繁衍生息、相互交融、相互渗透，形成了多种文化形态并存的局面，积淀了独特的地域和民族文化资源。丰富璀璨的宁夏历史文化遗存，既蕴含了物换星移、兵戎玉帛的沧桑往事，也呈现出厚重丰富、独具特色的文化内涵。

宁夏回族自治区党委、政府高度重视文化的大发展、大繁荣，十分重视历史典籍的编纂出版工作。广大史学工作者依托宁夏丰富的历史文化资源，辛勤耕耘，忘我奉献，编辑出版了一大批反映宁夏历史文化的研究成果，为宁夏历史文化的开发和利用展现了新的窗口，对人们了解宁夏、认识宁夏发挥了重要的作用。新时期，继续深入挖掘宁夏历史文化资源，推出大批适合时代要求、人民群众需要的研究成果，不仅是宁夏广大史学工作者的重要使命和历史任务，也是建设和谐富裕新宁夏、与全国同步进入全面小康社会的迫切要求。《宁夏地方史话丛书》编纂工作的启动，正是适应这一发展要求应运而生的产物。

《宁夏地方史话丛书》旨在以宁夏多元文化为主线，分门别类，按照地域和行业来分类，以重大历史事件来陈述，打造一整套宁夏地方历史文化的集大成之作。这套丛书不仅展现了宁夏历史文化的不同侧面，而且系统介绍宁夏历史发展进程，是彰显宁夏历史文化特色、打造宁夏历史文化品牌、促进宁夏历史文化发展的优秀成果。

新中国地方志编纂工作开展以来，宁夏各地地方志、年鉴、地情资料丛书的大量出版，积累了丰富的地方历史文化资料，培养了一批文字功底强、业务能力精的史志专家队伍。各级领导对地方史志工作也给予了大力支持，创造了良好的发展环境，为打造品质一流、特色浓厚的《宁夏地方史话丛书》奠定了坚实的基础。通过《宁夏地方史话丛书》，人们可以感受宁夏历史文化的苍凉厚重，领略宁夏历史文化的奇特魅力。

《宁夏地方史话丛书》编辑部

目录 MULU

目录 MULU

古来黄河多改道
沧桑巨变造沙湖

沙湖是国家35个王牌景点之一，国家首批5A级旅游景区，中国十大魅力休闲旅游湖泊之一，有“塞上明珠”之美誉。地理坐标是东经106°26′，北纬38°37′，位于宁夏石嘴山市平罗县城西南19公里处，距石嘴山市区26公里，距首府银川市56公里，国道与包兰铁路傍湖而过，京藏高速可直达。西靠巍巍贺兰山，东临滔滔黄河，和暖泉古人类遗址相连，处于平罗西大滩的中心地带，是昔日宁夏城（银川）出塞的必经之地。

沙湖景区总面积为80.1平方公里，其中水域面积22.44平方公里，沙漠面积22.52平方公里，湿地面积24.6平方公里。这里南沙北湖，金沙、碧水、翠苇、飞鸟、游鱼、远山、彩荷构成独具特色的秀丽景观。万亩水域，栖居着白鹤、黑鹤、天鹅等十多种珍鸟奇禽。春秋季节，成千上万只鸟在此繁衍栖息，百鸟翔集，鱼跃其间，为大自然一处奇观。

沙湖属于典型的大陆性半干旱气候，雨季多集中在6—9月，具有冬寒长、夏暑短、雨雪少、风沙多的特点。这里日光充足，地表干燥，昼夜温差大。每年的5—10月是最佳旅游季节。

20世纪时，沙湖可谓是未开垦的“处女地”，笼罩着神秘的面纱，世人知之甚少。1985年，沙湖景区正式挂牌开放；1996年，被列为全国35个王牌景点之一；2000年，中央精神文明办公室、建设部、国家旅游局确定为“全国文明旅游风景区”；2006年，被国家旅游局首批评定为4A级旅游景区；2013年又荣获CCTV“中国十大魅力湿地”称号。从此，沙湖就如一位揭下红纱盖头的少女，惊艳地呈现

沙湖万亩荷塘

在世人面前。

有这样一首民歌唱道："金绸子沙滩，银绸子水，谁不说咱沙湖美。塞上的风光，江南的景，人在沙湖不思归。"沙湖之美，美在沙水相融，秀在湖苇相映，奇在鸟飞鱼跃。

作为一处集江南水乡之秀丽与塞北大漠之雄浑为一体的"塞上明珠"，在挂牌开放30多年来，沙湖以其独特优美的自然景观和得天独厚的旅游资源，备受游人喜爱与关注，党和国家领导人江泽民、胡锦涛等同志都曾莅临沙湖视察。沙湖先后被评为中国35个王牌景点之一和国家首批5A级旅游景区；2013年被世界知名媒体CNN评为中国四十大美景之一和中国观鸟首选之地；同年11月，在中央电视台举办的"美丽中国湿地行"大型公益活动评选中，沙湖从600多家湿地中脱颖而出，成为"中国十大魅力湿地"之一。

有人这样评价沙湖：中国有水的地方很多，但湖光山色中没有沙的粗犷；中国有沙的地方也很多，但瀚海起伏中缺少水的灵性，这二者的缺憾在沙湖珠联璧合，给了人们一个回归自然的好去处。

发源于青藏高原的黄河，滋润着它所经过的每一个地方。当它经过地形平坦的宁夏平原时，流速变慢，从而形成了被誉为“塞上江南，鱼米之乡”的引黄灌区。而沙湖就像一位天外来客，将它粗犷的颜色——黄色，涂抹在这一望无际的绿色平原之上，显得特别与众不同。

有人说，沙丘是沙湖的脊梁。在阳光的照射下，一座座沙丘金光闪闪，就像一座座嵌满宝石的蒙古包。在“S”形的沙梁上，一支支驼队徐徐走过，随着扬起的沙尘，驼铃声，声声入耳。站在沙丘高处，眺望远方，茅屋几处，炊烟袅袅，不由地使人想起唐代诗人王维的诗句：“大漠孤烟直，长河落日圆。”那么，沙湖从何而来？难道是天外飞仙吗？

有这样一个传说，很久以前，有一位美丽的蒙古族姑娘，她的名字叫“贺兰”，能文善骑会射。一日，贺兰慕天山原始岩画之名而寻之，途中邂逅党项族男青年漠汉。漠汉高大英俊，文武双全，性格豪爽。两人一见钟情，山盟海誓，私订终身。一年后，传来消息：成吉思汗欲纳贺兰为妾，西夏皇帝也欲定漠汉为驸马。俩人誓死不从，决定私奔。在一个月圆之夜，贺兰骑一匹青色骏马到初识地与漠汉相会。两人吃下仙药，女即化作泉湖，男即化作沙漠，相依相偎，永不分离。今天我们看到的沙湖就是一边是水，一边是沙漠。贺兰的贴身丫环也化作了芦苇，从而形成了沙湖独特的地貌。而贺兰骑的那匹马也化作了贺兰山（贺兰为蒙古语，意为青色的骏马），现在那匹马的“马鞍”在山顶上还清晰可见。后人为纪念这个爱情传奇，把这段山改名为贺兰山。多年后，成吉思汗发兵西夏，从此党项族从历史上消亡，只留下了残美壮观的王陵和风光旖旎、独具特色的沙湖。

传说终究只是传说，沙湖近乎梦幻般的沙与水，当然不可能是情侣肉身所化，这一切都是大自然鬼斧神工的杰作和人类活动的产物。

沙湖南岸的沙丘，是点缀在绿洲腹地的一景，这片流动沙丘的面积约为42.3平方公里，沙丘高度最大可达20米。这片沙丘主要是黄河的冲积物，其形成过程是：黄河水所带的泥沙沉积以后，该地形成河湖相沉积。河水退去后，裸露的地层在风力作用下，经过长期的侵蚀搬运沉积，其中的粉粒被风带至远方，而沙

沙湖候鸟

粒堆积于当地。沙湖沙的粒径、颜色、矿物质接近于黄河冲积物。但该地地处贺兰山东侧倾斜平原下端，因此其沙源也不排除有山前平原的物质，但其量次于黄河冲积沙。

由于沙湖沙来源于黄河泥沙沉积，其粒度比一般的沙粒度分布范围宽，即从粗沙到极细沙都有。平均粒径也比其他沙漠的沙平均粒径大。通过扫描电镜分析，这片沙丘的颗粒有的棱角尖锐，表面氧化铁积淀较少，颜色发白，与典型的沙漠沙有很大差异，显示出水成的痕迹；有的颗粒表面有蝶形坑，显示出典型的风成痕迹，这说明沙湖南岸沙丘经历了水力沉积和风力沉积。腾格里沙漠来源说应予以否定。腾格里沙漠乃至阿拉善地区，沙源有可能到达该地区，而腾格里沙漠的沙物质绝不可能飞跃贺兰山而进入该地。另一方面，腾格里沙漠风成沙的特征也与该地沙差异甚大。

据平罗县档案记载，在新生界第四系时期，全新统近代黄河反复冲积淤积的沉积物，其中贺兰山水沟冲积物主要是沙砾，形成山麓东侧倾斜平原区。冲积层构成黄河冲积平原区，岩性为黏质壤土、沙土、粉沙、细沙等。风积层零星分布于明长城以北第三排水沟两侧，以及姚伏镇高荣村、鄂尔多斯台地两侧。

岩性为松散的灰黄色细沙。粉沙常构成草丛沙丘、新月形沙丘、沙丘链。沼泽层分布于平罗县城至姚伏一带，多为黄河古道淤积或平原凹地积水而成的大小湖泊的沉积物。

在第四纪更新世时期，银川平原是一个由断陷盆地形成的浩瀚大湖，直到黄河形成，沧海桑田，逐渐出现冲积平原。宁夏平原在第四纪不断沉降，在沉降幅度最大的永宁、银川、平罗等地，地势特别低洼，史前时期就存在着沉降型湖沼和盐化土壤。

自北魏时起，银川平原已出现了局部的沙化现象；至唐宋，尤其是宋代，其规模进一步扩大。北魏时期，宁夏引黄灌区的土地沙化现象虽是局部性的，但亦具有一定规模。北魏时期所见到的宁夏土地沙化现象，应是东汉以后出现的。秦汉时期，由于朝廷向包括宁夏平原在内的河南地大规模移民屯垦，不仅使宁夏平原的相当一部分草地被开垦，同时也使宁夏平原的河谷森林乃至贺兰山山麓森林被破坏。至东汉后期，气候又变得干冷起来，这就为宁夏土地的部分沙化准备了条件，因而至北魏时期，宁夏引黄灌区出现了部分的土地沙化现象。

唐宋时期是宁夏森林第二次被大破坏时期。与此相对应，自北魏以来宁夏北部引黄灌区出现的土地沙化范围进一步扩大。唐前期，宁夏北部引黄灌区虽已发展成了以农业为主兼营畜牧业的半农半牧地区，但气候的暖湿，还不至于对环境产生太大的负面影响，到后期，气候的变化，为土地的进一步沙化奠定了基础。宋、夏对峙时期，气候继续保持寒冷，但双方因战争的需要发展屯田的积极性更加高涨，特别是西夏统治宁夏大部分地区（包括北、中部和南部一部分）的近二百年间，其经营农业的规模并不比汉唐逊色，因而土地的沙化现象有增无减。

有学者认为，从地理位置上看，沙湖在沙丘的上风向，因此沙湖可能为古风蚀坑。从地貌形态上看，沙湖更像一个牛轭湖，即沙湖原来曾为黄河古道或牛轭湖，在后来的历次洪水中被泥沙所掩埋，风蚀坑只不过是从原黄河古道或牛轭湖发展而来。何谓牛轭湖呢？牛轭湖是指在平原地区流淌的河流，在河曲发育过程中，随着流水对河面的冲刷与侵蚀，河道越变越曲，最后导致河流自然截弯取直，河水由取直部分流去，原来弯曲的河道被废弃，形成湖泊。因为这种形

状的湖泊恰似牛轭，故称之为牛轭湖。从历代黄河的变迁图可以看出，如今沙湖所在的地区，正是曾经黄河古道所经之处。黄河流经此地，形成牛轭湖，后湖水补给不及时，湖水变干，留下了黄河搬运而来的沙石，经年累月，在塞北的严寒和酷暑中逐渐碎裂，最后形成小沙砾。后来地震又重新塑造了这一地区的地形，最终成为今天沙丘的样子。而那个陷下去的坑重新注入水之后，形成了今日的沙湖。

综上所述，对沙湖沙的形成就可以得出一个基本的看法：沙湖之沙并非来源于腾格里沙漠，而是黄河古道中的沙石经年累月碎裂而成。在黄河改道之后，这一地区的移民开垦种植也在一定程度上加速了本地的沙化，最终形成了沙地。在清乾隆大地震中，地形又被重新塑造，后逐渐形成了突起的固定沙丘。正所谓“古道黄河变沙田”。

黄河孕育了沙湖之沙，那么作为沙湖血液的沙湖之水，会不会也与黄河有关呢？有学者给出了这样一种解释：沙湖属河成湖，其成因最初是黄河在丰水期时储水积聚而成。现在的水源仍主要来自黄河水，黄河水补给湖的方式是灌溉时的渗漏水，通过地下水以潜水形式汇集于湖内。

沙湖的西面有东一支渠，东面有第三排水沟，周围都是农田，农田灌溉退水，渠道渗漏水，都会汇聚到沙湖。在灌溉期间，由于整个银北地区排水不畅，特别是汛期在黄河水的顶托作用下，排水更加困难，此时沙湖要接纳周围大量农田灌溉退水。由于农田灌溉退水补给量较大，因此湖水保持较好的水质，矿化度小于3克/升，但因此造成沙湖水氮、磷等含量及化肥农药等残留物超标。

除黄河水以外，贺兰山前倾斜平原汇集的贺兰山山水也以泉水的形式补给湖区。贺兰山地下潜水对沙湖来说只是间接关系，即贺兰山东麓地下潜水补给农田地下水，农田地下水及灌溉退水补给沙湖。二者相比较，其水源主要来自黄河水，贺兰山前倾斜平原的潜水次之。

如果说，湖水是沙湖的血液，沙丘是沙湖的脊梁的话，那么芦苇就是沙湖的秀发。它们一簇簇地生长在沙湖的浅滩处，宛若一个个亭亭玉立的美少女。沙湖的平均深度为2.2米，最深处有6米，而芦苇恰恰喜欢在浅水处生长。每年冬季，湖面结冰的时候，工作人员要把冰面以上的芦苇条割掉，直到第二年3月下旬芦苇长出嫩芽。这些嫩芽的含糖量非常高，是鱼儿的美食，草鱼尤为喜欢，它

沙湖芦苇

们会沿着芦根转圈啃食芦苇，芦苇随之被鱼儿们修剪成各种各样的造型。

初春时节，丛丛芦苇从水中长出嫩绿的枝芽，给人一种生机勃勃、春意盎然的感觉。盛夏时分，芦苇如茂林密竹，蓬勃向上，郁郁葱葱，船行其间给人一种曲径通幽的奇妙感觉。到了秋天，芦花绽放、芦叶苍苍，那时候的湖面会给人一种“蒹葭苍苍，白露为霜。所谓伊人，在水一方”的美丽意境。冬季，湖面结冰，厚度达25厘米左右，是收割芦苇的最好季节，芦苇被收割后湖面就变成天然的滑冰场，而沙山上也会通过人工造雪形成滑雪场。冬天到沙湖来滑冰滑雪，可以体验速度与激情。

沙湖的芦苇不仅有很强的观赏价值，还有很多使用价值，芦苇不仅是造纸的上好材料，还可以用来编织、建房屋，同时还有固堤、调节气候、净化水质、维持生物多样性的作用，所以芦苇又有“第二森林”之美誉。

随处可见的芦苇，却并非沙湖地区的“常住居民”。如同沙湖的沙与水一般，历史时期的沙湖植被也经历过沧海桑田的巨变。

冬天的沙湖

考古证据显示，新石器时代，宁夏境内河流众多，湖、泉密布，水资源相当丰富。从发掘的几十处新石器时代遗址来看，当时居民选择居址时，其着眼点大多集中在河流或湖、泉的附近，他们之所以这么做，除饮水、交通和发展原始农业便利外，河谷中林木茂盛、禽兽繁多，可以就地取材建房或进行狩猎。新石器时代中晚期，生活在宁夏北部平原地区的原始先民，创造了以细石器文化为特征的畜牧文化。虽然当时先民在河谷或湖、泉附近经营农业，但毕竟当时人口较少，用原始的石制工具进行农业经营，生产力水平比较低下，因而对森林的破坏也十分有限。所以沿着沙湖到贺兰山一线自然资源十分丰富，生活在这里的居民也在这片土地上创造着属于自己的文化。

西周至春秋战国时期西北地区的气候经历了由干冷向暖湿的转化，这一时期沙湖地区基本保持着水草丰茂、森林茂密的状态，生态环境相当好。秦汉至魏晋时期，史念海先生在《历史时期黄河中游的森林》一书中指出，这一时期是平原地区的森林受到严重破坏的时期。学术界有两种比较近似的观点：一种观点认为，两汉时期，由于修建城堡、住宅及制造车船等，森林开始被大规模采伐，滨河走廊林与山麓乔灌木逐渐消失。虽然在建设居民点时，种植了一定数量的树木，但毕竟生产远远小于消耗，以至于光武帝曾下诏严禁伐木。可惜的是，天然林的破坏已然对地区生态平衡产生了不利影响，只是由于周围山区森林覆盖面积仍较大，其影响尚未达到十分严重的地步而已。另一种观点认为，经过秦汉两代的积极经营，宁夏平原上已经出现了第一个引黄灌区，农业生产得到了迅速发展，这使地处荒漠的宁夏平原成为了人工绿洲。当然，这是以牺牲四周植被，尤其是贺兰山等地森林为代价的。兴修如此浩繁的水利工程，能源和建筑用材用量之大，岂有不就近向贺兰等山地森林大肆砍伐之理。人口的迁移以及建筑使用木材，使这里的森林开始遭到破坏。土地得到开垦后破坏了地表植被，开启了土地逐渐沙化的模式。魏晋时期这一地区多由少数民族统治，以畜牧业为主的民族对这一地区的破坏没有农耕民族那么严重，所以森林植被以及草地的退化问题得到了一定的缓解。

唐朝建立之后，这里灌溉农业进一步发展，人口逐渐增加，破坏作用又一次出现。直到唐后期，黄河开始变清，生态环境得到保护。西夏时期，虽然党项族以畜牧业自立，但是面对宋、金两朝的经济封锁，开垦土地、种植粮食以自足，这里的森林和土地开发得到进一步加强，其规模丝毫不亚于汉唐，这一时期沙湖周边环境被破坏。

明清时期沙湖及其周边地区森林以及草地进一步被破坏。史念海先生在《历史时期黄河中游的森林》一书中指出，这一时期是黄河中游森林受到摧毁性破坏的时期。严格地说，这种摧毁性的破坏是从明代中叶开始的。具体到宁夏的情况也大致如此。明宣德十年至弘治八年(1435—1495年)，宁夏平原新增灌溉农田2万顷左右，额征田亩也达到1.8万余顷之多。耕地的增加，意味着森林、湿地、草地面积的大幅萎缩，这是名副其实的“退林就耕”。

纵观历史时期的沙湖及周边地区生态的变化，可以看出这样一个内在的逻辑：以农业为主的定居生活的开始一定程度上意味着对环境的破坏的开始，而以畜牧业为主的生活方式对环境的破坏相对较轻。另一个重要信息是，几千年来气候本身的变化对生态环境也有着重要影响。据竺可桢先生研究，历史时期的几个气候寒冷时期，往往伴随着北方游牧民族的南下。游牧民族一旦统治了之前的农耕地区，就会在这里推行与游牧民族相适应的生产方式，整个过程类似于今天的退耕还林还草，农耕地区的植被也会得到一定的恢复。

中华人民共和国成立之后，国家批准建立了中国人民解放军农业建设第一师，进入平罗县西大滩进行军垦，并成立了前进农场。经过数十年的建设。

1990年前后对当地的土地类型的统计情况如下：农场土地总面积为267357亩，实有耕地面积73525亩，约占土地总面积的28%。荒地181765亩，占土地总面积的67.99%，其中盐土78997亩，占荒地面积的43.46%。白僵土65733亩，占土地总面积的24.59%；流动沙丘37035亩，占土地总面积的13.85%。可以看出，这一地区大部分地区属于不可耕种之地。历史上长期的开发和对生态环境的破坏，造就了今日沙湖的现状。中华人民共和国成立之后的合理开发和利用，使大片的土地成为可耕之地。沙丘和湖水被包围在了这片塞上江南的绿洲中，显得格外耀眼。

黄沙漫漫，驼铃声声

军垦开发的时候，沙湖的前面有一条渠叫东干渠。开挖建设以后，前进农场周围到处都在挖排水渠，由于沙湖的地势最低，排出来的水都慢慢集中到了这里，慢慢地形成了湿地。在沙湖南面的沙丘南侧，还有一条排水渠，由于雨水多，地下沟里的水也灌进沙湖，把靠近沙湖的1万多亩地全部淹没，逐渐形成了今日的沙湖湖面。

在垦殖中，军垦战士开始利用沙湖养鱼。宁夏的万亩鱼塘就在这里。湖里养有草鱼、鲤鱼、鲫鱼，以草鱼为主。为了解决草鱼吃草的难题，军队每天派人到永宁县的鹤泉湖（那个地方当时遍地都是芦苇）挖芦苇根，回来将芦苇根种在沙湖里。当时拉回来后，哪个地方能种就种到哪里，主要是给鱼做饲料用，一下种了4000多亩，规模也起来了。沙湖渔业、芦苇种植由此而始。

从沙湖的芦苇中走来，坐在高高的沙丘上，耳边依稀响起驼铃声，假如你能穿越这段历史的迷雾，感受变迁的历史，是否也能体会出几分沧桑呢？此时若是有幸能品尝到芦苇荡中成长起来的沙湖大鱼头，方知人间美景才能配美味。

廉城遗址今可寻 汉时暖泉有人家

在沙湖地区以北，今石嘴山市惠农区尾闸镇西河村，有一个西河桥古动物化石遗址。遗址占地面积600平方米，发现于1985年11月。西河桥古动物化石呈梯状堆集，最浅的离地面仅1米深，属第四纪更新世就地埋藏的化石。该遗址是1990年一家砖厂工人在推土时发现的，共发掘埋有化石的土包70多个，有犀牛、鹿、羊、马、鸵鸟等，整理修复了9个完整的犀牛头颅化石和近百件零碎肢骨化石，其中以板齿犀牛头颅化石最为珍贵。经中国科学院古脊椎动物与古人类研究所专家的研究，西河桥古生物化石形成于15万~10万年前，是研究古地壳变迁、气候变化、古动植物灭绝最好的物证。

史前动物化石的出土，显示在数亿年或数千万年以前，包括沙湖在内的银北地区的气候比较温暖湿润，有着大片茂密的原始森林和水草丰美的天然湖泊，应该是一片生物繁衍的乐土。

人类从狩猎和采集的动荡生活走向农耕时期的定居生活，其间居住场所的改善起到了重要的作用。对人类而言，房子的重要性是不言而喻的。无论多么巍峨挺拔的高楼大厦，都是从一砖一瓦起步的。那些天然的洞穴和简易的草棚或树棚固然也能起到遮风避雨的作用，但是真正称得上房子的东西应该是那些有着一定复杂结构和多元功能的用泥土或瓦石垒砌的居所。人类搬入这样的房子，大概是在开始制造和使用磨制石器、发明了陶器和出现了农业和畜牧业的新石器时代，其时间不过1万年左右。

1960年，我国著名的考古学家裴文中先生和宁夏考古工作者在沙湖以北贺

暖泉民居遗址复原图

兰暖泉村南约3公里的贺兰山洪积扇坡地东缘，发现了一处有多座房屋居室的新石器时代文化遗址，这是迄今为止发现的银北地区最早的房址。

这处两千多年以前的民居遗址，均为单间结构的居室，聚集在一起形成小小的村落。每间房屋都略呈正方形，圆角，边长3米左右，相当于现代住房的半间。房屋遗址距地表甚浅，门向东开，门前有一条狭长的门道，供人出入。在正对门道的房址中央，有一座圆形的火膛，火膛的后壁还安放着一个红色夹砂圆底陶罐，罐口沿装饰着锯齿纹，腹部为绳纹。从罐内残存的灰烬看，这个陶罐主要用于保存火种。在火膛旁边，有一副石质磨盘和磨棒。室内除了少量细石器之外，无其他遗存。

这些居室的结构相对简单，面积比较小，大概只适用于对偶婚姻的小家庭使用，说明当时的人类已经告别了杂居群婚。室内文化层堆积甚薄和缺少大型农业工具的情况说明，当时的居民虽已定居，但只是短暂的，其基本经济形态仍然是半农半牧的生活。这些民居遗址均向东开门，这说明古代人类在最初建房时已经考虑到了朝阳的问题。至于火镗设在房址中间，这除了用来炊煮食物

外，还可使室内散热均匀，供室中照明之用。火膛旁边的石磨盘和磨棒，无疑是用来研磨粮食或植物种子的用具。

虽然有两千多年前的暖泉居落遗址，但是文献记载和考古发掘表明先秦时期的沙湖基本上没有农耕文化。直到秦始皇统一六国之后，派将军蒙恬北征河套，“自榆中并河以东，属之阴山，以为四十四县，城河上为塞”，才把沙湖境域纳入农耕社会的怀抱，而此前这里是西戎和匈奴的优良牧场。

蒙恬的远征使得秦朝的北线版图直达阴山。为了巩固这片极具农业开发潜力的“新秦中”，秦始皇一方面积极推行郡县制度，引入内地移民；另一方面，还在一些重要路段和险要之处建立了以长城或黄河为依托的包含有障、城、亭、燧等附属建筑的边塞防御体系。在关障处驻军，在距离关障不远处移民开垦。虽然始皇帝和匈奴单于是死对头，可边地百姓之间的交往却从未断绝。史载“塞北之风，多彪悍骁勇”。民风尚武，百姓性格倔强，为人耿直质朴，这恐怕在一定程度上与民族杂居交往、农牧文化相互影响有关。

障（城）是一种供守卫边塞的军队驻扎储备军需的小型军事堡垒，通常负责辖地附近一段防线的组织和指挥工作。据史籍记载，秦修筑的障（城）在宁夏平原有名的有两座，这就是浑怀障和神泉障，它们的作用是利用黄河天堑对其附近的北地郡富平县地区等提供安全保障。

浑怀障，《中国历史地图集》第二册标其在今宁夏平罗县陶乐镇南、宁夏平原正东，也就是今兵沟汉墓遗址所在地。可是按《水经注·河水》所载有关黄河河段情况：“河侧有两山相对，水出其间，即上河峡也，世谓之青山峡。河水历峡北注，枝分东出。河水又北经富平县故城西，秦置北部都尉，治县城……河水又经典农城东，世谓之胡城。又北经上河城东，世谓之汉城。薛瓒曰：上河在西河富平县。即此也……河水又东北经廉县故城东……河水又北，与枝津合……河水又东北，经浑怀障西……南去北地三百里。”浑怀障位于黄河与枝津合流处以北，合流处则在今银川以北的廉县故城东北。观今黄河紧沿宁夏平原东部山麓北流，当即汉魏时期的黄河枝津，而当时的黄河应为今天作为枝津的唐徕渠一带，如此，合流处即宁夏平原北端的古今天然汇流处。浑怀障既然在合流处以北，笔者认为应位于今石嘴山一带。

据唐代《元和郡县图志》“废灵武城”条载，“其城本蒙恬所筑，古谓之浑怀

郦道元与《水经注》

障”，说明它的始建时间在秦始皇帝三十三年（前214年）前后，距今已2200余年。秦王朝覆亡后，今石嘴山市境复为匈奴占据。西汉元朔二年（前127年），汉武帝遣卫青率军夺回黄河河套地区，“复缮秦故时蒙恬所为塞，因河以为固。”（《汉书·匈奴传上》）浑怀障成为浑怀都尉治所，属北地郡富平县辖。北魏太和初，在平定“三齐”后“徙历下（今山东济南）民居此，遂有历城之名”。（《水经注·卷三》）北周天和年间，在此先后置历城县、建安县，后又置历城郡。隋开皇三年（583年）郡废，十八年（598年）改建安为广闰；仁寿元年（601年），为避太子杨广讳改名为灵武。唐武德五年（622年），灵武县治被迁至胡地城（今宁夏青铜峡市东北）。经历了百余年的历史，古城浑怀障终被废弃。

遗憾的是，由于缺乏文献和考古资料，迄今为止人们还不清楚这座障城的建筑形制。但一般而言，秦汉时期的障城应该具有以下特征：一是建在险要之地，只驻军，不驻民；二是多呈方形或长方形，面积通常很小；三是只有一面开门，城角处都筑有斜向的类似马面的建筑，目的是便于防守。此外，有些障城还筑有瓮城和护城河，把城与障结合起来，在城内筑障，以阻滞敌人。

秦朝末年，陈胜、吴广起义，打响了反对暴秦的第一枪，之后群雄逐鹿，中原大地又一次陷入了战乱。就在中原大地上上演灭秦战争和楚汉战争的时候，匈奴单于冒顿东破东胡，西攻月氏，南灭楼烦，重新占领了河套地区。此时，中国

东北部、西北部和北部地区全部掌握在了匈奴人的手中。楚汉相争，秦时徙边戍守的士兵纷纷离去，边防松弛，这是匈奴南下的大好机会。饮马塞北湖上，贺兰山下成为了他们的牧场。

西汉初年，汉高祖刘邦亲率三十万大军北伐，为匈奴所败。经历过数年大战的中原大地，经济凋敝，政局不稳，再也无力北伐，高祖遂以和亲的方式暂缓与匈奴的冲突。汉文帝时，继续对匈奴采取和亲政策，并且伴之厚礼，但是这并没有满足匈奴人的欲望。汉文帝前元十四年(前166年)，匈奴单于发兵十四万，沿河套南下到萧关之地，这时整个宁夏北部以及南部大部分地区都暂时处在匈奴人的控制之下。具备天然牧场优良特质的银川平原及沙湖地区继续作为匈奴人的“跑马”之地。

汉武帝继位初期，对匈奴继续采取和亲政策，通关市，饶给之，匈奴自单于以后皆亲汉，往来长城下。“马邑之谋”以后，汉匈关系失和，匈奴南下不止。此时的汉朝，已经不是高祖、文帝时期的汉朝了，几十年的休养生息，大汉王朝繁荣富庶、国力强盛。汉武帝在位时期，在边地水草丰茂处育马备战，并分别于公元前127年、公元前121年和公元前119年，三败匈奴，终于迫使强悍的匈奴骑兵退出河套地区，大汉王朝也乘胜占据河南地，筑起朔方城。此时陇西、北地、河西亦少胡寇，汉武帝继续移民实边，官府给移民提供粮食、耕牛、种子，开渠灌溉，这样既加强了边防，又解决了内地运粮的困难。同时，官府还将匈奴投民安置在宁夏境内，所以这一时期的沙湖周边地区成为了汉朝与匈奴人民共同生活的地区。长期的杂居和相互交流，也让这部分人逐渐融入了中华民族的大家庭中。

汉武帝时期，银川平原得到大规模开发。在平原南部湖沼较少的黄河上游地段，汉朝首先兴修了引黄灌溉渠道，这一带地面坡降大，土壤颗粒粗，地下水位深，地表和地下径流通畅，引水灌排方便且土地不容易盐渍化，是发展灌溉的黄金地段。这时期，银川平原出现了沃野千里、谷稼殷积、牛马衔尾、群羊赛道的繁荣景象。但当时的生产力水平决定了灌溉余水不可能全部复归黄河，宁夏平原中北部的洼地便成为了汇集灌溉余水之地。在这些地段，湖沼面积有所扩大。但另一方面，由于引灌的黄河水含有泥沙，这些灌溉余水反而促使某些与渠沟相连通的湖沼逐渐淤浅，并最终消逝。

根据学者考证，汉代时黄河古道与今日的不同，主要经过了南典农城、北典农城、上河城以及廉县城附近，从今天的位置来看，大约在永宁、银川、贺兰以西。至少廉县城的遗址是可以确定的，位于贺兰暖泉村，今天的洪广镇，也就是历史上有名的洪广营。从当时汉朝廷的需求来说，移民实边的政策非常有必要，大量移民进入宁夏平原之后，开垦立市，农商贸易活跃，逐渐形成人口聚居区。廉县之所以能在这个阶段建成，是因为不论从人口数量，还是军事需求等方面都满足了建立廉县的要求。

建于汉武帝元狩四年（前119年）前后的廉县是沙湖地区历史上最早的城市，这座县城距今大约有2100年的历史，它是西汉北地郡属县之一。王莽建元新朝之际，曾将廉县改名"西河亭"。东汉初期恢复原名，为北地郡六城之一。东汉中叶以后，国家内乱频繁，外患不绝，特别是邻近的河湟诸羌大起义，洛阳政府无力北顾，不得不放弃包括北地郡在内的沿边郡县，廉县全境逐渐沦为羌、匈奴、鲜卑等北方民族的游牧之地，后来由于黄河主河道的东迁，廉县城南的引黄渠口引水困难，廉县治所也随之废弃。

据汪一鸣先生的考证，西汉廉县故址应该就是今贺兰县暖泉汉城遗址所在。理由有三点：一是根据《水经注》对黄河宁夏段的描述，以及参照《元和郡县图志》等史籍对宁夏平原一些城市方位的记载，可以肯定在今银川境域内有一座廉县故城。二是按《水经注》记述，廉县故城在黄河之西，南为吕城、汉城，北隔河为历城（浑怀障）。按《元和郡县图志》记载，汉城即保静县（在今永宁县境），废灵武城（历城）在黄河之东，原陶乐县城以南。对照今日行政区划，廉县故城应当大致在贺兰县境。三是考古发掘提供了有力的证据。在贺兰暖泉农场北部的确有一座汉代城址，而且是银川地区目前发现的唯一一个汉城遗址。该城址正位于贺兰山主峰东南山麓之下，并与《汉书》所举"卑移山在西北"刚好相符。由此可以初步断定，在没有其他新的资料出现之前，暖泉一带可能就是汉代廉县城的所在地。

20世纪70年代，宁夏考古工作者在贺兰县西北境发现了一处南北长约200米、东西宽约100米的汉城遗址，其夯筑城墙的遗迹至今清晰可见。城内建筑虽早已无存，但砖瓦和货币等遗物在城址范围内确有发现，据判断为王莽及东汉时期物件。往西在贺兰县暖泉农场的台地上，发现了面积约10万平方米的古汉墓群，墓冢数量达100多座，其中最大的土冢高约7米，直径达15米。在几座清理后的汉墓中，出土了一批汉代铜器、铁犁壁、铜战刀、陶器等文物。

暖泉汉墓的发现，对于我们认识汉代沙湖这一地区的历史有着重要意义。从这里出土的铁犁、牛耕、盘、博山炉、壶、罐、豆、耳环、灯、鼎和货币五铢钱等大量日常物品来看，结合考古发掘，考古学家大致描绘出这样一幅恬淡宁静的历史画卷：

沙湖之中，百鸟争鸣，鱼跃浪翻，风光旖旎。在沙湖不远处，农人吆喝着，二牛抬杠的农作图浮现在人们眼前。村里的孩子三三两两用陶罐提着做好的饭和水送到了田间地头。这时的人们，对于湖泊沼泽的利用不像今天这么广泛。当冬天结冰的时候，他们也会跑到湖上，将冰面凿出一些小洞来捕鱼。在村子西头，有一个全村人公用的烧制陶器的小厂房。农闲时节，男人们从贺兰山上砍伐树木，作为烧制陶器的燃料。除了烧制陶器外，人们还会烧制一些砖瓦，这是建造房屋必备的材料。城内驻扎着保卫一方安宁的士兵，防卫之余，进入贺兰山中打猎，因此廉县之人多善骑射。

说到善射，这里还发生过一个有趣的历史故事呢。东汉时期有个鲜卑族的首领叫檀石槐，他曾经使自己的部落非常壮大，可惜天不假年，在位不久就死去

贺兰县暖泉汉代墓葬

了。之后，他的儿子和连继位，这个人非常的不安分，经常跑到北地郡的广大地区去抢东西。廉县附近也是他时常光顾的地区。但廉县的人可不是普通人，他们长期和匈奴人打交道，与山里面的野兽打交道，善射是他们一项突出的能力。很不幸，和连并不知道，或者忽视了廉县人的这一技能。他像打劫其他地方一样来到了廉县，却被一个普通的廉县百姓射杀了。他死之后，所在的部落势力一落千丈，檀石槐呕心沥血建立的鲜卑族军事联盟，就这样因为廉城百姓的善射而土崩瓦解了，令人唏嘘不已。

廉县是两汉时期银北地区管理屯田殖谷、移民实边的县级政治中心，也是贺兰山东麓的边防要塞。兴建廉县之初，正值西汉政府向河套地区大规模移民屯守时期。银川平原因迁入大批移民而使农业人口骤增，引黄灌渠亦在此间兴修。作为管理银北地区移民屯田的廉县，为银北地区早期的农业开发起到了重要的作用。

在距离廉县南部几十公里的地方，这个地方在汉代叫什么名称，已不得而知。但在明代，这里有一座城堡，叫平吉堡。中华人民共和国成立后，考古学家也在平吉堡附近发现了一处汉代墓葬群。就在清理暖泉汉墓的同一年，考古学者对这处汉墓群也进行了清理。这处墓群不像暖泉墓葬那么庞大，只有七八座，其中有一座规格较高，墓葬较大。该墓为土坑竖穴墓，没有墓道，墓内有木

汉代五铢钱

棺、木椁。出土的人骨架仰身直肢，身下铺有竹席，席上撒有谷物。墓内还有木质的牛、马、猪等家畜的模型。除此之外，还出了铜镜、五铢钱、竹席、丝绸等物品，但考古学者通过研究，一致认为这些物品绝非当地所产，可以被视为位居边塞的廉县与中原地区贸易往来甚多的一种表现。

如果暖泉以及沙湖附近在汉代是一个较大的城镇，那么平吉堡在当时应该是一个小城镇。这样的城镇在宁夏平原上应该也不止一处，它们在行政建制上统一属于廉县管理，在农业生产上各自为政，但在灌溉农业的过程中应当由主管农业的廉县官员统一调派，从而形成了一个有效的系统。地广人稀、饶谷多畜的宁夏平原，在当时有着巨大的发展潜力，所以汉朝廷积极鼓励移民，提高人口数量和粮食产量。而廉县理所当然地成了政府的指挥中心，管理类似于平吉堡这样的散居各处的城镇。

乞伏山下马成群
沙湖周边现牛羊

东汉后期，王室倾危。东汉朝廷对于边地的控制不再像以前那样有效，汉武帝时期开拓的广大疆域也逐渐萎缩，这就为周边地区的民族进入内地带来了新的历史机遇。公元49年以后，原本定居于中国东北地区的乌桓族，开始了由东北到西北的历史性大迁徙，并逐渐进入塞内沿边各郡，北地郡也在其活动范围之内。当时处于内忧外患的东汉王朝，自顾不暇，不得不放弃对廉县的控制。随着廉县的废弃，这里繁荣一时的农业定居生活也逐渐褪色。东汉后期，随着匈奴的衰落，一部分匈奴部落也逐渐迁移到河南地。从此，北地郡、朔方郡、五原郡、云中郡、定襄郡、雁门郡、代郡和西河郡八郡都处于匈奴人的活动范围。但总体而言，东汉时期对宁夏境内影响最大的还是羌族。羌人曾先后三次发动大规模起事，反抗东汉王朝的暴力统治，战火波及宁夏。虽然最终功败垂成，但起事沉重地打击了东汉王朝的统治。不久之后，中原大地就爆发了黄巾起义，诸侯割据，相互攻伐，烽火狼烟，生灵涂炭，历史由此进入了三国两晋南北朝时期。这一时期的宁夏北部平原地区，尤其是沙湖地区又有哪些少数民族，又各自谱写了怎样的历史呢？

东汉倾危之时，出了一个治世之能臣——曹操。曹操是一个有理想的人，他在世之时，几乎无人敢称帝称王。经过数年厮杀，他消灭了割据西北的韩遂、马腾，尽收关陇地区。与此同时，在战争中脱颖而出的刘备占据益州，孙权占据江东。公元220年，曹操去世，其子曹丕废汉献帝自立，东汉王朝亡国。之后刘备、孙权相继称帝，我国历史进入到了家喻户晓的三国时期。就疆域而言，曹魏

统辖北方地区，孙氏占据江南，刘备依川蜀之险。较汉朝时期，曹魏所统治的北方地区已大打折扣。就宁夏来说，曹魏政权只对宁夏南部地区有有效管辖。而当时宁夏北部的平原地区，为匈奴等游牧部落所居，沙湖地区是一番风吹草低见牛羊的景象。曹魏后期，虽然曾有过司马师耀兵灵州城，使北虏震慑、叛者悉降的事实，但中原王朝对于这一地区的统治仍旧是零散的、间歇的。公元240年前后，匈奴的休屠胡两千余部落归降曹魏。晋武帝太康五年（284年），匈奴部众掀起了迁徙内地的高潮，其入居者有屠各种、贺赖种等19种，各种之间皆有部落，不相错杂。根据史料推测，匈奴与鲜卑等游牧民族类似，所建立的政权，都只是一个由很多部落组成的军事同盟体。这些部落平时放牧，逐水草而居，各有地域；战时根据首领的命令，各部落首领共同议事，具有早期军事民主制的色彩；打仗时各部落率领自己的军队，根据首领的命令进退。在这些匈奴部众中，贺赖部当时实力较强，被安置在了今贺兰山下肥沃的平原地区。贺赖部也称贺兰部，贺兰山的山名可能就与此有关。遥想当年，贺兰部里的人依山背水，牛马遍地，水草丰茂的宁夏平原养活了这一部落的人。但贺兰山下的这片膏腴之地，也早就被其他部落觊觎。在这些垂涎三尺的部落中，势力最强大的是鲜卑乞伏部。史载，贺兰部与乞伏部相争多年，但最终贺兰部还是因实力不济，于西晋末年，被迫迁徙到阴山地区，并与该地区的鲜卑拓跋部组成军事联盟，共同对抗日益强大的乞伏部。

贺兰山

根据历史记载，贺兰山其东北与黄河相交处，又名乞伏山，这说明乞伏部落曾经在此地活动过。西晋泰始年间（265—274年），乞伏部五千余户在首领佑邻的带领下南迁到宁夏，这里丰茂的草木又一次让这个部落壮大。随着人口数量的逐渐增多，这一地区显然已经不能满足壮大了的部落的需求了。同一时期在宁夏南部清水河地区，鲜卑鹿结部七万部落屯居于此，逐渐与乞伏部发生了冲突。后乞伏部战胜鹿结部，乞伏部继续南迁。也许这一时期真的像气象学家所说的那样，是一个寒冷期，寒冷的气候迫使游牧民族争相南下，脱离塞北苦寒之地。十六国时期，在首领国仁的带领下，乞伏部实力进一步增强。国仁也在公元385年自称大单于，建立了西秦政权，完成了由部落到中央集权的历史性转变。

魏晋南北朝时期，在宁夏平原活动过的少数民族如同走马灯似的，你方唱罢我登场。多少部落驻足湖畔，仰望贺兰，与脚下这片土地同呼吸、共命运。鲜卑族秃发部也曾在这里活动过。秃发部属于拓跋部的一支，256—263年，曹魏镇西将军邓艾纳秃发降众数万，置于雍、凉之间，与民杂居。十六国时期，先后有前赵、后赵、前秦、后秦、大夏等政权在西北地区相互征伐，而对宁夏北部平原地区影响最大的是大夏政权。从大夏政权在宁夏地区的活动迹象看，其活动范围应当波及沙湖地区。

大夏政权的前身是匈奴铁弗部，该部落魏晋时期主要活动于雁门郡一代，十六国时期才逐渐迁移到了河套地区。迁居河套地区后，铁弗部势力逐渐强大起来，极盛时能引弓搭箭的士兵达三万八千之多。公元407年，铁弗部首领赫连勃勃建立了大夏政权，自称大夏王、大单于，定都统万城。该都城遗址现在尚存，位于陕西省榆林市靖边县红墩界镇的白城子村。有人认为，赫连勃勃仰慕华夏文化，外加匈奴本身亦是夏后氏之后裔，所以自称为大夏王。

大夏流传后世并引以为傲的，当属其国都统万城了。大夏凤翔元年（413年），赫连勃勃驱使十万人在朔方水北、黑水之南营建大夏国都，取统一天下、君临万方之意，将都城定名为统万城。负责筑城的叱干阿利十分凶残，下令用蒸土筑城，待土干后，用铁钉刺土检验。只要刺入一寸，即杀死筑城的民工，推倒再筑。筑城用的是黏土和石灰混合的土，土色泛白且坚固，因而当地群众俗称“白城子”。

统万城遗址

大夏政权建立之后，赫连勃勃在银川地区建立了丽子园，据说是大夏政权的皇家园林之一，银川以北的广大地也均为丽子园所管辖。经过游牧民族的多年退耕还牧，沙湖所处的宁夏平原北部地区，早已成为土壤肥沃、水草丰美的天然游牧狩猎之地。

在今天银川市兴庆区北部，坐落着一座古老的佛塔——海宝塔。根据明清时期的地方史志记载，海宝塔极有可能的是大夏赫连勃勃时期所建。古塔历经多次地震损坏，今天我们依然可以见到的海宝塔是于乾隆四十三年重修的。

今日海宝塔的所在地是一座美丽的公园，除了赏佛塔之美，还可以参与一些游乐活动。每年端午节，游人如织，龙舟赛是公园每年举办的特色项目。沙湖龙舟队也曾多次参赛并获佳绩。今日银川的湖泊之间各有联系，湖水之间可以相互补给水分，所以农田退水与河渠退水，都可以安全地退入湖中，这保证了湖水的正常补给。海宝湖与西边的阅海湖，以及更北边的沙湖之间形成了一个完整的水系关系。遥想当年，赫连勃勃在自己的皇家园林之中，欣赏着湖波荡漾的美景是多么的优哉游哉！

虽然赫连勃勃建立的政权是一个游牧民族掌权的政权，但是从现有史料来看，大夏政权内部也存在着汉、匈奴、鲜卑、羌等多个民族，大夏政权内部农、牧、商并存，佛、道、儒皆盛。大夏极盛时期的疆域，大致包括今陕西渭水以北，内蒙古河套地区，山西太原、临汾西南部，以及甘肃东南和宁夏全境。有学者研究认

海宝塔

为，大夏政权在宁夏境内曾有3处古城，在今固原境内的高平城；在今灵武中河部一代薄骨律城，因其地多果园，因此也叫果园城；在今银川东郊地区的饮汗城，也就是上文所提到的丽子园城。赫连勃勃在位时期，大夏国力强盛，国内安定和平。就当时而言，整个宁夏平原以上述三处古城为中心，得到了进一步的开发。

然而，历史有其自身的发展规律，北方民族政权在相互攻伐中也逐渐走向了统一。赫连勃勃死后，大夏国国力急转直下。崛起于内蒙古高原的鲜卑拓跋部已建立起了强大的北魏政权。北魏如初升的朝阳一般，怀有吞并四海之心，多次南下攻伐已经没落的大夏政权。公元431年，北魏出兵占领大夏的绝大部分土地，昔日极盛一时的大夏政权，就这样退出了历史舞台。北魏在攻占关中、秦陇后，又于公元436年灭了北燕，439年灭北凉，进而统一了中国北方，结束了长达100多年的五胡十六国政权林立的局面，开启了南北朝的新格局，完成了历史所赋予的光荣使命。

北魏政权以雷霆万钧之势结束了北方地区长达100多年的割据混战局面，社会秩序也逐渐稳定了下来。北魏时期在宁夏共修建了两个军镇，一个是北部的薄骨律镇，在今天的灵武市西南，是宁夏北部地区的统治中心；另一个是南部高平城，即今日固原市，统辖除今盐池县以外的宁夏全境，以及甘肃、内蒙古部分地区。由于长期的战乱，宁夏地区残破不堪，人口骤减。面对这种情况，北魏王朝不得不采取移民实边和将其他民族来降之民安置于此的老办法发展经济，充实人口。史载，北魏在灭掉大夏政权的同时，还将一部分大夏民众迁移到富平县，富平县城也因此被称作“胡城”。与此同时，北魏将敕勒3万余家迁徙到西至白盐池诸地的黄河西岸地区，后来还多次将降附的柔然、敕勒等族安置在薄骨律镇。薄骨律镇的治所虽然在灵武，但是其所管辖的范围却包括整个宁夏北部地区。敕勒在历史上是一个非常有名的游牧部落。“敕勒川，阴山下，天似穹庐，笼盖四野。天苍苍，野茫茫，风吹草低见牛羊”的诗句，描写的就是敕勒这个民族的生活状况。北魏将该民族安排在宁夏北部薄骨律镇的辖区，应当是考虑到了水草丰美的宁夏平原地区适宜这一部族的生活。好景不长，在北魏完成北方统一后不久，蒙古大草原上崛起了一个新的游牧民族——柔然。柔然与北魏有世仇，两者之间战争不断。为了抵御柔然的入侵，北魏在北边沿线设置了六所重要军镇，距离宁夏比较近的是沃野镇。游牧民族在战争中，马匹尤为重要。北魏在与柔然对抗的过程中，战马需求量极大。而宁夏平原水草丰茂的牧场，就担负起了为军队提供战马的重任。直到今日，宁夏还有一些地名叫军马场，这也许就是该地长期养马所留下的历史印记吧。

由鲜卑族拓跋部所建的北魏政权，其内部成员也非常复杂。拓跋部落与当时的其他游牧民族一样，以畜牧业为主业，但在统一过程中与政权建立后，拓跋部与长期生活在中原的汉族和已经汉化的游牧民族不可避免地发生各种联系，

唐徕渠

产生了民族大融合。也正是在这种民族大融合中，拓跋部逐渐学会了农耕。正因为如此，入主中原的拓跋政权才能够根据各个民族的特征，使人民各守其性，各尽其业，从而有力地推动了国家的恢复和发展。宁夏平原地区，早在秦汉时期就已经开渠灌溉、发展农业了，但是在十六国时期，长期而频繁的战争，使当地的土地荒芜，可耕之地废弛，农牧业水平较低。面对这种情况，北魏太和年间（477—499年），孝文帝将今山东地区的人民大量迁移到宁夏平原。大批汉族的涌入，使这一地区得到了有效的开发，昔日因胡人聚居而形成的“胡城”，也改名为弘静镇，俗称为“汉城”了。

在入主中原之后，北魏政权进行了一系列的汉化政策，最为有名的当属北魏孝文帝改革。也正是在这场改革中，以农立国、发展农业才成为北魏政权的国策之一。发展农业之余，解决北部沿线的一些军镇的粮草问题也至关重要。

刁　雍

在这一时期，移民实边成为解决这个问题的最佳方法。北魏太平真君五年（444年）刁雍任薄骨律镇将，他向皇帝上书说："念彼农夫，虽复布野，官渠乏水，不得广殖。乘前以来，功不充课，兵人口累，率皆饥俭。"他见富平西南的古渠已高出河水两丈多，渠身也早已经崩坏，难以发挥灌溉的效果，于是上表开建新渠，与旧渠相接。刁雍又将东西两河中的西河，用拦河坝截断，使河水全部入渠。工程建成后，4万余顷田地得到了有效灌溉。水利的恢复使宁夏平原的农业发展在短期内收到明显的效果。太平真君七年（446年），刁雍向皇帝上表，希望将安定、统万、高平、薄骨律4镇的余粮运送到沃野镇作为军粮，还请求在黄河以西地区修建储存粮食的地方。因为按照刁雍的说法，平地积谷，实难守护。沃野镇的粮城建成之后，魏帝亲自赐名为"刁公城"，以表彰刁雍在薄骨律地区的建设之功。就这样，在北魏政权的大力支持下，宁夏平原地区又一次进入到农业大繁荣时期。

千古唐渠连沙湖
塞上江南古有名

唐朝，是我国封建社会的大繁荣时期，国力强势，经济发达，因此给后世留下了许多以“唐”命名的文物古迹与江河湖渠。宁夏境内也不例外，比如在沙湖东部不到10公里的唐徕渠。

中华人民共和国成立后，沙湖面积不断扩大，人们纷纷猜测沙湖之源。随着时间的推移，一种说法渐渐在沙湖周边传开：沙湖之水源，就是唐徕渠。两者虽然相去10公里，但宁夏平原地表下河渠纵横，原来有一条唐徕渠的暗渠，为沙湖提供了源源不断的生命之水。

唐徕渠，又称“唐来渠”“唐梁渠”，宁夏人俗称“唐渠”。渠口开在青铜峡旁，经青铜峡、永宁、银川、贺兰向北流去，到平罗县止，全长322公里，有大小渠道500多条，灌田90万亩，居宁夏平原十四条大渠之首。

唐徕渠的开凿年代，史书记载不一。“开凿于汉，而复浚于唐”，是现在学界较为一致的认识。唐时，为了开发宁夏平原，汉代修筑的旧渠得到了全面整修，并有新建扩建，有名者有汉渠、七级、光禄、尚书、御史、薄骨律、胡渠、百家、特进等渠。唐徕渠灌区的大规模开发，以及怀远县城（今银川）由黄河河西阶地前缘向阶地中央唐徕渠畔的转移，表明灌区向地势低洼、湖沼密布、盐化土壤的平原中部发展，唐代这一地区生产力水平提高到了一个新的阶段。

有学者认为，最晚到唐代，宁夏平原已开始了大面积的水稻种植。因为唐徕渠灌区主要部位正是平原中部那一片重沼泽化地段，人们要利用它就必须采用开沟排水、种稻洗盐的办法（这种方法早在东汉以前已为黄河流域不少地区

唐徕渠

采用)。宁夏平原农民世代相传的"开沟种稻,碱地生效"之农谚,正是历代生产经验之总结。据说郭元振在河西屯田,尽水陆之利,稻收丰稔。玄宗时,他在灵州(今吴忠境内)驻屯,积极推广种稻。自那时起,宁夏平原部分湖沼在人开发下渐成水田。随着稻田扩大,用水量增加,灌溉余水又可能在下游洼地汇聚成新的湖沼。

明清以后,平原灌溉面积不断扩大,特别是清康熙、雍正时,新建了大清、惠农、昌润等渠,灌溉面积由原有170余万亩跃增到240万亩。但是,随着良田的增加,相应的排水设施却未得应有的建设。因此,灌排不平衡的问题逐渐凸显出来,大量的渠间洼地开始积水成湖。

银川平原引黄灌区,在古代无坝引水条件下逐渐形成了多首制渠系,各干渠与黄河平行排列,将灌区土地分割为南北长条,直接从干渠开斗渠、农渠口,灌溉时常易决口。以银川地区来说,由于渠道阻隔,除最东侧的惠农渠外,其他干渠均不能安全退水入河,在河水上涨或下暴雨时,渠水只能泄入湖沟,这就造成了历史上银川平原中下游地区沟道混乱、洼地积水、湖沼密布的局面。大多渠道沿岸为地势较高的农耕地，显然，渠道两侧地势较高是由于灌溉、渠道决口等带来的泥沙逐年淤积所致；两渠之间则为湖洼地带，由西向东有规律地重复出现。这种湖沼是随着灌区开发而出现的次生湖，自汉唐开始，至清初以后达到高峰，可称之为“渠间洼地湖”。清乾隆年间，仅现在的沙湖附近，当时就有长湖、月湖等有名的较大湖泊48个，河东河西均有“七十二连湖”之说。

“连湖渔歌”为当时“朔方八景”之一。《宁夏府志》载：“唐渠东畔，多潴水为湖，俗以其相连属，曰连湖，亦曰莲湖。在邵刚、李俊二堡间者最大，回环数十里，不生葭菼，而水深多鱼。澄泓一碧，山光倒影，远树层匝。时有轻舟出没烟波中，过者森然动江乡之思。”但是，在当时水利不兴的情况下，一遇暴雨山洪、黄河泛滥或渠道决口，往往“水潦横流，浸及陇亩，野生螟蟥，略无禾苗”，湖沼和田地汇成一片汪洋。

以唐徕渠为代表的宁夏平原引黄灌区的灌溉渠道，除了对宁夏平原的沼泽湖泊的形成产生了重要的作用，对经济的恢复与发展，以及人口的繁衍与生息，也起到了不可估量的作用。唐代是我国封建社会的大繁荣时期，不管是中原地带，还是宁夏平原，都呈现出农业发达、经济繁荣、人丁兴旺的时代特点。

我国气象学家竺可桢先生认为，唐代我国的气候进入一个温暖期，平均温度要比现在高，宁夏地区气温也要比现在高得多。诗人王昌龄的《塞下曲》描写的是今宁夏固原一代的风光。他写道：“蝉鸣空桑林，八月萧关道。出塞复入塞，处处黄芦草。”有蝉鸣桑林，表明气温较高。当时的灵州（今吴忠境内）等地几次奏黄河水清，也说明唐代时宁夏植被良好。优越的自然条件给发展农业提供了先决条件，宁夏地区农业得以快速发展。

但总体而言，隋朝时，包括沙湖周边在内的宁夏平原地区就已经大兴屯田了。当时，军旅四起，长途转运粮食非常不便，朝廷命在“长城以北，大兴屯田，以实塞下。又于河西勒百姓立堡，营田积谷”。

唐朝初年，政治稳定以后，灌溉农业得以恢复，恢复了许多水利设施。除了唐徕渠外，在宁夏平原还疏浚了汉渠、胡渠、御史渠、百家渠等8条大渠。除此之外，还有北魏刁雍所开的艾山渠，以及灵州附近的薄骨律渠。用河渠纵横形容唐代宁夏平原的面貌再恰当不过了。发达的水利灌溉，为宁夏平原创造了5万多顷肥沃的良田。

农业的发展和经济的繁荣，促使农业人口急剧增长，这就是盛世滋丁。从《旧唐书·地理志》《新唐书·地理志》《元和郡县图志》《通典》等史料记载的灵州的人口数据来看，宁夏平原的人口在唐朝有很大的增长。学者们发现，唐贞观年间（627—649年），宁夏地区人口相比隋末已有了较大幅度的增长，到了开元年间（713—741年），整个宁夏平原的人口几乎增长了3倍。国家呈极盛之态。

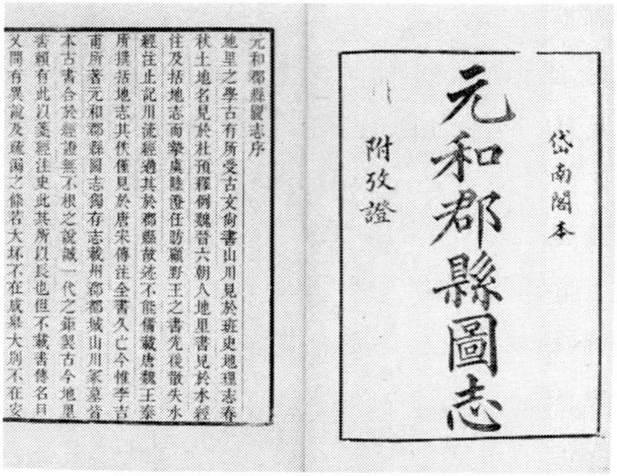

岱南閣本

元和郡縣圖志

附攷證

元和郡縣圖志序

地里之學古有所受古文尚書山川見於班史地理志春
秋土地名見於杜預釋例魏晉六朝入地里書見於水經
注及括地志而摯虞賴鄉任昉顧野王之書先後散失水
經注止記川流經過其於郡縣故迹不能備載唐魏王泰
所撰括地志其佚僅見於唐宋傳注全書久亡今惟李吉
甫所著元和郡縣圖志獨存志載州郡都城山川冢墓皆
本古書合於經證無不根之說誠一代之鉅製古今地里
書賴有此以箋經注史此其所以長也但不載書傳名目
又間有異說及疏漏之條若大坏不在成皋大別不在安

《元和郡县图志》

一千多年过去了，神州大地上，依然有许多唐代时留下的文物古迹，无声地诉说着昔日大唐的繁荣富庶。沙湖东部10公里处的唐徕渠畔，一座名为“田州塔”的唐代古塔，就矗立在平罗县姚伏镇皇祇禅寺院内的柳荫丛中。

田州塔俗称“姚伏塔”，塔高38米，平面呈六角形，为九层阁式砖塔，底层南北各开一门，以供人出入。塔的基座南北长100米，东西宽80米，高4米。塔的每层开有6个门，6个翘角，共48个门；每个门都镌刻有一佛龛，共48个佛龛；每个翘角上悬挂铃铎一枚，共计48枚。塔从底到顶层，皆为青砖研磨对缝砌成；塔顶覆黑色琉璃瓦，呈锥形；塔的底层采用线刻艺术，在青砖上雕刻有山水人物和花卉飞鸟等，其工艺之娴熟，雕刻之精美，是不可多得的艺术珍品。底层檐下雕刻着足以乱真的仿木结构的瓦垄、椽头、头拱和下垂的荷花头，还雕饰有佛像、人物故事，这些砖雕玲珑剔透、工艺娴熟、异常精美，显示出高超的雕刻技艺。

田州古塔的独特之处还在于低层南北券门墙上都有对联，其中南门上对联为：

一柱撑天东带黄河明献瑞

孤标拔地西屏兰岳秀争辉

北门对联为：

凌霄矗庄严陟处仰窥觉路
冲汉饶色相登来俯视迷津

对联对仗工整，气势磅礴，精练而准确地描绘了田州塔拔地而起、力擎苍天的气势和东以黄河为带，西以贺兰为屏，阔大雄宏的意境。再加上那隽秀有力的书法，常令游人赞叹不止，流连忘返。

据《通典》记载，唐宪宗元和六年(811年)，“郭元振驻兵灵武西北二百里，有废定州居于海外，流水浇地，俗称田州。”明代的宁夏地方志亦载，宋代胡琏路过田州，曾赋诗一首：

漠漠寒沙雨浥平，青山淡淡野云轻。
孤城尽日鸣笳鼓，流水长年起稻秔。
春暖灏风消冻路，夜深磷火照荒营。
题诗欲吊英雄骨，把笔无言恨长志。

由此可见，田州城的兴建始于唐代。现在古塔东南约0.5公里处，有一700米见方的古城遗址，夯土墙基依稀可见，此为田州古城旧迹。

自创建以来，田州塔随着朝代的更替和天灾人祸的影响，千余年来几经兴废。在塔座南门匾额上的落款为“清乾隆四十八年六月维兴和尚重修”。这说明，现存的塔身是经过清代重修的遗物。

有学者研究认为，田州塔名称来源于唐之后西夏时期的“定州”。“定”“田”二字，在宋夏时期的当地汉语方言中声母相同、韵母微殊，在音韵学上是可以转换的。也就是说，田州塔的原名应当是“定州塔”。由于“定”字与“田”字是可以转换的，经过很长时间的演化，最终定州塔就成了田州塔。

但也有研究者指出，唐朝时，并没有定州，只有治所在今平罗县姚伏镇的定远军城，就是前文提到的郭元振所筑造的军城。这又是怎么回事呢？郭元振又是何许人？

郭元振(656—713年),名震,魏州贵乡人(今河北大名北人),18岁中进士,任通泉县尉。年轻的郭元振负气仗义,爱打抱不平,还参加过铸造私钱、贩卖人口等违法活动,结交联络的人有数千。这事儿很快就传到了女皇帝武则天的耳朵里,武则天很快就召他进宫责问。郭元振毫不隐瞒,慷慨陈词,武则天一听就知他非平庸之辈,向他索要所作文章,郭元振就献上了他大名鼎鼎的古诗——《古剑篇》:

君不见昆吾铁冶飞炎烟,红光紫气俱赫然。
良工锻炼凡几年,铸得宝剑名龙泉。
龙泉颜色如霜雪,良工咨嗟叹奇绝。
琉璃玉匣吐莲花,错镂金环映明月。
正逢天下无风尘,幸得周防君子身。
精光黯黯青蛇色,文章片片绿龟鳞。
非直结交游侠子,亦曾亲近英雄人。
何言中路遭弃捐,零落漂沦古狱边。
虽复尘埋无所用,犹能夜夜气冲天。

武则天览毕,大为欣赏,令人传抄数十份赏给当时的文武大臣,并破格提拔郭元振为右武卫铠曹参军。随后出使吐蕃,返回后,上疏朝廷罢河西四郡兵,又献计离间吐蕃君臣,武则天都一一采纳。长安元年(701年),郭元振任凉州(今甘肃武威)都督、陇右诸军州大使。景云二年(711年)回朝,授同中书门下三品,享受宰相待遇,并代吏部尚书,后改任兵部尚书。

唐先天元年(712年),郭元振调任朔方军大总管。到达灵州后,他认为"西城(西受降城)远阔,丰安(今宁夏中宁县石空镇)势孤,中间千里无城,烽堠杳渺",便决定在今平罗县姚伏镇处筑一新城,以适应增加驻军、加强防务之需,互为应援。先天二年(713年),郭元振组织军士筑城,当年竣工,还招募5500名健壮军士戍守。由于所招军士都为当时生活在宁夏平原的游牧民族,他们性格刚毅,尤善骑射,所以定远的骑兵略占一半,配备的战马比其他军城多一倍。定远城置定远军,为关内道九军府之一,也是朔方军行军集结所在。

开元九年（721 年），朔方节度使设立，定远军成为所辖七军府之一，常驻军士 7000 人，编制战马 3000 匹，对防御吐蕃、突厥入侵掳掠起到了重要作用。

然而，虽然以定远军为代表的众多沿边军府有效地抵挡了外敌的入侵，但是没有外患的王朝，却败于内忧。就在唐王朝最强盛之时，“安史之乱”爆发了。“安史之乱”是唐玄宗、肃宗时边镇守将安禄山、史思明掀起的反唐叛乱，也是唐朝由盛转衰的转折点。

开元后期，由于安定繁荣的日子已久，唐玄宗逐渐丧失了以前那种励精图治的精神。他纵情享乐，宠爱杨贵妃，信任宦官高力士，把朝政全交给宰相李林甫处理。李林甫对玄宗事事逢迎，私下却利用职权，专横跋扈。李林甫死后，杨贵妃的堂兄杨国忠继任宰相，更是排斥异己，贪污受贿，使政治风气日益败坏。加上当时土地兼并剧烈，贫富差距悬殊，政治、经济、社会渐呈衰败之象。

原来玄宗因对外开拓，在边境驻以重兵，设立十大兵镇，以节度使为最高军事长官。节度使领若干州，权力很大，初时由中央派大臣充任，立功后往往入朝拜相。天宝以后，李林甫为了巩固本身权位、堵塞边帅入相的路径，借口文官不懂军事，多用胡人担任节度使，结果给了胡人节度使安禄山起兵反唐的机会。

安禄山本是混血胡人，貌似忠诚，生性狡诈。由于得到玄宗和杨贵妃的欢心，身兼范阳、河东、平卢三镇节度使。安禄山见唐室政治腐败、武备废弛，便于公元 755 年，以讨杨国忠为名，自范阳率兵南下，很快就攻占了洛阳，自称大燕皇帝。第二年，唐军在潼关溃败，安禄山便长驱直入长安。唐玄宗匆忙南逃，走到马嵬驿（今陕西兴平），随行的将士在愤怒中杀死了杨国忠，又逼使唐玄宗绞杀杨贵妃，才肯继续起行，南下至四川。同时，太子李亨逃往灵武（在今宁夏境内），仅距沙湖地约 100 公里。在郭子仪、李光弼等一班西北将领和朔方节度使的强大军事力量的支持下，即皇帝位，是为唐肃宗。

后来叛军内部发生分裂，安禄山为儿子安庆绪所杀。唐军联同回纥援兵乘机反攻，收复了长安和洛阳。不久安禄山部将史思明杀安庆绪，重新攻陷洛阳，也称大燕皇帝，后又被儿子史朝义杀死。于是唐朝再借回纥兵，收复洛阳，史朝义自杀，这场持续了八年的“安史之乱”才告结束。

"安史之乱"虽然平定了,但唐中央政府的力量已大不如前,在"安史之乱"中壮大起来的各路藩镇,虽名义上服从唐王朝,但实际上拥兵自重,在军事、财政、人事方面往往不受中央政府控制。

也正因如此,在"安史之乱"中起到至关重要作用的朔方节度使, 成为唐王朝额外倚重的军事、经济靠山。当时包括沙湖所在的整个宁夏平原,都从属于朔方节度使。虽然当时的宁夏平原依然有吐蕃、回鹘军队入侵掳掠的危险,但比之唐中后期战火纷飞的中原地区,宁夏平原还是获得了难得的和平与安定。

长期安定和平的外部环境,与河渠纵横、土壤肥沃的自身条件,使得宁夏平原的"塞北江南"称号享誉全国。同时,宁夏平原又位于战争前线,一批有志报国的爱国青年纷纷来到宁夏平原,开始自己的戎马生涯,并在此留下了为数众多的独具一格的边塞诗。晚唐诗人韦蟾,就曾写过一首宁夏人耳熟能详的诗篇——《送卢潘尚书之灵武》:

贺兰山下果园成,塞北江南旧有名。
水木万家朱户暗,弓刀千队铁衣鸣。
心源落落堪为将,胆气堂堂合用兵。
却使六番诸子弟,马前不信是书生。

这首诗载录于《嘉靖宁夏新志》。当时的贺兰山下,果园遍地,绿荫掩映,郁郁葱葱,犹如江南之景。诗人韦蟾借对唐代宁夏平原的景物描写,劝勉友人趁着拥有青春年华,保家卫国,实现自身价值。

"塞北江南"一词,见之于宋代的《太平寰宇记》:"后周宣政二年破陈将吴明徹,迁其人于灵州,其江左之人崇礼好学,习俗相化,因谓之'塞北江南'。"由此可见,"塞北江南"在南北朝时期大概是以灵州一地为中心的平原,人们更多关注的是其社会风俗方面;而到了唐代,随着灌溉设施的完善,"塞北江南"也成了对宁夏独有的称呼。

唐诗数量大,《全唐诗》中收录4万多首唐诗。宁夏平原作为当时的边关之地,且有朔方重镇,很多唐诗都反映了当时宁夏平原及其周边的历史景观。比如晚唐诗人顾非熊的《出塞即事》：

贺兰山便是戎疆，此去萧关路几荒。
无限城池非汉界，几多人物在胡乡。
诸侯持节望吾土，男子生身负我唐。
回望风光成异域，谁能献计复河湟。

这首诗是自“安史之乱”爆发后，对中晚唐政治状况的记录。“贺兰山便是戎疆，此去萧关路几荒”，意在表明，贺兰山当时已经成为了边境线，从这里到萧关（今宁夏固原东南）的道路几乎全部荒废了。由此可见，贺兰山已经沦为汉和戎的分界地。贺兰山的东边是中原之地，西边却已沦为少数民族之地，揭示了国家山河破碎的社会现实。

除了贺兰山之外，穿宁夏平原而过的黄河，也是诗人笔下常描述的对象。黄河，是孕育生命的摇篮，也是中华民族的象征。宁夏平原正是得益于黄河便利的灌溉条件，才造就了“贺兰山下果园成，塞北江南旧有名”的富庶景象。翻开厚重的《全唐诗》，以“黄河”入诗的诗篇不胜枚举，比如唐代著名边塞诗人王昌龄的《旅望》：

白花原头望京师，黄河水流无尽时。
穷秋旷野行人绝，马首东来知是谁。

王昌龄用短短的四句诗，将黄河流水的无穷无尽写得淋漓尽致，颇有一种李白的“君不见黄河之水天上来”的气魄与豪迈。

另有杜甫的《喜闻盗贼蕃寇总退口号五首》（其一）：

萧关陇水入官军，青海黄河卷塞云。
北极转愁龙虎气，西戎休纵犬羊群。

此诗为唐王朝击退吐蕃后，杜甫喜极而作。“青海黄河卷塞云”一句，写尽了黄河奔腾的气势。

正如唐诗终究被宋词所取代一样，昔日繁荣富庶、国力强势的唐王朝，也难逃覆灭的厄运。公元907年，梁王朱温篡唐称帝，国号为梁，建都开封（今河南省开封市），史称后梁，唐朝正式灭亡，中国历史进入五代十国时期。沙湖地处宁夏平原的北部，历史的潮流，将带领它走向一个新的历史时期。

昊王贪功修昊渠
沙湖周边农牧兴

有人说，沙湖的美，美在沙子的金黄，也美在湖水的碧绿。那么，清澈见底、水波不兴、似乎永不枯竭的沙湖之水是怎么来的呢？对此，人们众说纷纭、莫衷一是。但是沙湖周围的居民却愿意将沙湖之水的来源归结于一个人修的一条渠——昊王渠。

北宋时期，宁夏地区，由党项人建立了一个王国，叫西夏，国王名叫李元昊，人称李昊王。沙湖边上有个崇岗堡，自然条件恶劣，旱涝不定，有时连月不下一滴雨，田地没法灌溉，庄稼被旱死；有时却是连日暴雨，暴雨引发贺兰山山洪，许多百姓被淹死，庄稼被吞没，百姓生活得很凄苦。正所谓：

天旱地裂三尺深，
庄稼颗粒无收成。
雨大到处水茫茫，
田毁人亡遭祸殃。

在得到地方官员的上报后，李昊王决定在贺兰山脚下开挖一条大渠，引来黄河水，浇灌这片土地；同时，还可以起排泄防洪的作用。不知经历了多少艰难，终于挖了一条很长的大渠，能防洪蓄水。

就在大家准备继续向南开挖、疏通黄河水路的时候，这个地方遭到外敌入侵。当地官兵和百姓团结一致，殊死拼搏，战斗非常惨烈，大部分军民都壮烈牺

沙湖

牲了，他们的血染红了这条渠。当李昊王听到这个消息后，十分感动，就发兵十万，一举将胡人赶出贺兰山，收复了失地。

可是本来这里人口就少，又遭受了战争的洗劫，剩下的百姓就更少了，再开挖这条渠也就没有必要。为纪念李昊王、死难的将士及百姓，后人就称这条渠为昊王渠。昊王渠至今仍留有遗迹。虽然昊王渠是一条枯渠，但它南通青铜峡，北连石嘴山，沟通了黄河上游和下游的地脉，渠中虽无水，但渠下一年四季河水长流，日夜不息，尤其是沙湖紧邻东侧，由于沙湖地势低，才将渠水引出，得见天日，所以民间自古就有“昊王古渠通沙湖，沙湖之水黄河来”之说。

在沙湖地区，“昊王古渠通沙湖”的故事可谓家喻户晓，但沙湖的水真的来源于昊王渠吗？

关于昊王渠，明代的宁夏地方志中有记载。在《嘉靖宁夏新志》中说银川平原有一条“元昊废渠”。《弘历宁夏新志》卷首的附图中显示，该渠修建在贺兰山东麓洪积冲积平原上，从青铜峡峡口引水，沿贺兰山山前冲积平原北行，至今天石嘴山的黑山营东入于河，全长200余里，是宁夏平原河西灌区的最大干渠之一。近年来的考古调查也在青铜峡、贺兰县靠近贺兰山的地带发现了传说中的昊王渠。

由此可见，贺兰山下的昊王渠与沙湖所处的银川平原中部地带相去甚远，难道真如故事中所说的那样，沙湖之水是昊王渠的地下供给吗？

历史学家与考古学家在综合各种证据后认为，昊王渠确实开凿于西夏王朝早期，但到明朝时期已经完全废弃，如今仅存干涸的渠道遗址，地下水更是无从谈起。其废弃的原因，有学者认为是黄河河身逐年下降，灌渠长期被泥沙淤积，使渠底抬高，加之受山洪淤泥侵害，以致废毁。

为什么一条与沙湖地区并没有太多联系的昊王渠，让老百姓如此念念不忘、魂牵梦绕呢？

历史的车轮倒退到公元1038年，在这一年，李元昊正式称帝，建立了存在将近两百年的西夏王国。西夏王朝以银川平原为中心腹地，以今天银川市为都城，称兴庆。作为一个王朝的开创者，李元昊被后世的沙湖周围百姓所铭记是必然的。

那么李元昊的历史形象是什么样的呢？可以肯定的是，确实富有极强的传奇色彩。

李元昊

李元昊少年就见识非凡，他从小就对父亲李德明所奉行的睦宋政策感到不满。有一次，李德明遣使臣到宋用马匹换取物品，因得到的东西不合他的心意，盛怒之下把使臣斩首。元昊对父亲的这种行为十分不满，告诫父亲说："我们从军的人原来本是从事鞍马的，现在用马匹交换非急需品，这已经不是上策，现在又将使臣杀掉了，那还有谁肯被我们使用呢？"德明见年仅十余岁的独子就有这种见识，此后更加器重。

李元昊相貌英俊、气度不凡，连对手都不得不由衷赞叹。少年元昊，圆圆的脸，炯炯的目光下，鹰钩鼻子高耸，刚毅中带着几分凛然不可侵犯的神态。中等身材，却显得异常魁梧，英气逼人。平素喜穿白色长袖衣，头戴黑色冠帽，身佩弓矢。常常带着百余骑兵出行，自乘骏马，前有两名旗手开道，后有侍卫步卒张青色伞盖相随，从骑杂沓，耀武扬威。在宋朝边将中，对元昊的外貌、器度、见识有种种不同的传说。边帅曹玮驻守陕西沿边，早想一睹元昊风采，派人四处打探他的行踪。听说元昊常到沿边榷市行走，几次等待，以期会面，但总不能见到。后来派人暗中偷画了元昊的相貌，曹见其状貌不由惊叹："真英物也！"并且预见到他后日必为宋朝边患。

公元1032年，李德明去世，28岁的李元昊成为党项族的首领。为了日后的登基称帝，李元昊采取了一系列措施来巩固政权的稳定，强化国家意识。首先，元昊颁布秃发令（即推行党项的传统发式，禁止学汉人风俗结发），并以身作则，率先削发；同时命令境内百姓三日内必须秃发，不服从者一律斩杀。其次，废除唐朝和宋朝的赐姓，改用党项姓"嵬名"。废去宋朝西平王的封号，用本族语称"吾祖"（兀卒，意为"青天子"）。然后，元昊把兴州升为兴庆府（今银川），扩建宫城殿宇，做立国的准备。最后，命大臣野利仁荣创制西夏文字，三年始成，共5000余字，形体方整，笔画繁冗，又称为蕃书或蕃文。一系列的措施让元昊在稳定国内统治秩序的同时，做好了所有称帝的准备，最终在公元1038年得偿所愿。

元昊称帝后，立即向宋朝遣使求承认其帝号，宋朝皇帝十分震怒，没想到西北的一个小部落首领居然也敢自称皇帝。对元昊的请求，宋王朝当然坚决不答应。李元昊见政治手段不能让宋朝就范，就大举兴兵攻略宋夏边境，宋夏战争爆发。从粮草到军队，宋王朝对这场战争做了充分的准备，可谓是兵精粮足。但百密一疏，大宋朝廷还是低估了李元昊的军事指挥才能。在此后的三川口之战、好水川之战、麟府丰之战、定川寨之战四大战役中，李元昊率领的西夏将士们战无不胜，歼敌数万，打得宋军无招架之力，北宋朝廷不得不临阵换帅，以求扭转败局，但并未起到明显的效果。在定川寨大捷之后，李元昊踌躇满志，声称“朕欲亲临渭水，直据长安！”当宋军战场惨败的消息传到东京时，宰相吕夷简连连惊呼“一战不及一战，可骇也！”随后，被元昊称帝惹恼的辽国皇帝辽兴宗御驾亲征，要给昔日的手下颜色看看，结果天不如人愿，辽兴宗在河曲之战中大败，铩羽而归。对宋、辽战争的胜利，为新生的西夏王朝赢得了相对安全的外部环境，奠定了宋、辽、夏三分天下的格局。

完成建邦立国，稳定政权之后，李元昊逐渐对功臣开始猜忌，稍有不满即罢或杀，最终导致了日后母党专权；另外，晚年沉湎酒色，好大喜功，导致西夏内部日益腐朽，众叛亲离。因西夏王朝内部的权利斗争，李元昊废皇后野利氏、太子宁令哥之后，改立与太子定亲的没藏氏为新皇后，最终招致杀身之祸。公元1048年，宁令哥发动政变，削去了李元昊的鼻子。李元昊也因此受重伤而亡，享年46岁。宁令哥并未登上帝位，反而被宰相以弑父之罪处死。最终登上帝位的是李元昊的幼子谅祚，其皇后没藏氏垂帘听政，把持朝政。

相传，李昊王善于治国，他所管辖的范围，土地肥沃，牛羊成群，皇宫里堆满了金银珠宝。后来，李昊王死了，他的坟地选在了贺兰山的山坡上，并陪葬了无数的金银珠宝。为了不使后人挖开坟墓，盗去这些从百姓手中掠夺来的珍宝，李昊王的儿子刚刚继位，便征集了数千民工，一年365天，天天出殡送葬，日日修坟埋人。于是，一年的光景，贺兰山下的坟头，就像小山似的排了百十多里长。后来，有许多人想找到真正的昊王坟，便天天去挖这些大沙垛子，以图发个大财，可是挖来挖去，终归没能挖出真的昊王坟来。

过了许多年以后，真正的昊王坟被当地的牧民无意间打开，牧民拿走了昊王坟中金银珠宝，但害怕昊王的阴魂报复，最终回填了整个坟墓。多少年过去了，当年被盗的昊王坟因为墓室内部已被破坏，逐渐陷落到了地下，水也越积越多，越积越深，渐渐地形成了一个天然大湖泊，一眼望不到边。昊王坟也被永远淹没到湖水下面了。后来，人们把这个大湖称作沙湖。

传说终究是传说，昊王坟当然没有变成沙湖。古代帝王死后，都会葬在经年修建、气势恢宏的帝陵中。西夏王陵就坐落在银川市西南郊的贺兰山脚下，

西夏王陵

其分布范围南起榆树沟，北至泉齐沟，东到西干渠，西抵贺兰山，东西宽约4.5公里，南北长约10公里，总面积近50平方公里。到目前为止，这里共发现帝陵9座，陪葬墓254座，院落建筑遗址1处，砖瓦窑址若干。现在西夏王陵是国家4A级旅游景区。西夏的开国皇帝李元昊就埋葬于王陵之中。许多学者推测，王陵中的那座面积最大、建筑最宏伟、保存最完整的三号帝陵，极有可能就是真正的昊王坟。

李元昊建立的西夏王朝，在中国历史上有非常重要的意义。就疆域而言，西夏王朝统一了祖国的大西北，部分结束了唐末五代十国以来的分裂局面。中国历史上的统一，往往呈现出大分裂之后，先由地方割据政权完成局部一统，最后由一强大的地方政权完成全国的一统。众所周知，元世祖忽必烈最终统一了全国，建立了元朝，但这并不能抹杀西夏开拓疆域的历史功绩。西夏立国时，疆域范围在今宁夏、甘肃西北部、青海东北部、内蒙古以及陕西一部分地区，除去新疆，现在中国的大西北基本上都在西夏王朝的版图之内。西夏版图东尽黄河，西至玉门，南接萧关（今宁夏同心南），北控大漠，占地两万余里。土地面积虽远不如同时代的辽、宋两国，也不能和后来的金朝相提并论，但比之周边的回鹘、吐蕃建立的政权则绰绰有余。

就经济而言，西夏王朝为西北地区的开发作出了杰出贡献。“安史之乱”后，唐王朝的国力大幅下滑，中原地区藩镇割据，西北地区也被吐蕃占领。农耕经济遭到了一定程度的破坏。雪上加霜的是，强大的吐蕃王国很快因内部权力的斗争而分裂，西北地区出现了权力的真空，大小部落林立，部落之间战火不断，经济受到了极大的破坏，这种局面一直持续到西夏王朝的建立。辽阔的疆域和将近两百年的相对安定的统治，西夏王朝统治下的西北地区经济得到了恢复和发展。自古以来，如何协调好农业与牧业之间的关系，都是中国北方地区发展经济的一大难题。但研究表明，西夏经济就是农牧业并重，不偏废其一，表现出前所未有的农牧和谐发展的局面。这主要是由西夏特殊的国情决定的，西夏疆域广大，但境内三分之二以上是不可开垦与放牧的沙漠地带。能发展农牧业的地区主要集中在河西走廊、西南与宋交界的沿边河谷地带，以及宁夏平原。为了能地尽其利，西夏王朝在适合耕作的地区大力发展灌溉农业，在有草场、适合放牧的地区着重发展畜牧业。这种因地制宜、农牧和谐的发展理念，至今是西北地区经济发展的典范。

就文化而言，西夏创造出了独特且多元的文化。宁夏大学西夏学研究院院长杜建录教授曾指出，“以儒治国、以佛治心、以巫通神”是西夏文化的核心。这三个文化代表了三个层面，“以儒治国”作为西夏的政治文化必然与其政治思想有密切联系，李元昊建立的是以儒家思想为核心的封建君主王朝，其政治思想核心是儒学。西夏国建立后，大兴儒学教育，尊孔为帝，科举取士，使得儒家思想深入人心。而“以佛治心”和“以巫通神”作为西夏的宗教文化，也有其悠久的历史渊源，在西夏发展史上产生过重要影响。20世纪大量出土的西夏文文献中，有很大一部分都是佛经。在汉文文献中，西夏国王多次请求宋朝赐予《大藏经》的记载也屡见不鲜。同时，西夏社会广泛流行巫术，西夏人平时做事，特别是出兵打仗的时候，尤其重视占卜吉凶。占卜方法主要有“灸勃焦”“擗算”“咒羊”“敲弓弦”4种。西夏的文化同样也是多元开放的，不是单一封闭的。多元包容是西夏文化的最大特点。西夏王朝是一个由党项族建立的多民族割据政权，境内生活着党项族、汉族、吐蕃、回鹘等多个民族，故而，绝对不能把西夏文化简

《天盛律令》

单地理解为党项文化。

除此之外，西夏王朝还为中国的法制史增添了浓墨重彩的一笔。西夏的第五位皇帝夏仁宗李仁孝在位期间，发展国内经济之余，还颁布自己的法典——《天盛改旧新定律令》，简称《天盛律令》或《西夏法典》。《天盛改旧新定律令》反映了西夏社会生活的各个方面，因此，它不仅是研究西夏法制史的珍贵材料，也是研究西夏的政治、经济、文化、民族、宗教、军事的珍贵资料。

就沙湖地区乃至整个银川平原而言，西夏王朝对这块地域的发展，有着重要的作用和特殊的意义。古人在评论西夏的版图时，曾这样说过："盖平夏以绥、宥为首，灵州为腹，西凉为尾。有灵州则绥宥之势张，得西凉则灵州之根固。"这里的绥、宥指的是今天鄂尔多斯东南部与陕北一代，凉州则代指河西走廊，灵州就是指西夏王朝的心腹地带——宁夏平原。沙湖南部的银川市，西夏时称兴庆府，在当时不仅是全国的政治、经济中心，也是水利灌溉的枢纽。西夏时期，除了疏通汉延渠、唐徕渠等前代所修的重要灌溉渠道外，勤劳智慧的西夏人民又在宁夏平原新开了诸如昊王渠这样贯穿平原南北的大渠。由于引黄灌区渠道纵横，水利灌溉极为便利，当时的宁夏平原五谷丰收、稻香四溢。

除此之外，宁夏平原的畜牧业也较兴盛。宋朝所用的马，大部分购自西夏；后来元朝的建立者成吉思汗也从西夏得到许多骆驼。从经济学的角度来说，畜牧业为主之地，宜以少量的农业为辅助；农业经济为主之域，应以畜牧业予以补充。这是因为，凡遇冬季，草场干枯，且受雪压，家畜缺食之时，要靠麦、谷秸秆及黍、稷、菽等饲料来维持。同样，在农业区，种植粮食要靠黄牛拉犁耕田，要利用马、驴、骡拉运来开展农经活动。西夏河套地区广泛迅速地推行牛耕，发展农业，无疑是得到当地兴盛之畜牧业支持的。可见，农牧结合、农牧互补是非常重要的。在此问题上，西夏统治者推行农牧并重的政策无疑是正确的。

我们可以想象这样一幅画面：几百年前的西夏时期的一个秋天，站在美丽而迷人的沙湖的沙丘上，放眼望去，整个平原都洋溢着丰收的喜悦。远处树枝上的布谷鸟的叫声中充满了喜悦，勤劳智慧的西夏人民忙碌在青黄交错的稻田间，空气中弥漫着稻谷的香味。不远处的高粱地，一个个高粱穗鲜红似火。秋风吹来，拂开了眼前的稻谷和高粱，显露出远处贺兰山下正悠闲地吃着甘美的牧草的马、牛、羊。牧民正悠闲地躺在马背上，享受着秋日里暖烘烘的太阳，这是一幅多么和谐、多么令人向往的画面呀！

几百年前的繁荣景象，我们已无缘得见。但作为历史的见证者，承天寺塔和拜寺口双塔现在依然矗立在沙湖的不远处，无声地诉说着昔日的辉煌。

承天寺塔坐落在沙湖南部，当地人俗称“西塔”，这是一座密檐式八角形砖塔，连塔尖通高64.5米。塔体建在高2.6米、边长26米的方形台基上。塔门面东，可通过4.8米的券道进入塔室。承天寺始建于西夏垂圣元年(1050年)，西夏开国皇帝李元昊死后，其子年幼登位，皇太后为保其子“圣寿无疆”和西夏江山永固，建造了承天寺和承天寺塔。承天寺塔是宁夏唯一有文献记载始建年代的古塔，原塔在地震中震毁，如今所见的是清代重建的古建筑。如今，承天寺塔被定为宁夏回族自治区重点文物保护单位，得到了很好保护。寺院内修建了博物馆，增建了古建筑展室，收藏了许多宁夏历史、民族、军事等方面珍贵的文物，成为人们观赏和游乐的重要活动场所。

无独有偶，在沙湖西南，也是约35公里处的贺兰山东麓的拜寺口，同样坐落着一对古塔，它们就像孪生兄弟守卫在山口两旁，显得格外挺拔。这对古塔就

承天寺塔

是全国重点文物保护单位——拜寺口双塔。这对塔是迄今为止保存最为完整的西夏佛塔,是中国佛塔建筑史上不可多得的艺术珍品,具有很高的历史文化价值、研究价值和观赏价值。考古学研究表明,拜寺口双塔,是西夏国王李元昊离宫建筑的一个组成部分。当年拜寺口寺庙众多,华丽的宫殿参差交错,金碧辉煌,它给气势恢宏、古木参天的拜寺口增添了无穷的魅力。《嘉靖宁夏新志》载有明代安塞王朱秩炅《拜寺口》诗赞双塔:

风前临眺豁吟眸,万马腾骧势转悠。
戈甲气销山色在,绮罗人去辇痕留。
文殊有殿存遗址,拜寺无僧话旧游。
紫塞正怜同罨画,可堪回首暮云稠。

近千年来,双塔始终配合默契,共同陪伴着不远处的贺兰山,俯瞰着广袤的平原,绿树成行;仰望着晨烟袅袅,夕阳晚照,好一派旖旎风光。

时间是无情的,正如人生注定要经历生死离别一样,昔日雄踞西北、不可一世的西夏王国，也最终难逃灭亡的归宿。与历史上其他政权一样，西夏也落入了内忧外患的窠臼之中。

西夏的国力在第四位皇帝夏崇宗李乾顺（1085—1139年在位）、第五位夏仁宗李仁孝（1140—1193年在位）父子在位的一百多年间达到顶峰。社会长期的稳定繁荣，逐渐滋生了统治阶级内部的腐化。贵族阶层普遍安逸享乐，声色犬马，不思进取。皇族成员之间，为了更高的权利，钩心斗角，无所不用其极。而底层老百姓则过着朝不保夕的日子，有的为了生存，不得不卖掉自己的耕地，还有一些人只有靠借高利贷才能度过年关。

更大的威胁则是来自于北部的蒙古高原。13世纪初，蒙古在漠北兴起。一代天骄成吉思汗在统一蒙古草原诸部的同时开始向外扩张。1205—1224年，蒙古军队发动了对西夏的五次战争，西夏的国力在数次战争中逐渐消耗，领土不断缩小。公元1226年，成吉思汗携虎狼之师，发动了旨在灭亡西夏的第六次战争，在该年十一月，蒙古军队进围中兴府。在中兴府被围半年后，无计可施的西夏末帝李睍投降蒙古，至此西夏亡国。

西夏虽灭，但成吉思汗也病死在了六盘山。痛失大汗的蒙古军士对此十分愤恨，把一腔怒火都发泄到西夏人民身上，故而蒙古大军在攻陷中兴府后展开了血腥的屠杀，宫室、陵园付之一炬，后虽经党项人察罕劝谏而止，使一部分人幸免于难，但城中人口已经不多。

当蒙古铁骑入侵西夏，大肆蹂躏的时候，有一部分沙湖村民随着其他西夏遗民向境外逃去。河南、河北、安徽、四川，西夏人遍及中国各地，这些人逐渐融入迁徙地，融入中华民族的血液之中。相传，沙湖村民在逃到外地后，仍然念念不忘家乡那美丽而迷人的沙湖，为了寄托对故乡的哀思，他们把每一个沙中有湖、湖边带沙的地方都称之为沙湖。或许，这就是如今全国各地到处都有沙湖的原因吧！

郭公整治水利事 西夏遗民复垦殖

当游客漫步在银川市西门桥头的唐徕渠畔时，就会看到在桥头一侧的显眼位置矗立着一尊高大塑像。只见此人手持罗盘举目远眺，古铜色的身躯昂首挺立，一袭朴素的长衫将塑像点化的灵动飘逸，栩栩如生。他就是为宁夏平原农业经济作出重要贡献的郭守敬。

对于郭守敬，沙湖的百姓并不陌生，但许多人称他为“郭公”。沙湖村民口耳相传，郭公主持修筑了沙湖以东的唐徕渠，更有传是郭公将唐徕渠之水引入当时只是沼洼的沙湖，有了水源的沙湖逐渐发展壮大，才有了今天的壮美秀丽。

但事实是，唐徕渠并非郭守敬所修，其历史最早可以追溯到秦汉，得名则是在唐代。沙湖虽距唐徕渠很近，但沙湖水源并非唐徕渠。那么是什么原因让沙湖周围的居民对几百年前的郭公如此敬爱呢？这当然要归功于郭守敬所立下的丰功伟绩了，在他的主持下，沙湖地区乃至整个宁夏平原才得以从蒙古灭夏的战争阴影中走出来，经济得到了恢复和发展。

公元1227年，西夏末帝李睍出城投降，西夏正式宣告灭亡，历时22年的蒙古灭夏之战亦宣告结束。因一代天骄成吉思汗意外地病死六盘山，蒙古军队随即于西夏都城中兴府屠城，大部分西夏建筑被破坏、毁灭。最后虽因察罕的劝谏而结束屠城，但整个宁夏平原人口所剩无几。史载，当时“民至穿凿土石以避之，免者百无一二，白骨蔽野，数千里几成赤地”。当时宁夏平原的社会经济遭到了致命的破坏，水利衰败，农业荒废，几乎成为一片废墟。

战争的结束并不一定意味着社会经济的恢复和发展。成吉思汗去世后，窝

唐徕渠

阔台继任大汗之位，窝阔台将西夏故地分封给其次子阔端，王府设在凉州（今甘肃省武威市），其行政名称仍为“西夏”。阔端非但没有对西夏故地进行有效管理，反而使西夏经济每况愈下，政事日非。元世祖忽必烈继位之初，宁夏地区又爆发了一次浑都海、阿兰答儿之乱，这次叛乱发生后，所在郡县的库府被洗劫一空，本来就稀少的居民，为了避乱，纷纷逃匿山谷。

祸兮福所倚，福兮祸所伏。平定浑都海叛乱后，元世祖忽必烈在汗位的争夺中取得胜利，宁夏地区也获得了难得的和平机会，经济和文化也有了恢复和发展的可能。忽必烈坐稳皇帝宝座之后，并没有忘记这片有着“塞上江南”之称的肥沃土地，采取了一系列的措施进行移民屯田。

当时以沙湖地区为代表的黄河灌区，是宁夏地区移民屯田的重点。这里历来都是引水灌溉的农耕区，有着较好的地理条件。但美中不足的是，多年的战争，使得宁夏平原十室九空，无劳动力可用。忽必烈在位时期，战争基本结束，元代也统一了全国，这就为宁夏地区补充大量劳动力创造了机会。

为了补充西夏故地的劳动力，至元三年（1266年）七月，忽必烈“诏令西夏避乱之民还本籍”，此后，又陆续将内地投降蒙古的居民签发沙湖所在的中兴地区屯田。至元八年（1271年）正月，从今湖北随州、武汉地区迁1170户来中兴地区居住，3年后，将这些人的户籍编为屯田户。至正二十三年（1286年），又陆续迁来了300人，前前后后大概从湖北地区迁来了8000余人。这些移民勤劳勇敢，起早贪黑，勤勤恳恳地耕耘着宁夏平原的每一寸肥沃的土地。在短短几年时间内，他们共开垦出来1800公顷的土地，为宁夏平原的开发作出了不可磨灭的贡献。

中统二年（1261年），忽必烈颁布了流民还业免税一年、第二年减半的诏书，鼓励逃亡者开荒务农。至元八年（1271年），又颁布了《户口条例》，对户籍进行调整，将王公贵族、权豪势要之家非法占为奴隶的人口编籍为民，并招收屯田。至元十一年（1274年），忽必烈听从安抚司的请求，在宁夏路准许良民屯田，“以招收放良人民九百四户，编聚屯田，为田四百四十六顷五十亩。”

但移民屯田只是解决了劳动力的问题，农业生产除了需要劳动力外，还需要有与农田相配套的水利工程。宁夏平原是著名的引黄灌区，但是在多年战争的破坏下，西夏时期极为便利的水利河渠早已堵塞淤浅，不能使用。时势造英雄，被后世沙湖民众敬称为“郭公”的郭守敬来到了宁夏平原，极为出色地完成了时代所赋予他的任务，成为了那个时代最耀眼的新星。

郭守敬

郭守敬生于1231年，家乡在今河北省邢台县。郭守敬很小的时候就喜欢动手制作各种器具，显示出在科学技术方面的杰出天赋。在邢台县的北郊，有一座石桥，金元战争的时候，这座桥被破坏了，桥身陷在泥淖里，日子一久，竟然没有人说得清它的所在了。这给来往的人带来了很大的不便，而且严重影响了当地的农业发展。郭守敬勘察了河道上下游的地形，对旧桥基位置就有了一个估计。根据他的指点，居然一下子就挖出了久被埋没的桥基，这件事引起不小的轰动。石桥修复后，当时有名的文学家元好问还特意为此写过一篇碑文。南宋景定元年（1260年），郭守敬的好友张文谦到大名路（今河北大名一带）等地任宣抚司长官，郭守敬也跟着他一起去了。郭守敬跟着张文谦到各地勘测地形，筹划水利方案，并帮助他做些实际工作。几年间，郭守敬的科学知识和技术经验更加丰富了，张文谦对郭守敬的才能十分佩服，他向忽必烈极力推荐郭守敬。

忽必烈在皇宫中召见了年纪轻轻就名震天下的郭守敬。忽必烈初次见到郭守敬，并不以为然，他并不知道这位年轻人到底有什么过人之处。郭守敬不慌不忙向忽必烈呈上了他近年来走遍全国勘查水利的六条计策和建议。忽必烈打开写满建议的文册，只见第一条建议是修复从当时的中都（今北京）到通州（今通县）的漕运河道；第二条和第三条是关于自己的家乡城市用水和灌溉渠道的建议；第四条是关于磁州（今河北磁县）、邯郸一带的水利建设的意见；第五条、第六条是关于中原地带（今河南境内）沁河河水的合理利用和黄河北岸渠道的建议。这六条建议都是经过仔细勘查后提出来的切实可行的计划，对于经由路线、受益面积等项都说得清清楚楚。忽必烈从来没有见过这么详细精确的水利计划，非常高兴，赞叹道："想不到先生年纪轻轻就有如此见识，真是难得啊！"忽必烈立即下令，让郭守敬掌管各地河渠的整修和管理等工作，郭守敬成为忽必烈眼里懂得水利的最有才干的大臣，受到重用。

当时浑都海之乱刚刚平定，宁夏平原百废待兴，要恢复农业，水利设施必须齐备。因此，忽必烈便派遣郭守敬以及他的朋友张文谦到宁夏平原，主持农田水利的修复工作。郭守敬和张文谦来到宁夏平原后，顾不得路途疲惫，立即带领手下的官员对黄河两岸进行了踏勘，查清了黄河两岸的地势和水情。对引黄灌区平原的干渠、支渠的数量、长度、灌田亩数等进行了详细统计，并深入了解当地地势、水渠流程、水利灌溉历史等。那年，他才33岁，正是精力旺盛、为国建功的大好年华。地方官请他休息几天以解除行车疲劳，他谢绝了，郭守敬只听了一天的情况介绍，第二天天还没亮，就骑马出发，沿着黄河勘察去了。不管是

难行的沼泽，还是荒凉的沙滩，都留下了他的足迹。或许，沙湖岸边也曾留下了郭守敬的脚印吧。

郭守敬白天考察，边记录边绘图，有时紧张得连饭都顾不上吃。到了重要地段，就亲自动手测量堤坝、渠道和农田。遇到老农，他总是热情问候，虚心请教，了解当地的天时、地利、水土、灌溉情况，以及它们与庄家丰歉的关系。晚上，他或者和随行人员热烈讨论考察中的问题，或者在黯淡的油灯下全神贯注地整理资料，计算数据。通过夜以继日的野外考察，一幅引黄灌区工程规划图在他心中形成了。

在调查过程中，郭守敬深深地爱上了这片肥沃的土地，他感叹先民们披荆斩棘、开垦荒原的不朽功绩，也从当地人民中学到了新的水利科学知识。沙湖所处的宁夏平原，原本是西夏王朝的腹地，正是凭借着这里的引黄灌溉，使西夏得以富强发达，成为雄踞西北近两百年的一代强国。这样富庶膏腴之地，如今却变成了河渠淤塞、农田荒芜的模样，着实让郭守敬感伤不已，他暗暗发誓，一定要还西夏故地引黄灌区“鱼米之乡”的美丽原貌，让古老的“塞上江南”明珠擦去岁月蒙上的尘埃，恢复璀璨夺目的光彩。

他的直接上司兼好友张文谦，对郭守敬的工作给予了大力支持，张文谦调派人手配合郭守敬的水利建设事业。皇帝和上级官员的信任与大力支持，使得才能卓越的郭守敬开始了人生的第一个辉煌历程。

鉴于沙湖周边地区的水利工程早已荒废数十年，要想恢复旧貌，有人提出必须挖掘新的灌渠，废弃旧有河渠。郭守敬经过认真调查研究后，提出了“因旧谋新”的方案，就是按照旧有河渠的走向进行疏浚，这样可以省民力、省财力，达到最快恢复银川平原水利原貌的目的。他认为重筑新渠既费工又费财，应当把重点放在疏通旧有渠道上。经过实地勘查和请教田间老农，他提出建滚水坝以减弱水势，又在渠道引水的地方建河堰来提高水位，建渠道的进水闸来保证渠道有充足的水用于灌溉，建退水闸用来调节流量等多种技术方案。在他的指导下，普遍采用了新的工程技术，修筑渠、堰、坡、塘，大都采用了调节水量的“闸堰”，即水坝和水闸（斗门）。水坝和水闸起到了控制水流、水量的作用。天旱的时候就开闸放水灌溉农田，保证农业用水，使得农业灌溉有了可靠的保障；雨水多的时候就关闭闸门，用来避免渠水泛滥，造成灾害，从而使得整个灌溉系统工程具有很好的灌溉和防洪效果。

在地方官和百姓的支持下，郭守敬仅用了不到一年的时间，就完成了对唐徕、汉延两大古渠的疏浚工程，接着又将灵州（今宁夏灵武）、应理（今宁夏中卫）、鸣沙等地的10余条干渠以及黄河两岸所有大大小小共计68条支渠统统进行了一次彻底的整治。在地方官中兴路新民总管、党项族官员朵儿赤等人的配合下，当时还在黄河中专门设置船只招徕流民、移民，并发给他们农具和种子，分给农田。此外，还把军人子弟编为屯田军，专门负责屯种供给军饷。宁夏平原上一下子增加了数以万计的农户，大片盐碱地变成了肥沃良田，使引黄灌区的农业生产提高到了一个新的水平，不但农民丰衣足食，国家赋税倍增，而且驻军也有了足够的粮食储备，银川平原成为一个安定富庶的地方。这里所生产的粮食除了自给自足，还成为西北地区产粮、储粮和输粮赈灾的中心。由于粮食充足，元朝廷还专门下诏解除了宁夏用粮食酿酒的禁令。

1265年，郭守敬回到了上都；同年被任命为都水少监，协助都水监掌管河渠、堤防、桥梁、闸坝等的修治工程。1271年，他升任都水监。1276年，都水监并入工部，郭守敬被任命为工部郎中，仍主持国家水利事业，直至当年6月被调到太史院参与修订历书。郭守敬50岁时，完成了著名的《授时历》，并创作了大量关于天文、数学方面的科学著作和观察仪器。63岁时，郭守敬又完成了大都通惠河工程，并兼任提调通惠河漕运事。85岁时，郭守敬在任上病逝于太史院，走完了自己光辉的一生。

授時曆故卷一　嘉業堂叢書
氣朔曆　餘姚黃宗羲梨洲
積年
辛巳歲即元至元十八年距今作曆故之歲丙辰積三百九十六年
推冬至
置所求距歲積一以歲實乘之爲中積加氣應爲通積滿旬周去之不盡以日周約之爲日不滿爲分其日命甲子算外即所求冬至日辰及分　如上考者亦距辛巳歲前算乘歲實爲中積減氣應爲通積滿旬周去之不盡更滿旬周以不盡者減之餘同上

《授时历》书影

郭守敬辛苦耕耘的沙湖周边地区，并没有随着他的去世就此没落，而是依然肥沃富庶，成为西北地区的一方乐土，吸引着越来越多的不同民族的人民来此务农、经商。

设防戍边天堑处 长城墩下有沙湖

有学者研究称，沙湖这个名称，正式见于史籍的最早时间是明代，且与明长城的修筑密切相关。《嘉靖宁夏新志》卷一之《边防》中载，明嘉靖年间佥事齐之鸾在其著作《朔方天堑北门关记》中说：“由沙湖至贺兰山之枣儿沟，凡三十五里，皆筑墙……沙湖东至黄河凡五里，水涨则泽，竭则濡（土），虏可窍出，皆为墙。”

但研究者指出，上述文献中所指的沙湖，其地址并不在今天的沙湖风景区，而是在更靠北一点的星海湖附近。古时宁夏地区湖泊众多，素有“七十二连湖”之称，沙湖就是其中之一。但时间总是无情的，“七十二连湖”如今所剩无几，古沙湖也最终淤浅，消失在历史的长河中。所以，一定时期，沙湖是银川北群湖的指代，沙湖是群湖中的佼佼者。

这里特别要提到的是，沙湖风景区周边的老人对沙湖的最早认识，可能并不是上述文献中提到的那个沙湖，而是在民间口耳相传的“沙湖墩”（也有称为“沙湖墩墩”）。其实，老人们所说的“沙湖墩”，就是封建王朝所修建的长城上的烽火台。烽火台是古时用于传递重要消息的高台，系古代重要军事防御设施，如遇敌情，则白天施烟，夜间点火，台台相连，传递消息。这种传递信息的方式，虽然非常简单，但却行之有效。除了“沙湖墩”以外，石嘴山境内还有如“省嵬墩”“燕子墩”“常胜墩”“大兴墩”“小兴墩”等等许多带“敦”字的地名。保留下来的这些烽火台大多是明长城的组成部分，有着悠久的历史。古老的长城，见证着古老民族的历史，体现了中国人顽强拼搏的精神，沙湖又和长城结下不解之缘。

长城又称万里长城，是中国古代的军事防御工程，是一种很长的墙体防御建筑。长城修筑的历史可上溯到西周时期，“烽火戏诸侯”的典故就源于此。春秋战国时期列国争霸，互相防守，长城修筑进入第一个高潮，但此时修筑的长度都比较短。秦灭六国统一天下后，秦始皇连接和修缮战国长城，始有万里长城之称。明朝是最后一个大修长城的朝代，今天人们所看到的长城多是此时修筑。

明长城东起鸭绿江，连接秦长城，西至嘉峪关，蜿蜒6000余公里，贯穿甘肃、宁夏、陕西、山西、内蒙古、北京、河北、天津、辽宁9省区市，气势宏伟，是世界上的一个奇迹。

但明代不称长城，而称边墙。据传是因秦始皇修筑长城而引起民怨，导致秦朝灭亡，所以明代将长城改为边墙，以示区别于秦始皇的暴政。明朝在宁夏修筑边墙的规模比秦、隋两朝大得多，修筑速度也极为惊人，仅成化年间(1465—1487年)余子俊修筑的一段而言，西起横城黄河，东至神木黄河，长达500公里，动用4万民工，不到3个月就完成了。

分布在宁夏的明代边墙有西长城、北长城、东长城、陶乐长城(非正式长城)，固原旧边、徐冰水新边，以及烽火台、关楼、城障等。沙湖北部的明长城主要是北长城和西长城，总体位于贺兰山与黄河之间，包括旧北长城、西长城和边防北关门墙三道。

《万历朔方新志》记载：“北长城三十里，自西而东接黄河。黄河一百三十里自北而南。”这里的北长城，指的就是修筑于明弘治以前的旧北长城。经过实地考察，证实长城走向与记载中的相符，它始于沙湖北部约50公里的贺兰山山麓惠农区红果儿沟北侧，向东行，穿过现在的包兰铁路，经石嘴山四中、宝马东、下庄子，到达黄河西岸，长30公里，但在嘉靖年间，随打硙口的废弃而被废弃了。据推测这道旧北长城即镇远关的关墙旧迹。

这道长城地处平原，目前遗迹已不多见，仅石嘴山四中至红果子沟的一段保存尚好。红果儿沟北侧的山上，还有一座烽火台遗址。与墩台相衔迤西的一段石基土筑城墙，正障内外相通的红果子沟谷之口，向山里逶迤而去。连接墩台迤东，有一里多长的一段长城，两边用石头垒砌，中间填以碎石土沙。由于地

明长城遗址

震或者地壳运动，造成水平错位与垂直错位均在一米左右。红果子沟与长城相连的烽火台尚有残迹。这里还有一段约1里的长城遗址，外侧10米外还有一道隆起的土梁，与这段长城并行。

修筑于明弘历元年（1488年）之前，古称“边防西关门墙”。经过研究者实地勘察，沙湖周边的西峰沟、大水沟、小水沟、干沟、汝箕沟、小风沟、归德沟、韭菜沟等山沟均存在西长城的遗迹。其中大水沟入山1.5公里处有土筑长城一段，自沟北山腰向沟中，长约250米，高5米，底宽8米左右，顶宽4.1米，女墙1.5～2米，厚25厘米，这段长城保存较好。

沙湖周边的西长城有两个显著的特点：其一，地形选得好。并非一道完整的长城，而是断断续续地在各大沟内筑起短墙，有效利用了贺兰山这道天然屏障。同时，这些短墙大多建在进沟1.5～4公里的地方，这里一面是悬崖峭壁，高达百余米，人马无法攀登；另一面的山梁突然伸向沟中，与对面山崖形成峡谷，只要在这山梁之上筑起敌台或短墙，便可成为一道“一夫当关，万夫莫开”的坚固防御体。其二，施工合理。西长城的修筑者们充分利用了山梁的地势，凡山势险峻的地方，则不动工；凡山势坡度较缓的地方，则将山梁的外侧削成陡壁。只有在山势坦缓，才筑以短墙或墩台，这样大大节省了人力、财力、物力，缩短了施工时间，起到了事半功倍的效果。

明代中叶，由于各种矛盾日益尖锐，朝政腐败，民不聊生，农民起义此起彼伏，统治阶级竭尽全力镇压人民起义，无暇顾及军队训练，从而造成军心涣散、战斗力不断下降，无力抵御外来侵扰。在这种情况下，明朝廷不得不废弃镇远关、黑山营、打硙口等关口，消极防守。据《嘉靖宁夏新法》中记载："镇远关虽称有墩有军，相距平虏城百里之远，孤危难守，有名无实而已。"而在"正德年间，大贼奔入，或从打硙口，或从河东渡河而过，无人防守，任其牧放，随意抢掳。平虏城虽设有守备官一员，马步官军五百余人，除守城守墩差占以外，不上三百五十名。山后、河东之贼不时出没，实难战守。所以，先年守备官，多无二年，充军者数人。以故议会平虏城（今平罗县）北十里许，筑长城一道。"这就是当年放弃旧边而筑新边的原因。

嘉靖十年（1531年），佥事齐之鸾奏筑新的边墙。这道边墙修筑了两个多月才完成，始自大武沟口，东行过明水湖农场、简泉农场机砖厂等地，至黄河西岸，

沙湖墩

经实地考察，全长约50里。在今明水湖农场以西，简泉农场机砖厂、威镇等处均有遗址。墙上每隔里许有高出墙面的墩台，尚能看见墙外侧的壕堑残迹。

这道边防北关门墙靠近平罗一段，清朝时已成为文人们怀古凭吊之地。为平罗古八景之一——边墙夕照。清人蒋延禄来到“边墙夕阳”处赋诗一首：

一带颓垣柳陌河，长城饮马此中过。
挥鞭小往斜阳里，贪看边山红叶多。

而今，游客驱车至大武口北4里处，就可以看到从贺兰山半山腰至山根筑有两座墩台。山脚的墩台以东，即是这道关墙的遗迹，它在夕阳中越发显得壮丽。

那么，明长城真的起到了统治者想要的抵御外敌的作用吗？有学者认为，边墙的修筑，虽可御敌，但并不能完全阻止敌兵的进犯，如河套之敌破开城、寇平凉数次皆由花马池一带拆墙南下。筑边墙也有不利的一面：一是在指导思想上包含消极防守的因素。二是防线南移。明初尚能主动出击，越贺兰山作战，而修边墙后只能增兵死守，筑城硬挡，在战略上处于被动挨打的地位。三是修筑边墙耗费惊人，需加高加宽，辅以防守设施，且边墙屡遭破坏，毁而复筑，耗财更大。

既然如此，难道明朝皇帝意识不到修筑长城并不意味着绝对安全这个道理吗？他们为什么还要劳民伤财地做此事呢？其实我们不能如此苛责古人，修筑长城也是当时明蒙对抗相持不下的必然选择。

1368年，朱元璋在建康府（今南京）登基称帝，建立了明朝。同年八月，明朝大将徐达攻入大都（今北京），结束了元朝的统治，但元顺帝逃往蒙古大漠，元政权继续存在，史称“北元”。北元兵力仍很强大：忽答驻云州（今山西大同），扩廓帖木儿驻沈儿峪（今甘肃定西），纳哈出驻金山（今内蒙古哲理木盟东），失剌罕驻西凉（今甘肃武威）。《明史纪事本末》载“引弓之士不下百万众，归附之部落不下数千里也，资装铠杖，尚赖而用也，驼马牛羊尚全而有也”。再加上蒙古贵族由中原城市生活退回到原来的草原游牧生活，这种生活方式的退步，刺激了他们对原本定居生活的渴求和经常性的南侵，这对明王朝是一个巨大的威胁。

明朝初年，蒙古分裂为鞑靼和瓦剌两部，当时鞑靼势力强大，明军暂时无力据守宁夏，因此在洪武三至五年(1370—1372年)，把灵州、鸣沙和宁夏府等地的百姓迁往西安一带，在宁夏北部制造一个无人区，成为一个战略缓冲地带。这次“无人区”事件，在宁夏平原十分出名。在沙湖周边盛传着这样一个故事，这个故事在《宣德宁夏志》中也有记载，据说明初镇守宁夏的前军都督马鉴喜欢打猎，家里养了一只兔鹘，一天，这只兔鹘突然产下一枚卵，马都督觉得十分奇怪，便问一个懂得占卜算卦的人，兔鹘产卵有什么征兆。老人掐指一算，不禁惊呼道：“这是不祥的征兆啊！难道宁夏府城要变成空城吗？”果然如老者所料，过了不长时间，朝廷就下旨让宁夏府城的百姓全部迁到关中长安一带去，宁夏府城真的变成了一座空城。

为什么兔鹘生卵就意味着宁夏要空城呢？兔鹘是一种猛禽，是隼的一种，飞得很快，平时以捕捉其他鸟类和鼠兔为食，猎人常常饲养它们作为宠物，打猎时帮助主人捕捉猎物。“鹘”的读音为“胡”，是古代对北方少数民族的称呼，“卵”谐音为“乱”，“鹘卵”就意味着“胡乱”的意思。明初蒙古部落强大，常常侵扰北方边境，“胡乱”就意味着宁夏府要遭到胡人入侵，要发生变乱，人民要逃亡，宁夏府城要成为空城了。

这个传说应当只是后人对明初宁夏平原成无人区的附会之说罢了。明初宁夏平原成为无人区，却是历史上实实在在发生过的事情。这次移民大潮，直接导致当时宁夏平原人口的大更新和大换血，同时也奠定了数百年来整个宁夏平原的城市都是移民城市的根基。沙湖周边的村民在谈到自己的祖先时，说起最多的是明洪武九年(1376年)之后从中国东南部地区迁过来的移民。

洪武九年，经过数年的战争，明军终于可以比较牢固地控制银川地区了，明廷在元代宁夏府路的基础上，设立了宁夏卫，归陕西都司管辖。

原来宁夏府人口全部都迁到了关中地区，明朝就开始大规模的移民，主要是从中原及江南地区调发军民移居宁夏平原，其中以浙江、江苏地区居多，这些移民本来就来自江南水乡，熟悉精耕细作的农业生产技术，来到引黄灌区后，把家乡的农耕技术、文化风俗也带来了沙湖地区，沙湖的生活习俗发生了很大的变化，开始具有“江左之风”。

建文帝四年(1402年)后，蒙古鞑靼、瓦剌各部日渐强大，号称“众有三十余万”，成为明朝北方边境的大患。为了抵御蒙古的南下侵扰，保卫北部边境的安

全，明廷在东起鸭绿江，西抵嘉峪关的万里边防线上，修筑了著名的万里长城，并在长城一线先后建立辽东、宣府、大同、延绥、宁夏（现银川）、甘肃、蓟州、太原及固原九个军事重镇，历史上称之为“九边重镇”。

宁夏总镇在防区内常驻军队，总镇下设卫所，根据分地防守的原则，负责境内边墙、城堡和墩台的建设，在划定的范围内，形成了一套自己的防御体系。而沙湖的地理位置，自古以来就是西北咽喉之地，是南达甘肃、陕西，北往内蒙古，东渡黄河至鄂尔多斯高原，西越贺兰山进入阿拉善草原的通衢要道。沙湖周边自然环境优越，引黄河水自流灌溉，土地肥沃，适合耕作。这里屯兵有粮草，进出有通道，防守有山隘，自古就是兵家必争之地，战略地位极其重要。

而明廷并没有忽视沙湖周边的这块形胜之地。宁夏总镇，除直辖镇城的宁夏卫、宁夏前卫、左屯卫、右屯卫和中屯卫外，辖地又分五路，即南路邵岗堡（今属永宁县）、中路灵州（今灵武市）、西路中卫、东路后卫（即花马池，今盐池县）、北路平虏城（今沙湖北方的平罗县城，是在1403—1407年筑成的）。“虏”是汉族统治者对边疆少数民族带有侮辱性的称谓，“平虏”就是平定鞑靼的意思。明嘉靖三十年（1551年），升平虏城为平虏千户所。而今名“平罗”的出现，则是到了清代。清朝是满族贵族建立的王朝，“虏”这种带有侮辱性的词汇，当然为清朝贵族所不喜，所以在清初就改为“平罗所”，雍正二年（1724年），废去卫所，改立“平罗县”。

区别于中原地区实行的州县制度，明代宁夏是用卫所制度进行管理的。除此之外，宁夏还是藩王的封地。包括沙湖在内的宁夏平原，对“庆王府”这个词并不陌生，今天银川市鼓楼，就是明代庆王府的一部分。这个庆王府就是明太祖朱元璋的第十六子朱㮵的住所。

朱元璋出于种种考虑，将自己的24个儿子和1个重孙分封到各地，企图以同姓制异性，巩固其统治。洪武二十四年（1391年），年仅14岁的朱㮵被封为庆王。为什么叫庆王呢？这是因为他的封地在庆阳府（今甘肃庆阳），辖地主要是今天的宁夏全省和甘肃陇东地区。两年后，朱㮵带着父皇对他的嘱托、带着对西北边陲的好奇来到了宁夏。可是，这位庆王爷并没有直接到宁夏城去，而是住在了几百里外的韦州（今宁夏同心县境内）。这是为什么呢？原来当时宁夏平原残破不堪，且经历过无人区事件，元气大伤。按照当时宁夏平原所产的粮

朱元璋

饷,并不足以维持庆王朱㮵的日常开支,故朱㮵就藩宁夏的计划被迫延后。朱㮵在韦州住了整整八年,建文三年(1401年),宁夏地区经济得到恢复后,朱㮵奉建文帝之命,迁王府到宁夏镇城。

初到宁夏镇守的庆王朱㮵大权在握,拥有地方军事指挥权。朱元璋让他管理庆阳、宁夏、延安、绥德诸卫的军务,等于是把西北的边防全部委托给了他。这时的朱㮵意气风发,成为朱明王朝镇守西北的代表人物。但人生无常,繁华易逝。正当朱㮵年少得意,展露才华之时,一场横祸起自萧墙,彻底改变了朱㮵的命运。明朝皇室内部为了争夺皇位,竟然自相残杀起来,这就是著名的"靖难之役",这场远在几千里外的政治斗争,不可避免深深地影响着朱㮵以后的人生轨迹。

在这场内乱中,庆王朱㮵是什么样的政治态度呢?史书中并没有明确记载,但明成祖即位后,朱㮵立即亲自到京城去朝贺。明成祖对自己兄弟的拥护当然非常高兴,对朱㮵大加赏赐,还留他在京城居住了11天之久。

但兄弟归兄弟,权力归权力,明成祖知道自己是凭借着强大的藩王军事力量夺取的皇位,因此,对手握重兵的诸位藩王兄弟也不得不防,害怕这些兄弟日

后也学他一样举兵造反，将自己赶下皇帝的宝座。所以，他一上台，就把朱元璋制定的“以同姓制异性”的制度改为“以异性治同姓”，派自己的贴身太监到全国各地，对宗室和镇守文武大员进行监督，仅派去监督朱㮵的太监就有16人之多。

在如此恶劣的政治局势下，朱㮵为了保全性命，只能做个听话的藩王。他的兵权、居住权、行动自由权都没有了，只好寄情山水，研究起诗词歌赋、文章典籍了。但朱㮵的转变，对宁夏平原的文化发展来说，未尝不是一件好事。朱㮵主持纂修的《宣德宁夏志》为现存第一部宁夏志书。据文献记载，朱㮵编有《文章类选》40卷，荟萃诗文成《凝真稿》18卷、《集句闺情》1卷。但很可惜的是，他的诗作流传下来的并不多，只有数十篇诗词，因为被收录在宁夏古代地方志中才得以传世至今。其中有一首《月湖夕照》，写得相当优美：

万顷清波映夕阳，晚风时骤漾晴光。
暝烟低接渔村近，远水高连碧汉长。
两两忘机鸥戏浴，双双照水鹭游翔。
北来南客添乡思，仿佛江南水国乡。

这首诗作于何时何地，今已不可考，但令人惊奇的是，这首诗与沙湖如此般配，仿佛当年朱㮵就站在沙湖边，望着“斜晖脉脉水悠悠”的夕阳映水的美丽景色，心中不禁涌现出无限的乡愁，仿佛自己又回到了让自己魂牵梦绕的江南水乡一样。

正统三年八月初三日(1438年8月23日)，一代才子王爷走完了自己郁郁不得志，但也足以让后人铭记的一生，享年61岁，葬于今宁夏同心县韦州明王陵。庆王朱㮵历洪武、建文、永乐、洪熙、宣德、正统6朝，在宁夏生活了45个春秋，对宁夏平原经济文化的恢复和发展作出了重要贡献。

山崩地裂改天地
康熙受困出沙湖

清乾隆三年(1738年)初冬,天寒地冻。农历十一月二十四日傍晚时分,沙湖的天边闪现出一条绚丽的彩色光带,转瞬即逝。夜幕降临,天色渐渐变暗,天空中不时迸发出闪亮的光,照得地面发白。此刻,大地沉浸在灾难前的宁静中,静得让人发憷。

晚8时左右,天空中电光闪闪,惊雷阵阵,地上狂风呼啸,大地深处传来轰隆隆的声音。整个大地抖动起来,接着便是一阵剧烈震颤,摇晃、瓦落、墙倒、屋塌在顷刻间发生。黑暗中,人们的尖叫声、呼救声、呻吟声响成一片。

宁夏府城(今银川)在强烈的大地震中,几乎被夷为平地。这次大震,在宁夏许多史料中都有详细记载:“徒然地震,如同簸箕上下两簸。瞬息之间,阖城庙宇、衙署、兵民房屋,倒塌无存。男妇人口奔跑不及,被夺大半……城垣四面塌,仅存基础。”“是夜更初……地忽震,有声在地下如雷,来自西北往东南。地摇荡掀簸,衙署即倒塌。”“所存男妇沿街奔走,号哭不绝。”“昔日繁庶之所,竟成瓦砾之场,惨目伤心,莫此为甚。”

里氏8级特大地震释放出的能量,相当于400枚广岛原子弹猛然爆炸的力量,强度可与2008年汶川地震相提并论。废墟中,死难者尸体随处可见,衣不蔽体的幸存者痛不欲生,悲啼与呻吟声不绝于耳。

地震引发火灾,整个宁夏府城被大火浓烟笼罩,史料中这样记载:“宁地苦寒,冬夜家设火盆。屋倒火燃,城中如昼。”“不唯扑救无人,抑县周围俱火,无从扑灭。直至五昼夜之后,烟焰方息……一应资财、衣帽、家具、什物,俱已焚毁。”

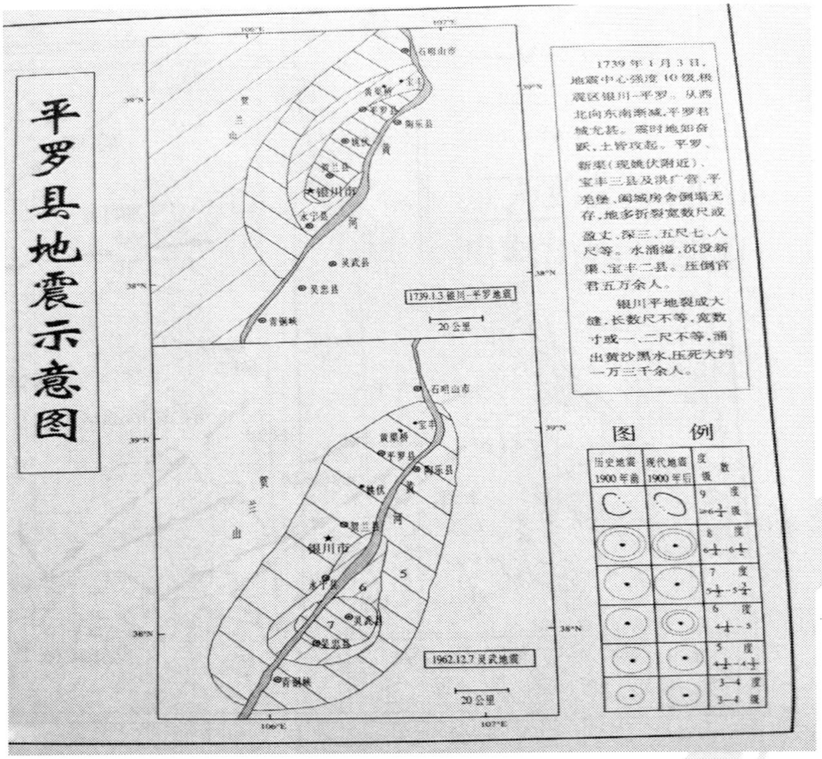

“地多斥裂，宽数尺或盈丈，黑水涌溢，其气皆热。”

临近宁夏府城的平罗、新渠、宝丰3县所属各营堡及沿河一带，冰冻的黄河被震开裂口，大水泛涨进城，形成一片汪洋，水深处达二三米，民众和牲畜被冻死、淹死者无数。村庄里的房屋被大水淹没了一大半，残生的男女老幼饥寒交迫，没有住宿之地。新渠二三十里以外，穿过宝丰、石嘴子，东连黄河，西达贺兰山，一二百里范围内，全部成为一片冰海。从广营（今贺兰县洪广营）、平羌堡（今银川市郊平吉堡）房屋也倒塌无数。当然，在此片区域中的沙湖，也难免此场灾难的浩劫，沙湖的沙山、湖水、芦苇荡见证了这场历史上罕见的灾难。

地震发生后，镇守宁夏等处的将军阿鲁、兵部右侍郎班第、甘肃巡抚元展成和川陕总督查郎阿等人曾先后到震区视察，频繁地向朝廷递奏折，禀报灾情。乾隆皇帝多次下达圣谕，派兵弹压，严防百姓滋事作乱。震后第三天，宁夏总兵杨大凯集合500名兵丁，将军阿鲁也结集500名八旗兵，同时进入宁夏府城。随后，又从中卫、灵州、花马池、广武、玉泉、兴武、横城等地迅速调集兵丁1270人进城。第四天，宁夏总兵因恐人心不定，督催官府“传集军民，每人一斗散赈”。至当年底，死难者埋葬费才发放完毕。此后，又断断续续发放灾民建房帑银共29.7万两。据《宁夏府志》记载，这场大地震共吞噬了5万多人的生命，重建家园花了两年时间。

在大震过后两年多的时间里，余震仍未停息。如乾隆五年四月二十七(1740年5月22日)、二十八日(23日)，乾隆六年正月十七日(1741年3月2日)，银川又曾六度发生地震。其间，朝廷一边组织抗震，一边以工代赈。勤劳顽强的宁夏军民强忍悲痛，从废墟上重建家园，终于修复、重建起宁夏平原上几乎所有城镇。如新建满城(费帑银15.6万余两)，修建宁夏府、平罗县和灵州等城池(分别费帑银31.5万两、7万两和6.7万两)，重建平羌堡和镇北堡(各费帑银8000两)。乾隆六年维修灵州横城堡，又用帑银3300两。府城内外，震坏了的万寿宫、道署、府署、学宫、关帝庙、城隍庙、岳武穆庙、东西魁阁、高台寺、清宁观、三清观、药王洞等，也都在震后3~5年内重建一新。

谈起乾隆三年的这场大地震，即使几百年后没有切身经历的现代人仍然心有余悸。据史料记载，在1100多年的时间里，宁夏共遭受了9次6级、3次7级和2次8级地震的袭击。除去乾隆三年的这场地震外，另一次8级地震是发生在西夏亡国的前夜，即公元1227年。

为什么宁夏地区如此受地震的“青睐”呢？现代科学研究表明，这与宁夏所处的特殊的地震构造环境有关。宁夏处在华北断块和青藏断块的交接部位，华北断块由阿拉善和鄂尔多斯两个次级稳定地块以及夹于其间的银川—吉兰泰拉张断陷区组成。牛首山以南的弧形挤压走滑构造区则为青藏块体的东北缘的一部分。在大范围的应力场背景下，来自几大板块相对运动的推挤作用，为断裂活动提供了主要动力源，决定了宁夏区域应力场的分布和特性。

乾隆年间的这场地震，对沙湖的影响也是巨大的。这场地震破坏最大的是宁夏府城(今银川市)和平罗县，沙湖正好处于两者之间。地震不仅毁坏了沙湖地上原有的建筑，而且使沙湖成为了堰塞湖，面积变大。沙湖一带也因此荒无人烟。更有人相信，沙湖的出现就是因为地震破坏了原有的地下水层，让地下水得以重见天日，并在地表淤积成现在的沙湖。

沙湖的形成与乾隆时期大地震的影响，这有待于科学的进一步证明。但沙湖周边的民间传说，却将沙湖与康熙皇帝紧紧地联系在一起。康熙皇帝是清朝的第四位皇帝，清定都北京后的第二位皇帝。他8岁登基，14岁亲政，在位61年，是中国历史上在位时间最长的皇帝。康熙帝也是中国统一的多民族国家的捍卫者，奠定了清朝兴盛的根基，开创出康乾盛世的局面，有学者将其尊为"千古一帝"，庙号圣祖。

相传，康熙皇帝为了了解下情，经常微服私访，十几年前有一部非常有名的电视剧，叫《康熙微服私访记》，讲的就是康熙帝微服私访的故事。话说有一年，康熙皇帝出京，到宁夏暗访。他穿着普通百姓衣服，骑着一头毛驴，一路上谁也认不出他是当今皇帝。他走到后套，听说宁夏府有个"铁打的平罗城"，不由暗想，边远地区竟有这样的城池，一定要亲自看看。康熙皇帝晓行夜宿，终于来到平罗城北门，时已日落西山，天色黑沉沉的。康熙皇帝又饥又渴，浑身困乏，想进城找一家客店歇息歇息，第二天好暗访平罗城。他没有想到，东西南北四座城门早已关得严严实实，断绝了来往行人。

康熙皇帝为了进城，一边咚咚地敲打城门，一边高喊："开门，开门，我要进城。"

守城军卒听到一个外乡口音人叫门，连忙站在城头问道："你是哪里来的？到这里干什么？"

康熙皇帝回答："我是远路来人，是到城里走亲访友的。"

守城军卒道："天黑了，不能开城门，你在城外别的亲友家住一夜，等天明日头出来，开了城门，再进来吧。"

康熙皇帝恳求道："我是外地人，在这里除了城里的亲友，再没有三亲六故。你就照顾照顾我这个外地客人吧。"

守城军卒解释道："这位客官，实在对不起，不是我们不通情达理，实在是康熙爷立下的规矩，谁也不敢欺君违犯。"

康熙皇帝听到这话，心中暗想，没想到这边陲小城竟如此严格。为了试一试严格到什么程度，他就编了几句瞎话，吓唬守城军卒说："我是府上派来的差役，到县衙呈送公文，误了公事，你担当得起吗？"

守城军卒一听这人前言不搭后语，觉得不是好人，就理直气壮地说："嗨，莫说你是府上来的，就是京城的康熙爷亲自到来，我也不开城门。康熙爷立下的

康熙帝

章程，谁也改变不得。”

康熙皇帝听到这里，不但没有生气，反而十分高兴，他认为自己制定的法规，能在这边远小城产生如此的效果，实在是国之幸事。他再没有说什么，转身牵驴另找住宿之处。正走之时，突然刮起了一阵怪风，把毛驴惊跑了。没有脚力，如何赶路？康熙皇帝跟在毛驴后头，紧紧追赶。这时，天越来越黑，风越刮越大，毛驴越跑越快，康熙皇帝也越追越急。不知过了多长时间，康熙皇帝来到大沙漠的万亩大沙坑中。由于风大，沙漠中起了沙暴，搅得人不辨东西南北。康熙皇帝虽然找到了毛驴，但迷了路，左冲右突，只是在大沙丘中转圈圈。

这大沙暴刮了三天三夜，康熙皇帝和毛驴在沙漠中的大沙坑里困了三天三夜。这三天三夜人畜除受风沙之苦外，更严重的是没有水喝，喉咙里冒烟，肚子

里起火，实在难以忍受。真是上天无路，入地无门，呼天天不应，叫地地不灵。康熙皇帝暗想，自己英明一世，难道要困死在宁夏的大沙坑之中？他站起身来，一跺脚，大呼一声："莫非上天绝我康熙不成？！"

康熙皇帝的这一声呼喊，惊动了天庭。地上的人主有难，玉皇大帝岂能袖手旁观？他马上招来东海龙王敖广，令敖广想方设法立即给康熙皇帝送水，使其免遭意外。

敖广领了敕旨，看到布云行雨已经来不及了，仔细一看康熙皇帝被困的地方，正通东海海眼。敖广令巡海夜叉把海眼捅开，给康熙皇帝送来东海神水。

康熙皇帝高喊之后，忽听脚下有汩汩的流水之声，低头一看，从他刚才跺脚的地下冒出一股清泉来，翻着波浪，如同一朵盛开的莲花。干渴难耐的康熙皇帝急忙蹲下身去，手捧泉水猛喝一口，甘洌清凉，好似琼浆玉液，美妙绝伦。人喝了长精神，牲畜喝了长力气，不愧是神水。康熙皇帝喝了神水，饥渴全消，体力也恢复了。毛驴喝了神水，精神大振，趵蹄子撒欢。过了一个时辰，风停了，沙住了，太阳出来了。康熙皇帝骑上毛驴回平罗城，正走之间，一阵清风从背后吹来，他转脸一看，万亩大沙坑里涌满了东海的神水，碧波荡漾。神水之中生长出一丛一丛芦苇，在阳光下闪闪发光。

康熙皇帝边走边说，世上有的地方，有沙没湖，有的地方有湖没沙，这里有沙有湖，实在奇妙！随后，他便嘀咕着："沙湖，沙湖……"后人根据康熙皇帝的话，就把这万亩大湖叫作"沙湖"。

这当然是个美丽的传说。经学者的考证，康熙帝的确去过沙湖北方的平罗，但并非微服私访，而是有目的的军事出征。按照康熙帝的行程路线来看，经过沙湖地区是很有可能的。这是怎么回事呢？这要从勾结沙俄、反叛清廷的蒙古准噶尔部首领噶尔丹说起。

噶尔丹是清朝康熙年间游牧于天山北路伊犁河流域的准噶尔部的首领。康熙九年（1670年）以后，噶尔丹进占天山南路，威胁青海、西藏，而且还进攻喀尔喀蒙古和漠南蒙古，成为西北政区的最大祸患。当时沙俄正处于向东扩张的阶段，对我国黑龙江流域、蒙古草原及新疆等地的广大领土垂涎不已。沙俄看到噶尔丹企图称霸草原，便积极与其联络，想借噶尔丹之手，把中国北部边疆从清王朝的版图上分割出去，进而达到占为己有的险恶目的。噶尔丹深知自己的

沙湖芦苇

力量远没有达到和清朝抗衡的地步，便和沙俄勾结，狼狈为奸。康熙二十九年（1690年），噶尔丹举兵南下，一路烧杀抢掠，深入内蒙古地区，逼近乌兰布通（今内蒙古昭乌达盟克什克腾旗附近），震动北京。康熙当时已击退沙俄对东北雅克萨的侵略，决定亲征噶尔丹。

康熙三十六年（1697年）二月初六，康熙皇帝出北京，经大同，渡黄河，过榆林、定边、花马池（今盐池县境内），于农历三月二十七日到达宁夏城（银川）。首先对讨伐叛军阵亡将士进行祭奠和抚恤，后出北门检阅绿营马步兵操练，并登南门城楼巡防。康熙以宁夏为筹集军需、组织最后剿灭噶尔丹的大本营，以大将军费扬古为主帅的征讨大军陆续从宁夏出发。康熙驻宁夏府城18天后，于闰三月十五日离开宁夏，乘船北行回京。四月十五日行舟至内蒙古布古图，费扬古报告，噶尔丹于闰三月十三日在阿察阿穆塔台服毒自尽。至此，北方分裂割

据势力被消灭。

据《清实录》记载：

康熙三十六年闰三月乙未(1697.5.5)

上自宁夏城往白塔。是日启行，驻跸尧甫堡。

康熙三十六年闰三月丙申(1697.5.6)

上驻跸流穆河(1)西岸。

康熙三十六年闰三月丁酉(1697.5.7)

上驻跸哨马营(2)西南隅之峡河西岸。

康熙三十六年闰三月戊戌(1697.5.8)

上驻跸哨马营。

康熙三十六年闰三月己亥(1697.5.9)

上驻跸石嘴子西南隅黄河西岸。

可见康熙乘船返京时，是途经了今平罗县境内尧甫堡(今姚伏镇)、流穆河并驻跸休息，历时两天。从宁夏府城(今银川)到达平罗，康熙帝路过沙湖地区，且在此泊船，是极有可能的。如今，在沙湖周边，我们也确实听说过《康熙沙湖泊船》的民间故事：据说康熙皇帝的船队特别气派。有楼船3只，随行官员、侍卫用船96只，载马大船2只。这101只大船行进在黄河中，浩浩荡荡。船队进入平罗地区后，先后在尧甫堡、流穆河西岸、峡河西岸、哨马营、石嘴子西南各停过一夜。算起来，在平罗境内共五天五夜，上面说的尧甫堡，就是现在的平罗县姚伏镇；哨马营在现在的惠农区下营子乡五渠村；石嘴子就是现在的石嘴山。康熙皇帝在尧甫堡过夜时，船队就停泊在现在的沙湖。

康熙泊舟沙湖，举目四望，大河奔流，水天苍茫，翠苇丛丛，鸟飞鱼跃，连连称赞此地风光甚美。那远处的村镇尧甫，即唐朝所建的定边城，老百姓称之为田州。于是，康熙皇帝更为自己平息叛乱、维护统一之举而深感自豪。据说，黄河河道东移后，唯有康熙皇帝停船的这段河湾，沙不散，水不干，成了今天的沙湖，是因为真龙天子皇帝称赞过这里。

除了康熙皇帝，另一个让沙湖民众念念不忘的人是俞翰林。俞翰林(1778–

1836年)真名俞德渊,又名俞登渊,字原培,号陶泉,平罗县渠口乡正闸村人,祖籍安徽五为州。清嘉庆二十年(1815年)中举。嘉庆二十二年(1817年)中进士,选入翰林院庶吉士散馆,因此沙湖当地百姓多称其为“俞翰林”。

道光初年,俞德渊任江苏荆溪知县,不久调任长洲知县。在任期间,其严正廉洁,甚得民心,后升任苏州督粮同知。清道光六年(1826年),江苏初行海运业务,俞德渊总揽其役,制定了章程,工作成绩出色。道光八年(1828年),俞德渊升任常州知府,旋调任江宁知府。

清道光十年(1830年),两淮盐务混乱,宣宗授陶澍为两江总督,命尚书王鼎、侍郎宝兴到江南主持改革盐法,与会众臣一般都主张罢官商盐归盐场或盐户,由盐场或盐户纳税。俞德渊没有盲从,他认为,盐归盐场后产值额数难定,又不好稽查,会造成收税难的局面;而盐归盐户,不仅私煎容易拖欠,而且经不住天灾人祸,又不好管理。权衡利弊,仍实行官商盐,但需先定章程,重新清灶签证裁减附加杂费。这样既不因新旧接替而停产,又不影响税收和各地用盐。

这一建议被朝廷全部采纳,俞德渊遂被提升为两淮盐运使。为了治理混乱的盐规,他接任后,首先把原来由岸商私自贩运食盐,全部改为派官吏督办。并实行在海运中严格稽查、核价,凡余利如数上交国库的制度。很快形成了一整套切实可行的盐规、盐法,既提高了食盐产量,促进了盐运工作,又增加了国家的税收。“两淮本脂膏地,运使多以财结权贵及四方游客。”而俞德渊一贯秉公办事,不徇私情。尚书黄钺之子黄中民为盐场大使,欲得美职,俞德渊不允说:“美职以待有功,中民无功不可得。”

俞德渊虽在江南为官,但仍十分关心家乡教育事业的发展。清道光五年(1825年),平罗知县徐保字拟兴修“又新书院”,俞德渊从江苏来信,赠银三百两,当即动土,次月落成。俞还在来信中书示童生“立志大植,品正察理”8个大字,勉励童生努力学习,以求上进。

俞德渊一生为官清正廉洁,刚正不阿,政绩显著,真可谓是封建时代德才兼备且深得民众爱戴和朝廷器重的官员。两广总督林则徐称他:“体用兼赅,表里如一。”两江总督陶澍也非常钦佩俞德渊的才干,曾多次向宣宗帝推荐他。

俞德渊逝世后,朝廷诰授他为“中议大夫”。灵枢运回原籍,就葬于离沙湖不远的平罗县头闸镇南原昌润渠畔,并建祭祠,后人称为俞家祠堂。

俞德渊的高尚操守和过人能力，成为后世平罗人的榜样。而沙湖百姓，也用自己的方式，纪念着这个沙湖养育出来的杰出人物。俞翰林与沙湖的故事，至今还在沙湖周边流传着。

相传，俞德渊小时候常常为家乡郁郁葱葱的草原森林而着迷，整日在林间嬉戏玩耍而不思回家。后来，林带的下线逐渐向贺兰山上升高，绿色的平原为农田和荒漠代替，裸露的地表不断扩大，俞德渊甚为痛心和焦虑，几次上奏咸丰皇帝，建议要精耕细作，以减少歇田和撂荒，并且在撂荒的田地种植树木，还大地一片绿色。咸丰皇帝知道俞德渊的忠心耿耿，但也为俞德渊的直傲而不悦，想趁此杀一杀他的锐气，便以太狂妄为由将俞德渊削职，调任为御盐监。

遭到打压的俞德渊痴心不改，巡视盐政回到宁夏，直接告诫宁夏地方官："停止开发农田，全力精耕细作。"京城姓王的大臣纠集了几个同党，又向咸丰上奏，说俞德渊滥用职权，架空朝廷，妄图谋反。莫须有的罪名，让这个心高气傲、品德高尚的翰林学士无法忍受，他最终选择了吞下金元宝，自杀而死。但俞德渊临终有言，落叶归根，要葬在老家平罗。

俞德渊为什么非要葬在老家呢？相传，他曾经去过一个在河北白洋淀边的朋友家，让朋友帮他买了半麻袋芦苇草籽。那时候，宁夏的芦苇已经严重退化，一点儿都经受不住水的浸泡，凡生于水、长于湖的，不几天就根烂苗枯。旱滩地里的，又疲又弱，匍匐着身躯弯弯曲曲地趴着。俞德渊早就羡慕白洋淀那叶肥秆粗高高直立的芦苇，现在终于得到了种子，一进家门，就非常郑重地叮嘱儿子："无论我遇到什么情况，你一定要把这些草籽带回宁夏，撒在荒凉的西大滩。赶明儿，把我的尸骨也埋在那里。"

埋葬父亲之后，儿子把那半麻袋草籽均匀地撒播在父亲墓地四周的西大滩一带。半炷香的工夫，遍地就显露出一片芦苇的尖尖角；一炷香的工夫，竟长成一大片肥壮的绿苇。原来，不远处凤凰城的凤凰仙姑早就被俞德渊的品行所折服，决心帮助他造福百姓，一口仙气向着这里吹过来，才出现了如此美妙的景致。

然而，好景不长，白洋淀的芦草特别喜爱水，宁夏一带春夏两季没下过一场透雨，茂盛的芦苇渐渐枯萎。这一夜，俞德渊托梦给儿子，让他把自己肚里的金元宝取出来，再拿出家里的全部积蓄捐给朝廷，让挖渠引黄河水灌溉。儿子带着全部积蓄来到父亲墓前，挖开土层，刚刚露出一点儿馆木，只见一道金光从中射出。他顺着光看向一个土山丘，见凤凰仙姑在高空用力向着那团金光吹了一口仙气，顿时，父亲的遗体被千万道金光托了起来，飘落到西面的贺兰山上，变成平躺于山巅的一个巨大的石头人。他腹内的金元宝融化了，变为一片亮晶晶的金元宝形状的硕大湖泊。埋葬父亲所用的泥土，幻化为一大片金色沙漠。那片枯萎的芦苇，有了湖水的润泽，顷刻间就茎繁叶茂，比白洋淀的芦苇还要粗壮高大。

平躺在贺兰山的俞德渊渐渐地苏醒了，慢慢睁开双眼，欣慰地笑了。他这一笑，就有一阵轻风从湖面掠过，娃娃鱼、鲤鱼、花鲢、白鲢从不远处的黄河里一跃而来，在湖水里快活地游荡。野鸭、鸳鸯、白鹭等鸟儿从天而降，在芦草中快活地休憩。俞德渊终于修成正果，成为贺兰山头的巨大睡佛。正因为有了神气，几百年来，沙湖才一直这样神采飞扬、充满生机。

孙马鏖战西大滩
军阀败走宁夏城

1934年2月，一场大雪悄悄落下，整个宁夏平原陷入一片雪海中。平罗城下紧张的气氛仍然没有退去。位于平罗县城西南的沙湖，寒气早已经将这片水域封冻，大地一片安静。一支军队悄悄走进了这里，在沙湖东边的姚伏堡附近藏了起来。他们只有一个目的，就是阻击前来进犯的敌人。据说驻军的旅长马宝琳事先考察过这个阵地。时隔多年，当我们再一次去寻找这片战场时，却一无所获，这里早已经被开发成农田，西边水域也被开发成了旅游区。战场遗址早已不在，作战双方究竟是什么人呢？他们因何而战？在沙湖地区、在平罗境内又发生了什么呢？

1934年发生在宁夏的这场战争就是民国历史上有名的孙马混战。战争双发是号称“东陵大盗”的孙殿英和西北军阀马鸿逵、马鸿宾和马步芳。战争给宁夏人民带来了巨大的灾难。而这样的战争在中华大地上遍地都是，有的是军阀之间的战争，有的则是国人与侵略者之间的战争。总之，在那样一个年代，中国人在血与火的洗礼中逐渐走向独立。而塞北的平原上，平罗的西大滩，也同样等待着新的主人来主宰。

人间二月雪覆盖了大地，也暂时遮蔽了战争留下的血迹。在沙湖畔来来回回调动的部队，只是让这片土地多了几分回忆，让后人想起时，多了几个故事而已。

宁夏自清代以来，属于甘肃省，名为宁夏府，府城为现今银川市，领1州、1厅和4县，即灵州（含花马池分州）、宁灵厅及宁夏县、宁朔县、中卫县、平罗县。同时设分巡宁夏道，代表省方负责监察之责。民国建立之后，北洋政府曾试图改制，在全国范围内废府存道和统改厅州为县制。宁夏府遂被撤销，保留宁夏道，因宁夏道与宁夏县同名，遂改名朔方道，取宁夏地区古属朔方之意；下辖宁夏县、宁朔县、平罗县、中卫县、灵武县、金积县（宁灵厅改）、盐池县（花马池分州改）和平远县（今同心县）。人们当时称其为“宁夏八属”。后不到一年又将朔方道复名宁夏道。

1928年，南京国民政府改组后，冯玉祥的亲信薛笃弼出任内政部部长。薛以宁夏、青海距离甘肃省城太远，交通不便，不易发展为由，提出甘肃省分治方案。10月17日，中华民国国民政府第159次会议决议将宁夏道所属八县和原宁夏护军使所辖防区（阿拉善、额济纳旗地区）划为宁夏行政管辖区域。10月20日，颁布正式设立宁夏省。1929年，省政府官员宣布就职，宁夏省正式成立。

宁夏省的成立表面上看起来似乎是这样，但实质背后有着更加深刻的背景。早在1924年冯玉祥发动了北京政变，推翻了贿选的政府。但由于中外势力的反对和施加压力，冯玉祥在京津地区无法立足。为了保存实力，冯玉祥不得不就任西北边防督办兼甘肃省督办，逐步把兵力撤到了西北。1928年9月，蒋介石为了削弱冯、阎、桂等集团的军事力量，便以“精兵简政”“发展经济”“进行建设”为口号，决定召开战后编遣会议，提出在全国保留50个师作为国防军的方案。按照这一编遣方案，冯玉祥的国民革命军第二集团军只能编留12个师。这时，第二集团军的实力是34个师和20多个旅，分驻在山东、河南、陕西、甘肃4个省。而蒋介石的第一集团军本来就实力较小，也准备编为12个师，还额外给蒋介石增加一个中央军区。结果蒋介石不仅不编遣，还要重新补充兵员才能够数。冯玉祥表面上不便于反对战后编遣，但又极力想保持与蒋介石相抗衡的军事实力，于是提出了甘肃省分治的办法，这样就可以多出来几个师的兵力，不仅如此，各省还可以报告一些“匪情”，再多编一些警备队。省政府主席兼任总指挥，结果第二集团军名义上编遣为12个师，其实准确的兵数为30多万。这是宁夏建省的一个军事背景。

同时，对于冯玉祥来说，建立宁夏、青海二省还有因人设事的因素在里面。南京国民政府成立之后，冯玉祥做了南京国民政府行政院副院长，跟随他多年的高级将领鹿钟麟任国民政府军政部部长，宋哲元、刘郁芬、孙良诚、韩复榘等

冯玉祥

当了省主席，但国民军毕竟只占了4个省，神多庙小，相互攀比，怨声四起，给冯玉祥造成了很大压力，为了缓解和平衡，在自己控制的范围内增设省份。于是在多种因素下，就设立了宁夏和青海二省。

宁夏省政府成立之后，门致中、吉鸿昌、马鸿宾、马鸿逵等都先后主政宁夏。马鸿逵主政宁夏17年，是所有人中时间最长的一个。这次孙马混战就是马鸿逵主政时期发生的事。

在宁夏政局变化的历程中，今沙湖地区一直属于平罗县管辖，没有深刻的变化。在民国的地图上，我们可以看到很多类似于今日之沙湖的湖泊，它们分布在平罗各处，其形成和来源也都大同小异。只是在民国时期人们的认识中，这些湖泊并非像今天这样发挥自己的价值和作用。

孙马混战中的孙殿英是何许人也？孙殿英，乳名金贵，字魁元，河南省商丘市永城市马牧乡孙庄村人，另因出过天花而得外号“孙大麻子”。孙殿英自小性格豪放，行侠仗义，常与市井游侠为伍，颇有游侠之气。长大以后行走江湖，并加入河南西部的民间组织庙道会，凭着过人的机灵逐渐混到庙道会的头目。因肯下血本各方打点，贩运各种商品于上海，获利极丰。孙殿英闯荡江湖，广结流氓恶棍、军警胥吏，后投靠军阀，辗转各处。

1926年春，孙殿英率部在河北沧县一带参加了张宗昌与李景林联合向国民军反攻的战斗，孙殿英袭击了国民三军所属徐永昌部，为张宗昌立下了第一次战功。事后，张宗昌将孙部改编为直鲁联军第三十五师，不久又扩编为第十四军，孙殿英任军长。1927年春，孙殿英在直隶军务帮办徐源泉的指挥下，在南京附近参加了孙传芳对北伐军的战争。不久，又调往直隶大名，兼任大名镇守使。这年秋天，孙殿英又被张宗昌派往豫北，与冯玉祥部交战。不久，奉军与直鲁联军被国民革命军打败，向北溃退。孙殿英率残部退往天津，后又退往蓟县、马兰峪一带。

对于孙殿英来说，清室皇陵无疑是他垂涎已久的一块肥肉。清室皇陵共有5处，3处在辽宁省，2处是清入关后在河北省遵化县和易县的东西二陵，这是清陵的主要部分。乾隆时期是清最鼎盛的时期，慈禧太后则是清掌权者中穷奢极欲者，所以，这些陵墓也以乾隆皇帝及慈禧太后的陵墓最为奢侈，里面放置了无

孙殿英

数稀世珍宝。孙殿英炸开慈禧太后的陵墓后，从金椁内棺盗窃了大量稀世珍宝。但他仍不满足，再掘乾隆皇帝弘历的裕陵，他亲自进墓点视宝物，得珍珠、翡翠、玉石、象牙、雕刻、字画、书签、宝剑等无数，装了四五十箱，加封盖章后拉回军营。后来他回忆说："乾隆的墓堂皇极了，棺材内乾隆尸体已化，只留下头发辫子。陪葬宝物不少，其中最宝贵的是颈上的一串朝珠，108颗中最大的两颗呈朱红色。还有一柄九龙宝剑，剑鞘面上嵌了九条龙，剑柄上嵌满了宝珠。"

全国上下一片哗然，国民要求惩罚盗贼。就在政府人员调查之时，孙殿英却坦然自若，竟以十二军军长和案情以外的"第三者"身份，向第六军团总指挥徐源泉递交呈文，为盗陵的要犯、第八师师长谭温江辩护，罗列谭与盗陵案绝无关系的种种理由。徐源泉看了孙的呈文，叫人捎信给孙，给孙指点迷津：你孙殿英这次办事太过莽撞，冒天下之大不韪，各方已经大哗，我也难以一手遮天，进行庇荫。可是有关关键人物你们都要设法疏通，行与不行，看你们的手段。你们这回掳获不少，外人传说有几万万，舍不得孩子套不住狼，要想把风浪平息下来，你们要下大本钱。甚至各军团长、各军长门前也要设法打点，只要他们不群起而攻之，民众方面是可以压服的。

孙殿英心领神会，连忙从东陵赃物中挑选一批珍贵文物，包括那柄九龙宝剑，孙托戴笠送给了蒋介石和何应钦。乾隆颈项上的一串朝珠，有108颗，据说代表十八罗汉，是无价之宝，那最大的两颗朱红色的，孙在天津时送给了戴笠。慈禧的枕头是一个翡翠西瓜，孙托戴笠送给了宋子文；慈禧嘴里含的一颗夜明珠（关于夜明珠的说法存疑）最为珍贵，分开是两块，合拢是一个圆球，分开透明无光，合拢则透出一道绿色的寒光，夜间在百步之内可照见头发，据说孙将这件宝物也托戴笠送给了宋美龄。孔祥熙和宋霭龄见后十分眼红，孙便又挑选了两串朝鞋上的宝石送去才算了事。并将价值50万元的黄金送给了阎锡山。

这样一个人物，如何辗转来到宁夏，又是如何在平罗境内和西北诸马展开混战的呢？中原大战之后，孙殿英投靠到张学良门下。"九一八"事变后升任第四十一军军长，1933年春率部在赤峰、独石口一带抗击日寇。1933年5月，冯玉祥、方振武、吉鸿昌等在张家口成立察哈尔民众抗日同盟军，曾派人与孙殿英部取得联系，合作抗日。而此时的蒋介石则另有打算，他以国民政府名义任命孙殿英为"青海西区屯垦督办"，令其率部队西移。蒋介石此举可以削弱冯玉祥的

马鸿逵

实力，还可以借此节制西北马家军阀的势力。

此消息发布之后，立即遭到了马鸿逵、马步芳等人的一致反对，他们发出通电，请政府收回成命，一面积极备战，以武力拒孙。尽管马鸿逵、马步芳、马鸿宾等人平时有矛盾，但在孙殿英率兵西进的时候，他们放下矛盾，为了共同利益，枪口朝外，一致对抗孙殿英。

马鸿逵和马鸿宾是堂兄弟，马鸿宾的父亲马福禄是马鸿逵父亲马福祥的兄长。他们和宁夏有着深厚的缘分，其发迹和清政府有着不理是结、理了还乱的关系。

光绪二十六年（1900年），八国联军侵犯，马福禄随董福祥参与抗击八国联军。是年6月10日，英国海军中将西摩尔率侵略军两千余人从天津进犯北京，董部急行军，午时赶至廊坊设伏。交战后骑兵正面冲击，步兵两翼包抄，挥军闯入敌阵，喋血相搏，激战两小时，敌军死伤惨重，仓皇乘火车逃跑。铁轨内外，伤亡无数。西摩尔逃到天津后仍惊魂未定，心有余悸地感叹道："中国军民所用设

为西式枪炮，则所率联军必全军覆灭。”这场战斗史称“庚子之役第一恶战”。

8月初，帝国主义列强又集结两万重兵，向北京进攻。马福禄奉命守正阳门，向其四弟马福祥和官兵们慷慨表示：“事即决裂，挽回无术，我辈唯有恪遵朝命，以身保国。”侵略军集中炮火向城楼猛轰，东便门、东直门、朝阳门等先后失陷，但仍坚守死战不退。敌军集中炮火轰炸城楼，四层的箭楼被削为两层，人员大部伤亡。马福禄所部多河湟子弟，此役殉国的还有从弟福恒、福宣、福贵，侄子跃图、兆图及从军亲戚等100余人。

据《甘肃人物志》载：“福禄武人也，殉国不敢爱其死，岂非吾陇民族之光乎。”1900年8月12日正阳门失守，抱着与阵地共存亡的决心，马福禄召集余部，要夺回城楼。当时侵略军从城周围到城上设了10道栅卡阻止清军反攻。13日夜下大雨，马福禄率精兵乘雨大呼跃栅，忽一飞弹入口，殁于阵上，时年47岁。敌军退后葬于北京阜成门外三里河清真寺内，清廷追封他为振威将军，谥忠烈。北洋军阀时期及民国政府时期，作为马家后辈的马鸿宾、马鸿逵和马步芳，世人并称“三马”，在西北可谓无人不晓。

马鸿逵是马福祥的嫡子，马鸿宾是马福祥的侄子。马鸿宾长期追随其叔父马福祥，因为其才华和能力，为其叔父所赏识，曾多次被委以重任，这就让其堂弟马鸿逵内心感到很不痛快，因此，兄弟二人渐生嫌隙。但面对孙殿英的进军，他们放下成见，联手对付孙殿英。

马步芳，甘肃省临夏人，字子香，早年就读于甘肃省第一中学，后任宁海巡防军帮带。1921年任宁海边防第十五营管带。1926年随父马麒投西北军。1928年后，任副旅长、旅长、师长。中原大战前后，马麒、马步芳一面暗中活动，大肆扩军；一面积极搜集蒋介石与冯玉祥、阎锡山的情报，两面下注。交战初期，马麒派马步芳率骑兵一旅随冯军进军陕西，并以“前防接济费”名义向冯每月勒索“军饷”5万元。

1930年9月东北军入关，冯、阎失利，马麒父子立即拥蒋反冯。马步芳以在西宁组成的青海暂编第一师为资本，布置对国民军余部的进攻；又征得蒋介石方面同意，参加追剿马仲英部的战斗。先以所属第九混成旅第一团由西宁开凉州（今武威），1931年又亲率部众，自西宁经门源、扁都口进占甘州（今张掖）和肃州（今酒泉）。马仲英被迫退至敦煌、安西、玉门，后进入新疆。同年7月，马麒病死，经马步芳等人软硬兼施，南京国民政府遂改变由王玉堂继任的初衷，任命马麟为青海省主席，任马步芳为新编第九师师长。1934年3月，孙殿英失败。宁夏作战期间，马步芳乘机大肆扩军，又派人在何应钦、陈立夫、朱绍良等处打点活动，将其所部新编第九师扩编为国民革命军新编第二军，他任军长兼第一〇〇师师长，后又先后兼任青海省保安处处长，青海省政府代主席，西北五省总长官。

马步芳和马鸿逵、马鸿宾一样，都有经营西北之志。他们之间的矛盾也体现在对甘宁青地区的统治上。面对孙殿英的威胁，西北诸马开始合作，共同抵抗孙殿英。蒋介石一面调动孙殿英西进，另一方面又让其在宁夏境内停止前进。给宁夏马鸿逵造成压力，孙本人又有经营西北、逐鹿中原的志向，此时又如何肯听蒋介石的。蒋介石下令诸马阻击孙部，因此在部队行至宁夏境内，战争发生了。在平罗城下，沙湖畔边，这场由身在南京的蒋介石亲自指导的孙马混战在宁夏拉开了序幕。

据当时在孙殿英部的王伯祥回忆，当时正值隆冬季节，宁夏地区寒风刺骨，大雪纷飞，半个时辰也走不出二里地。孙殿英要赶赴青海就任，下令一路急行军，这下可坑苦了士兵们，这些士兵又多半是来自鲁、豫的穷苦老百姓，他们乍离开家乡，来到西北高原，不适应北方的气候环境。孙殿英部攻下磴口和石嘴山后，因饥寒交迫、劳累过度，士兵死了一大批。

孙殿英看到部队士气锐减，遂下令部队原地休息，稍做整顿再继续行进。有一天，他正在吃饭的时候，忽然想起在内蒙古问路的时候，一位农民告诉他，过了石嘴山有座“黄金桥”。

由于内蒙古河套人常到宁夏做买卖，途经黄渠桥，时间一长，黄渠桥的“渠”被河套人说话时轻音带过，变成了“黄金桥”。孙殿英想到这大为惊喜，于是抓来当地人就问：“黄金桥在哪儿？”被抓的老百姓磕头求饶道：“老总，我们平罗有个黄渠桥，没有黄金桥。”孙殿英气得青筋暴起，怒斥道：“宁夏的刁民嘴太硬了。”抓来若干百姓，施用酷刑，让说出黄金桥在哪里，目的没有达到，便下令滥杀无辜。因口音误传而误解，黄渠桥的老百姓横遭杀戮。至今还流传着一首民谣：“沙枣花掉坠坠，孙麻子杀百姓。”孙殿英杀来杀去就是没有找到“黄金桥”。这时孙殿英的部下说：“平罗确实有个黄渠桥。”孙殿英不相信，亲自赶到黄渠

桥，这里哪是“黄金桥”？几根木桩支撑着桥面，抬头满目是碱滩洼地。孙殿英在黄渠桥没有找到“黄金桥”，恼羞成怒，大骂内蒙古河套人使他上当受骗，白白做了一场黄金梦。

找不到“黄金桥”，孙殿英就得在当地筹粮筹款，准备攻占平罗县城。这时马鸿逵调集重兵坚守平罗县城，孙殿英损兵折将，几天都攻占不下。孙殿英的参谋长献计说：“宁夏省城有全国最好的大米，有最好吃的羊羔肉，驻扎的是马鸿逵的杂牌军，城防空虚，我们何不趁机打进宁夏省城，以壮大我们的势力？”孙殿英一想也是，于是找来当地老乡，问：“宁夏省城离平罗有多远？”老乡告诉孙殿英：“一直往南走，一天就能到唐徕渠，那里就是宁夏省城。”孙殿英暗暗盘算：“我孙麻子走南闯北、戎马倥偬几十年。我都敢把慈禧的东陵洗劫一空，宁夏省城算个啥！小小的马鸿逵又奈我何，把宁夏省城给我端了！”

孙殿英率部队利用唐徕渠的地形，借着渠坝的掩护，趁着暮色连夜行军，直奔宁夏省城（今银川市）。第二天，天已大亮，孙殿英在前卫部队的掩护下，坐着吉普车不经意间已过了宁夏城，到了永宁县的大观桥，以为到了宁夏城，找人一问，才知部队已过了宁夏城，气得孙殿英直骂部下是饭桶。这时，孙殿英的后卫部队枪声大作，原来甩在后面的步兵已同马鸿逵的城防部队接上了火（现银川市西门桥处）。

马鸿逵早已闻知孙殿英的厉害，但他也不是等闲之辈。早已调集中卫、固原的各部队驻扎在城西、城北，并在宁夏省城的制高点西塔、北塔各楼层配置轻重机枪火力点；与此同时，马鸿逵发电报向甘肃省的马鸿宾求援。孙殿英大部队攻城，集中山炮一举攻下城防设施，与马鸿逵相对峙。

为了攻占制高点，北塔周围便成了孙马大战死亡士兵最多、战斗时间最长的主战场。孙殿英组织机枪队、大刀队、敢死队猛攻北塔，当时北塔四周都是芦苇草塘，一到冬天都是一马平川的冰面。马鸿逵部队占据有利地形，向湖面冲上来的孙殿英部队猛烈开火。孙殿英的士兵大都是鲁、豫人，大西北的寒流冻得他们发抖，加上在一望无际的冰面上难以行进，塔楼上的机关枪子弹像雨点一样射倒一批批冲上来的士兵。这一战让孙部元气大伤，孙殿英的士兵横尸北塔冰面，血流成冰，这时马鸿宾的增援部队也已赶到。付出惨重的代价后，加上补给困难，士兵无斗志，孙殿英见势不妙，不敢恋战。在这关键时刻，蒋介石又电令停发孙殿英四十一军的军饷供给，撤销了“青海西区屯垦督办公署”，免去孙殿英的一切职务，命令孙殿英的部队“退出磴口，等待编遣”。坐山观虎斗的蒋介石，派飞机往孙殿英的部队里投递《敬告四十一军将士及早觉悟反正投降书》，用来分化瓦解四十一军。历时3个月的战争早已让四十一军军心动摇，一一七师师长丁缚庭、旅长杨干卿毅然宣布中立，率两万人脱离孙部。孙殿英见大势已去，手下部队众叛亲离，不得已率剩余部队退回包头。1934年3月19日，孙殿英下令四十一军退却，20日向蒋介石通电宣布离任。其残余部队被马鸿逵部收编。孙殿英被阎锡山接到太原晋祠“优待”起来。1947年在解放战争中，孙殿英被解放军生擒。1948年10月，在河北武安县战俘营病逝。

这位臭名昭著的“东陵大盗”没想到，自己人生走向衰败的一场战争，竟然是发生在宁夏境内的那场与西北诸马之间的战争。三马齐聚，孙殿英败走，沙湖畔的古堡黄沙，也曾见证了这段岁月尘封的历史。

沃野千顷富庶地
沙湖军垦谱新篇

沙湖所在的地区曾经是个地势开阔、植被稀疏、荒无人烟的大荒滩，因在平罗县城西而得名西大滩。西大滩南北最长处约35公里，东西最宽处约20公里，总面积178平方公里，海拔1100米。据史书记载，在西夏时期，西大滩开“昊王渠”，引黄河水灌溉垦种；元代搁荒；明代复修渠垦种未果；清宣统元年“宁夏都统志锐之灌渠计划”未能实现；民国时期，宁夏省政府也想“开垦镇朔堡荒地五十方亩”（《十年来宁夏省政府述要》），因为西大滩地势低洼、排水困难等原因而无果；中华人民共和国成立时，数十万亩荒滩地蒿草丛生，荒无人烟，只有五棵树，几个破羊圈，以及司家场子、黄家场子和强家田等几处车马驿站；中华人民共和国成立后，西大滩得到进一步开发。

1949年12月5日，中央人民政府人民革命军事委员会主席毛泽东在《关于一九五O年军队参加生产建设工作的指示》中指出：“人民革命军事委员会号召全军，除继续作战和服勤务者而外，应负担一部分生产任务，使人民解放军不仅是一支国防军，而且是一支生产军，借以协同全国人民克服长期战争所遗留下来的困难，加速新民主主义的建设。”20世纪50年代初期，随着全国政权逐渐稳固、全面转入和平时期经济建设，中国人民解放军大批军人复员转业。根据毛主席的指示，1950年4月，西北军政委员会决定将所属的部分部队转为生产队，创建国营农场。1952年2月，中国人民解放军31个师转为建设师，其中15个师被用于农业生产，建成了一批农场，分布在甘肃、宁夏、山东、江苏、新疆等地。西大滩的开发就是由军垦部队西北军区独立第一师完成的。

西北军区独立第一师是由两支部队合编而成的，其中一部分是原中国人民解放军西北军区独立第一师二团。西北军区独立第一师领导机关的前身为陕甘宁边区绥德警备区司令部。

1937年10月，经国共两党协商，将绥德、米脂、佳县、吴堡、清涧5县划归陕甘宁边区管辖，由八路军后方留守处所属部队驻防，并组建绥德警备区。陈奇涵任司令员，中共绥德地委书记郭洪涛兼任政治委员。

1939年10月，八路军第一二〇师三五九旅由华北前线西渡黄河调绥德驻防。三五九旅旅长王震兼绥德警备区司令员和政治委员。下辖第七一七、第七一八、第七一九团，及防区内各县、区地方武装。

1942年10月，八路军留守兵团并入陕甘宁晋绥联防军建制。11月，三五九旅调延安金盆湾、临真、南泥湾等地军垦屯田。晋绥军区独立第一旅调驻绥德。独立第一旅副旅长王尚荣任司令员，中共绥德地委书记习仲勋兼任政治委员。下辖第二、第七一五、第三十五团，及防区内各县、区地方武装。

1945年7月，独立第一旅开赴抗日前线。绥德警备区由抗日军政大学总校兼管，校长徐向前、政治委员李井泉分别兼任绥德警备区司令员、政治委员。8月，改称绥德军分区。

1947年3月，绥德军分区划归西北野战军指挥。

1949年8月，改编为西北军区独立第一师，下辖3个步兵团，以及直属山炮营、医院、骑兵连、通信连、工兵连、电台队等分队。黄罗斌任师长，牛书申任政治委员。11月，独立第一师划归宁夏军区建制。解放宁夏后，该师担负在宁夏同心县和海原县剿匪的任务。

西北军区独立第一师的另一组成部分是由原国民党起义部队第八十一军改编而来的西北军区独立第二军。国民党陆军第八十一军就是马鸿宾的队伍，这支队伍最初为马福祥任西宁镇总兵兼青海办事大臣时成立的西宁矿务马队，以此发家，发展为马鸿宾的基本武装力量。1921年，马鸿宾升任宁夏镇守使兼新军司令。1926年，马鸿宾部改编为国民军第二十二师。阎、冯倒蒋失败后，马鸿宾接受蒋介石任命，部队改编为暂编第七师，1932年改番号为第三十五师。1934年，红军长征至陕北后，第三十五师与红军交战数次，均遭败绩。1937年抗日战争爆发，马鸿宾部被编为八十一军，马鸿宾升任军长，所辖仍为原部队三十

马鸿宾

五师和一个独立第三十五旅。该部在1940—1943年间，参加绥西抗战，表现较为英勇。1947年，胡宗南进犯延安，蒋介石命令马鸿宾协同行动，其第一七九团在环县被解放军包围，全团被俘，其后续部队一个团在环县附近也被击溃。1948年，马鸿逵任宁夏兵团司令官，马鸿宾为副司令官，八十一军军长职务由其子马惇靖担任。1949年9月21日，国民党陆军第八十一军军长马惇靖宣布起义。10月23日，八十一军被改编为西北军区独立第二军，由宁夏省军区领导，军长马惇靖(兼任宁夏省军区副司令员)。该军下辖两个师，其中一师下辖3个团(有1个骑兵团)，二师下辖2个团，共9000余人。

1950年11月20日，中共中央军委命令撤销西北军区独立第二军番号，该军与原西北独立第一师二团合编成新的西北军区独立第一师，一师下辖3个团，全师有6000余人。1952年2月，中央军委主席毛泽东发布命令："我批准中国人民解放军西北军区独立第一师转为中国人民解放军农业建设第一师的改编计划，将光荣的祖国经济建设任务赋予你们。”同年4月1日，西北军区独立第一师正式改编为中国人民解放军农业建设第一师，师长马惇信，首任政委张建纲，第二任政委王世杰。每团12个连，全师共有官兵6000余人。7月上旬，农建一师5084名官兵挺进西大滩，建立“农建一师国营平罗机械化农场”，下设3个分场，从而揭开了西大滩农业开发的序幕。

8月，西北农林部、西北农学院组织由60多人组成的勘察团在包括沙湖在内的西大滩进行了一个多月的实地勘察工作。9月27日，根据实地勘察资料编出《中国人民解放军农建一师国营平罗机械化农场初步设计书》，报西北军政委员会、农林部、财经委员会和西北军区批准，定名为“国营前进机械化农场”。1953年1月，农建一师国营平罗机械化农场改名为农建一师国营前进机械化农场，仍沿用部队番号。

这些军人春天迎着狂风飞沙，夏天冒着酷暑，冬天顶着零下20多度的冰雪严寒，一边扛枪值勤，一边开沟、挖渠、开荒、打井、盖房，在恶劣的条件下，部队开展了热火朝天的劳动竞赛与立功创模活动。在垦荒建设中，广大指战员始终情绪饱满，筑渠时背起背斗都是小跑步。一背斗装65公斤土还嫌不够，自动找来柳条和芨芨草把背斗加高1～2寸，有些能装100公斤以上的土。很多人肩膀压肿了，就挖土，双手磨出了血泡，又裂了口子，先缠住，布条磨破了戴上手套，手套也磨破了，双手实在无法握铁锹就干脆重新背起背斗。每天劳动时间都在10小时以上，中午趁着午饭时间抓紧修补背斗，晚上利用月光拔芨芨草编背篼。仅二团就自编了1059个背篼。有的人还拿自己每月仅有的3元津贴共买背篼204个、铁锹312把。一团在冬灌时提出“苦战十昼夜，完成冬灌任务”的口号。新建的渠容易倒，不论是干部还是战士都夜以继日地巡逻在渠坝上。晚上看不见，就爬到渠坝上的内坡摸着寻找裂缝，战士钟化民发现渠坝冲了一个口子，一个人压土不管用，就毫不犹豫地跳了下去，先用胸膛挡住决口，然后喊人打住。诸如此类的事迹不胜枚举。曾担任过前进农场党委书记、场长和宁夏农垦局局长、党委书记的离休干部柳登旺回忆农场创建之初的工作和生活，用一段顺口溜概括了当时的艰苦条件和官兵们的昂扬斗志：“三个胡基（方言，一种土坯）支一口锅，两捆麦柴是一个窝，枪炮一架，背篼一背，锹一扛，石夯一抬，风里来，雨里去，战严寒，斗酷暑，披星戴月修地球。”

军垦开发的时候，东干渠开挖以后，周围到处都在挖排水渠，由于沙湖的地势最低，排出来的水都慢慢渗透到了这里，慢慢形成了湿地，后来又形成了面积100多亩的湖泊。在沙湖南面的沙丘南侧，也有一条排水渠，是在沙子的下面形成的一条沟，由于雨水多，地下沟里的水也灌过来，进入沙湖，把靠近沙湖的7号、8号、9号地块都给淹没了，使沙湖面积增加了很多。

在垦殖中，军垦战士开始利用沙湖养鱼，宁夏的万亩鱼塘就在这里。湖里养着草鱼、鲤鱼、鲫鱼，主要以草鱼为主。草鱼是吃草的，水里又没草，怎么办？军队就每天派一辆车去永宁县鹤泉湖挖芦苇根。当时拉回来后，哪个地方能栽就在哪个地方栽，主要是给鱼做饲料，一下种植了4000多亩，规模也起来了。沙湖渔业、芦苇种植也就由此而始。

同年，农建一师一团建“八一路”一条，长8.1公里。在公路跨越唐徕渠处，有一座名为“天子桥”的遗址。相传“天子桥”原名“张明桥”，因康熙皇帝微服私访宁夏路过此地而改名。传说康熙皇帝亲征噶尔丹时，在宁夏停留18天，为了访查民间疾苦，曾乔装打扮成普通人，带着几个随从，骑着一头黑毛驴，出宁夏城（今银川市）往平罗，经过张明桥。此后，人们便把“张明桥”改叫“天子桥”。一团在原址上建钢筋混凝土桥一座，命名为“八一桥”，并立碑以示对农建一师全体指战员英勇顽强、艰苦奋斗的纪念。

1953年4月，农建一师机耕队成立，下辖3个分队，由师部直接领导，配有8台拖拉机（其中，匈牙利产“SL-55”2台，苏联产“纳齐”5台，美国产“福特”1台）、苏式五铧犁“C-11”型连接器、美式圆盘耙等大型农机具42台（件）。1954年，农建一师一团开始采用农业机械进行种植生产。农场的机械化作业，吸引了附近许多农民和学生前来观看。同年5月13—21日，先后有贺兰、平罗的政府机关、农民互助组代表和各学校学生几千人来场参观。他们参观了各种拖拉机、农具及播种、耕地、镇压等机械作业，还组织了联欢会和座谈会，了解了国营农场的性质、任务。7月，采用机械收割小麦，更吸引了数千名群众参观。

1954年9月1日，宁夏省建制撤销。9月9日甘肃省委决定以农建一师司令部、政治部为基础成立甘肃省国营机械化农场管理局。10月，甘肃省国营机械化农场管理局将农建一师国营前进机械化农场的3个分场分别命名为国营前进机耕农场、国营平罗机耕农场和国营贺兰机耕农场。

沙湖沙丘

1955年10月24日，部队实行整编，决定将农建一师集体转业，撤销农建一师的建制和番号，3个团分别成立国营前进一、二、三场，60%以上的人员复员或调出。

农场实行工资制，对基本建设和农业生产制定技术标准和劳动定额，对畜牧业生产制定饲养定额，对管理人员规定了工作岗位任务，初步建立了劳动、工作岗位责任制。农场对按质按量超定额完成任务的职工给予精神鼓励和物质奖励，提高了劳动生产效率，促进了基本建设和各项生产任务的完成。

部队实行整编集体转业，就地安置，同时调出干部800名，由部队转业的800人（大多为老、弱、病、残）回原籍务农。从师部调往甘肃省农管局干部300人，还陆续调出干部、战士多人。至年底，全场剩余职工1700余人。调出的职工相当一部分投入到甘肃省其他的农场、林场建设中去。甘肃省西至玉门、敦煌，东至平凉，南到甘南，以及河西走廊一带的农场和林场，大多是农建一师调出的官兵开发建设的。

至此，农建一师完成了建设农场的使命。三年间，农建一师在西大滩共开垦荒地3077.07公顷；挖沟修渠道1162条6030574立方米；兴建大、中、小闸18

座，桥26座，斗门755座；建成各种房屋45447平方米；生产粮食544485公斤，油料5000多公斤；植树107999株，成片林130亩，育苗108亩。沙湖周边的生态环境也有了很大改善，为今后沙湖开辟景区奠定了坚实的基础。

除此之外，农建一师还培养了大量人才。据《前进农场志》记载：农建一师共输送了省级干部3人、厅局级干部26人，培养了县处级干部129人，为西北各省的农垦事业的发展起到了模范作用。在此期间表现最为突出的有：一团劳动模范崔光福，二团劳动模范田玉昌，三团劳动模范马占奎、杨作山，他们4人在1956年“五一”国际劳动节到北京天安门观光后，又在怀仁堂受到毛泽东、刘少奇、周恩来等党和国家领导人的亲切接见，并合影留念；二团独脚拖拉机手戴新发被评为全国劳动模范，出席了全国劳模代表大会。

激情岁月斗天地
敢叫荒滩换新颜

1953年，成立了前进农场，可是农业生产却提上不去。其原因：一是自然条件不好，1956年苏联专家来这里考察时就认为这里土壤条件太差，世界上最坏的土壤就在西大滩，改造只能是下一代人的事情。因为那里到处都是盐碱土，冬天白茫茫，夏天水汪汪，水都渗不下去，根本没法组织生产。二是农场建制经常变动，这就导致没有人愿意到这里来工作。农场的职工调离和回老家的也很多，新来的人又留不住，所以生产的起伏很大。

1958年10月25日，宁夏回族自治区成立。1959年1月，宁夏回族自治区政府决定将前进一、二、三场合并为国营前进农场。1959—1960年，6780名来自浙江的青年，响应“支援宁夏建设”的号召，被分配到前进农场工作，这使得前进农场职工大量增加，出现了人口的第一次高峰。但是，由于历史原因，这批支宁人员中的大部分先后离开了农场，到1964年年底，全场人口降至3850人。留下来的几百名浙江支宁人员中，有一位成绩佼佼者，就是后来名赫一时的张曼新，他生于1944年，浙江青田仁庄镇三溪口村人。1959年4月从浙江到宁夏回族自治区前进农场支边，1982年下海经商，1986年移居海外，定居匈牙利，任全球华侨华人推动中国和平统一系列活动组委会创会主席、欧洲中国和平统一促进会主席、匈牙利华人联合总会永远名誉会长、匈牙利中匈人民友好交流协会主席、中国中华爱国工程联合会副会长。张曼新先生侨居海外数十年，一直关心着国家，做了很多有益的事情，被程思远先生称为“新一代的海外侨界领袖”，多次受到党和国家领导人的接见和高度评价。沙湖转型为旅游景区后，张曼新十分关心这里的建设和发展，曾在沙湖投资建设一座水上娱乐园，这都是后话。

1961年，根据邓子恢副总理1960年在牡丹江农垦局的讲话精神，结合农场

20世纪60年代的前进农场

的实际，决定在农业工人中实行评工记分，根据定额完成数量和质量，实行按分计酬的工资制度。实行评工记分后，劳动效率比以前提高了近一倍。

1962年，根据全国国营农场工作会议精神和自治区农牧场工作会议精神，农场决定实行“三包”(包总产产值、包成本、包工资总额)、“一奖”(超产奖励)、“四固定”(定耕地、定耕畜、定劳力、定农机具)的生产管理责任制度，评工记分，定岗定员，允许职工种菜养猪，激发了职工的生产劳动积极性，改善了职工生活。20世纪60年代初，国民经济调整时期开始实行生产责任制，对促进农场生产发展、克服经济困难起到了积极作用，是党的十一届三中全会以前经济效益最佳时期。

1965年，宁夏农垦局组织各场负责人到新疆生产建设兵团学习开办国营农

场的先进经验。同年9月，西北局又组织了西北地区各农场的场长等人到新疆去考察学习。本来以为各地都在搞农垦，在农业生产、管理等方面都会有一些相同的地方，到新疆学习后才发现，新疆农垦的情况不一样，是企业办社会，工、农、商多种经营，搞得很好。普遍认为宁夏的农场建设情况不好，应该参照新疆生产建设兵团的方法搞农场建设，于是宁夏农垦局向西北局申请，要求新疆生产建设兵团选派一批干部来宁夏指导工作。

11月3日，因战备需要，实行屯垦戍边，中共中央、国务院批准建立甘肃、青海、宁夏和山西农业建设师，由新疆兵团抽调干部帮助组建新师。由于新疆生产建设兵团已有10个农业师的建制，新编农业师被续称为中国人民解放军生产建设兵团农业建设第十一、十二、十三、十四师。宁夏的第十三师，原国营前进一、二、三场合并成立农建十三师三团，担负农业生产与保卫边疆的双重任务。新疆生产建设兵团按照西北局的指示，于1965年11月，派干部到甘肃、陕西、青海、宁夏、西藏等地帮助组建生产建设兵团，并担任农场的主要领导。就这样，一批新疆生产建设兵团的管理干部和技术干部被选派到宁夏工作。

在此之前，前进农场的农业生产管理模式都是模仿苏联的做法，地条长，导致排水不良，治理不了土地的盐碱。然而，学习新疆生产建设兵团农场挖沟排碱、缩小灌溉面积的方法后，取得了极大的成功。

主要进行了五改：把原来长1200米的地，一分为二，改成600米；原来108米的宽改成54米宽；原来70厘米深，根本排不出盐碱的排碱渠加深到1.5米；原来3亩多的土地，缩小到1亩左右；由过去的单排单灌，改成了双排双灌。这样，土壤的盐碱量降低了。学习新疆生产建设兵团的做法，加大有机肥的使用，利用秸秆还田，进一步改良土地，大大改善了土地环境。原来种下15公斤稻谷，只能收回15公斤稗子，后来经过改良，实行科学种植，可以达到500多公斤。

除此之外，农场在生产制度、经营模式、经营管理、经营方向的改革等方面，都学习新疆生产建设兵团。最主要改变就是企业办社会，开办医院、学校等机构，确定了武装值班连队。还开展多种经营，兴办了糖厂、石灰厂、食品厂，开发了矿产资源，使农场的事业得到了全面发展。过去只靠农业，年年种地年年亏损，成本高，收入少，搞得职工队伍不稳定。新疆生产建设兵团转变了农场的经营思路，农场搞起了副业，不再是单纯种地的国营农场了，党政工青妇、农林牧

副渔、工农兵学商一条龙发展，真正实现了无农不稳、无渔不富、无商不活。虽然由于“文化大革命”的影响，农建十三师存在的时间不是很长，但这些做法一直延续到现在。

农建十三师各级组织按军垦形式，组建团、营、连、排、班。建立起来后即颁布了“三五”规划，使得农场上下有了奋斗目标。师部在冬季组织举办了连长、指导员的学习班，学习了“三五”规划，并讨论了如何带领支宁青年。当时各基层单位生产的主力军是1958年支宁的浙江青年及部分银川青年，共4000余人；1965年7月陆续支宁的京津青年4486人，还有南京军区、兰州军区及北京警卫师的复转军人2000余人。

和新疆生产建设兵团一样，除了农业生产以外，农建十三师还承担着戍守边疆的任务。1960年，农场就建有1个民兵团，下设1个基干营，3个普通营，4个基干连，20个普通连。1966年以后陆续配发“五六”式半自动步枪150支、“五三”式马枪40支、“五四”式冲锋枪70支、“五三”式轻机枪5挺、全自动步枪20支、“五六”式75无坐力炮5门。各种武器全部配发到武装基干民兵手中，由民兵连集中保管，平时每月擦拭1次，训练时当天擦干净，所有枪支由场保卫科集中保管。1983年全部上交平罗县武装部，每年训练时再申请领取。

1965年开始，上千名天津、北京、银川等地知识青年，积极响应党和政府关于“知识青年上山下乡接受再教育”的号召，到农场安家落户。据统计资料显示，1966年年底，当时农场的总人口达7692人（含部队复员转业军人家属），这一时期是农场人口的第二次高峰。1965年秋，“社教”工作队进场后，批判走资本主义道路，批判“工分挂帅”，领导班子瘫痪，管理松弛，原来“三包一奖四固定”生产责任制和评工记分办法被停止执行。

当时的生活条件极为艰苦，好的单位每月每人1斤肉、半斤油，差的单位半斤肉、三两油也难保证，主粮为6:4比例的粗细搭配。工资待遇方面，职工工资分为30元、32元、33元、36元、39元五档，知青工资分24元、27元、28元三档，复员军人是28元。调了一批复员军人的骨干当生产队长，相当于新疆生产建设兵团里的连长，工资还是28元。工作干不好，上边要批评，下面职工也有怨言，所以当时在职工中流传着这样一句顺口溜：“上边批，下边骂，老婆见了不说话，月月工资二十八。”

20世纪70年代农场水利建设

但全体职工干劲十足，京津青年上进心尤其强，他们来宁是凭着共同的信念和单纯的青春冲劲，憋着一股劲，上下工扛着红旗，高唱革命歌曲，迈着整齐的步伐，早出晚归，集体行动，日复一日，就连开饭也是每班一只篮子提主食，一个桶打稀饭，一个盆打菜，由食堂提到班里分餐。

在执行生产任务时，主要是平田整地，开垦荒地，植树造林。连队为鼓舞班组的进取精神，制作了优胜红旗，谁任务完成的好，红旗就在哪个班的土地上飘扬。在平田、整地、挖渠、修路中，连的定额为每天20立方米，有的竟达到35立方米，有的人手上磨出了串串血泡，但仍坚持工作。在植树造林中，连队根据土质情况定额为每日挖100个坑，一般都超过定额，有的甚至能达到150个坑。周末各单位团支部组织每周歌咏、演奏、朗诵等文艺活动。

1965年，“文化大革命”开始，在批判“封、资、修”“管、卡、压”的口号下，逐步取消了企业管理制度，改为部队编制。团下设营、连、排、班，团部设司令部、政治部、后勤部，部下设股，实行团、营、连三级管理，团、连两级核算。

1967年3月1日，宁夏军区对农建十三师实行了军管，并派部队到各团执行支左、支工、支农、军管、军训的"三支两军"任务。知青及外出人员陆续返回，建制和生产生活秩序都有了转机。但由于受当时极左思潮的影响，工农业生产一直裹足不前。

1968年10月30日，十三师革命委员会成立，团、营、连各级革委会相继成立，主要负责人都是现役军人，结合了部分原来的各级干部，外出串联回家的人员基本上返回了工作岗位。生产生活虽步入了正轨，但思想状态极混乱，受"抓革命保险、抓生产危险"等论调的影响，生产积极性一直不高。

1970年3月1日，为加强对西北四个省区农建师的集中统一领导，成立了中国人民解放军兰州军区生产建设兵团，兵团部设在甘肃黄羊镇；农建十三师改

农场职工插秧

为“中国人民解放军兰州军区生产建设兵团第五师”(简称农五师),代号为“中国人民解放军兰字950部队”,从兰州军区调入一批现役军官担任主要领导,并按部队建制管理。十三师三团改为“农五师三十四团”。至此,宁夏农建十三师完成了它的历史任务。

在兵团管理时期,由于“文化大革命”的影响,原来行之有效的规章制度被破坏,按劳分配原则被平均主义取代,各级领导机关受到冲击,农场正常的生产经营秩序被打乱。在此期间,农场累计亏损1439万元,吃国家返销粮400万公斤,农场生产建设遭受严重挫折。

1974年7月1日,根据宁夏回族自治区革命委员会〔1974〕69号文件通知,农五师被撤销,农五师三十四团改为宁夏回族自治区国营前进农场,移交宁夏回族自治区农垦局领导,恢复了原国营前进农场建制,实行党委领导下的场长分工负责制,场、站、队三级管理,队、厂两级核算。

党的十一届三中全会后,彻底纠正了“文化大革命”以来的错误路线,逐步建立了符合经济规律和农场实际的各种企业管理制度。农场贯彻中央“调整、改革、整顿、提高”的方针,制定了《三定一奖试行办法(草案)》,即定产量任务、定成本费用、定利润,职工完成“三定”任务,就可以提取本单位工资总额的10%作为奖励。1980年,明确了实行党委领导下的场长负责制和党委领导下的职工代表大会制。同年,国家开始对农场实行财务包干,实行指令性计划和指导性计划相结合的计划管理体制,对各行各业实行多种形式的经济责任制,逐步扩大了各级核算单位的经营自主权,这就打破了“职工吃企业大锅饭”和“企业吃国家大锅饭”的分配制度,农场当年就比上年减亏76%,1981年即扭亏为盈。

1985年,前进农场全面推行大包干生产经营责任制,试办职工家庭农场,进一步扩大了生产队和职工的生产经营自主权。农场对生产队、生产队对承包户下达了承包指标。承包的经营组织可以是单户、联户或小组等。规定耕地承包期为5~10年,果园为15年以上。农场的生产经营责任制调动了职工生产劳动积极性,促进了生产的发展,提高了经济效益。

截至2000年,农场共计开荒地13236公顷,建成渠、沟、路、林带配套的机耕条田5200公顷;建成支渠30公里、斗渠86公里、农沟624公里;建成电灌站、扬水站、电排站15座。农场年产近700万公斤的西大滩大米,米粒呈椭圆形,米质

宁夏农垦博物馆

黏性大，蛋白质含量高，腹白少，营养丰富，适口性强，被誉为“珍珠米”，深受区内外消费者喜爱。

在工业方面，1953年，农场成立了农业机械修理组。1954年，正式建立农机修理厂。1958年建立粮油加工厂，开始加工面粉，以后陆续增加白酒、酱油、食醋的酿造和轧棉花、糖、糕点加工等生产项目。1971年，在现内蒙古阿拉善左旗古拉本镇太阳山筹建煤矿。1974年兴办砖厂。1985年成立建筑公司和酒厂。1987年组建了煤炭运销站。酒厂生产的“塞上春”牌系列白酒，清香纯正，口感柔和，绵甜爽净，余香长久，连续三次在全区同类酒评比中获第一名，1985年和1989年连续两次被评为自治区优质产品。

军垦官兵头顶蓝天，脚踏土地，艰苦创业，在这片“冬天白茫茫，夏天水汪汪，风吹石头跑，遍地不长草”的亘古荒原、碱滩沼泽上白手起家，自力更生，开荒造田，兴修水利，建屋造房，植树造林，经过半个多世纪的艰苦创业，已建起一个农、林、牧、渔、工、商、旅游、交通运输各业全面发展的机械化农场。

为了记录这段农垦人用汗水和泪水、用青春和生命书写的壮丽史诗，让农垦人所铸就的“艰苦创业，负重拼搏，开拓进取，勇于奉献”的军垦精神世代传承，2008年5月，作为北京奥运会和宁夏成立50周年献礼工程，宁夏回族自治区农垦局在沙湖建成建筑面积1800多平方米的宁夏农垦博物馆，这也是宁夏第一座自治区级行业博物馆。馆舍融民族传统、地方特色和农垦精神于一体，馆藏实物22000余件，收集了宁夏农垦初始阶段至当前，时间跨度长达半个世纪的各类实物和资料。2009年初，农垦博物馆移交给沙湖管理，作为游客了解农垦历史的一项重要内容，免费对游客开放。宁夏农垦博物馆，把收藏保管、宣传教育相结合，以其独特的陈列、优美的环境、优质的服务、优良的秩序，全方面、多角度面向社会各界展现农垦的历史，吸引着众多宾客探访考察农垦文化，已成为传播农垦文化和宁夏优秀文化的窗口之一，这座汇集了宁夏农垦精华的文化殿堂，正以充满生机和活力的崭新面貌，诉说着人民创业的艰辛和取得的辉煌。

科学规划展宏图 保护开发有举措

湿地、森林、海洋称为全球三大生态系统。湿地具有保持水源、净化水质、蓄洪防旱、调节气候和维护生物多样性等重要生态功能。健康的湿地生态系统，是国家生态安全体系的重要组成部分和经济社会可持续发展的重要基础。保护湿地对于维护生态平衡、改善生态环境、实现人与自然和谐、促进经济社会可持续发展都具有十分重要的意义。我国是世界上湿地类型齐全、数量较多的国家之一。多年来，各级政府和有关部门在湿地保护方面做了大量工作，目前，我国已有约40%的自然湿地被纳入自然保护区得到保护，但由于长期以来人们对湿地生态价值认识不足，保护管理薄弱，很多地方仍然存在大量围垦和随意侵占湿地的行为，湿地面积萎缩、生态退化、功能削弱的问题比较突出。为此，国务院批准实施《全国湿地保护工程规划（2002—2030年）》，开展了湿地自然保护区建设，以及湿地保护与恢复等工程建设项目，取得了明显成效。

沙湖是宁夏境内面积最大的自然湖泊，沙湖湿地是我国干旱地区特有的湿地生态类型，由于其特殊的地理位置，成为我国温带干旱荒漠地区湿地保存面积大、生态系统较好、生物丰富的地区，具有重要的保护和研究价值。1982年，宁夏回族自治区人民政府组建了宁夏自然保护区领导小组，对全区进行了各种类型保护区区划；1986年，宁夏回族自治区自然保护区领导小组对沙湖进行鸟类考察，并将其列入《宁夏自然保护区区划方案》中，自治区政府以宁政发〔1986〕57号文批准了这个方案，方案中共列了39个保护区点，其中沙湖（前进湖）被列为禁猎区。

沙湖湿地博物馆

1995年，自治区环保局对沙湖进行了环境检测评估，编写了评估报告；1996年由宁夏林业厅、农垦局对沙湖进行全面调查，编写了《宁夏沙湖自然保护区可行性报告》，并通过区级专家审定，宁夏回族自治区人民政府宁政函〔1997〕7号批复，于1997年1月27日正式成立沙湖自然保护区。保护区位于宁夏首府银川市以北42公里、平罗县西南14公里处的国营前进农场境内。地理位置为东经106°19′6″～106°24′10″，北纬38°45′17″～38°49′42″，海拔在1093～1102米，东西长约6000米，南北宽约1000米。东以西一支渠为界，西至东一渠，北起沙湖东干渠、姚汝路，南与贺兰县洪广镇接壤，总面积42.47平方公里。其中，湖泊水体面积19.63平方公里，沼泽面积10.43平方公里，沙漠面积12.41平方公里。湿地面积占自然保护区总面积的67.25%。

保护区核心区面积11.31平方公里，占26.64%；缓冲区面积8.8平方公里，占20.74%；试验区面积22.35平方公里，占52.62%。地处贺兰山东麓冲积平原，湖面广阔，湖底平坦，平均水深2.2米，丰水期可达3米，是宁夏最大的半咸水湖泊。保护区的东部和北部有呈点、块、片状分布的芦苇，面积6.78平方公里，保

护区内及周边还有大面积的沙丘分布。主要保护对象为荒漠化区域典型的湿地类型生态系统，半荒漠化区域内生态系统及自然综合体，干旱半荒漠地区湖泊、区域内野生动植物物种。沙湖湿地自然保护区的建设对固定沙丘、保护湖泊湿地及其动植物资源、调节气候等具有非常重要的作用。

保护区植物有蕨类植物1门1科1属2种，裸子植物2科4属4种，被子植物20科39属57种，种子植物22科43属90种，浮游植物8门29科61属。动物资源有22目51科133种，其中鱼类1目9科16种，占宁夏鱼类种数的51.6%；两栖类2目2科3种，占50.0%；爬行类4目5科10种，占55.6%；兽类4目11科17种，占23.9%；鸟类13目30科210种，占55.9%，有白尾海雕、金雕、黑鹳、大鸨、中华秋沙鸭等。

国家二级保护鸟类28种：大天鹅、小天鹅、白琵鹭、鸳鸯、灰鹤、苍鹰、雀鹰、松雀鹰、大鵟、毛脚鵟、金雕、白尾鹞、鸢、游隼、燕隼、红脚隼、红隼、黄爪隼、阿穆尔隼、纵纹腹小鸮、长耳鸮、雕鸮、领角鸮、红角鸮、短耳鸮、鹗、黄嘴白鹭、角䴙䴘，优势种为赤嘴潜鸭、白眉鸭、琵嘴鸭、黑翅长脚鹬等，有46种属中日候鸟保护协定所规定的保护种类，占中澳保护种(81种)的11%；自治区规定重点保护的有24种，约占自治区规定保护种类(51种)的47%。保护区内有属《濒危野生动植物国际贸易公约》规定保护附录Ⅰ的1种、附录Ⅱ的12种、附录Ⅲ的9种。保护区生物丰富，是众多珍稀濒危鸟类、两栖爬行类等重要的栖息地，是不可多得的物种“基因库”，是宁夏保存较为完整的荒漠半荒漠湖泊湿地生态系统，具有很高的保护价值和科研价值。

沙湖自然保护区自成立以来，在各级政府及有关部门的大力支持下，保护区建设取得了长足发展，建立了保护管理机构，建设了相关基础设施，加强了宣传和保护管理，实现了保护区的动植物资源良性增长，生物多样性得到维护，生态系统逐步得到恢复，为改善区域生态环境，推动地方环境、社会与经济协调发展作出了积极贡献。

1997年，由沙湖自然保护区管理处主持，聘请自治区相关部门的专家和科技人员对沙湖自然保护区的植被、浮游生物和鸟类等进行了初步的考察，编制了《宁夏沙湖自然保护区总体规划》。根据保护区的管理范围、资源分布、区域地理环境，按照功能区划分要求，努力实现资源保护、恢复建设和合理利用。

2000年3月8日，宁夏回族自治区农垦事业管理局决定成立沙湖自然保护区管理处，编制8人，为局属正处级事业单位。由于人员编制少，很难独立承担保护区的全面管护工作，因此，在2007年前，管理处的领导均由沙湖旅游区主要领导兼职，在沙湖旅游公司的环境保护部、安全保卫部、水产管理部的142人和保护区管理处共同承担自然保护区生态环境保护、安全保卫工作。其中沙湖自然保护区管理处主要负责法律法规的宣传，制定规章制度，组织实施资源调查、保护、管理和资源监测、监督检查、规划编制、功能分区管理、申报项目等管理工作，具体事务由沙湖旅游区组织实施。

为做好沙湖自然保护区的管理工作，明确管理职责，最大限度地保护生物资源，促进生态环境的综合治理，合理开发利用旅游资源，管理处根据职责，制定了《沙湖生态旅游区资源与环境保护条例》《沙湖生态旅游区资源与环境保护管理办法》《沙湖生态旅游区防火制度》《沙湖旅游分公司消防管理制度》《景物防盗制度》《沙湖生态旅游区防捕杀制度》；针对沙湖自然保护区实际，先后制定了《沙湖自然保护区管理办法》《宁夏农垦湿地资源保护暂行规定》《自然保护区保护利用管理的职责、权利、义务》《沙湖自然保护区管理处效能工作职责》等规章制度和办法，不断提高依法管理、依法保护、依法利用的能力，使保护区管理步入法制化、规范化、科学化管理的轨道。

在加强依法管理的过程中，认真贯彻执行《中华人民共和国环境保护法》《中华人民共和国自然保护区条例》《宁夏回族自治区湿地保护条例》《宁夏自然保护区管理办法》和农垦湿地保护的相应规章制度，明确岗位职责，配备必要的现场取证及交通、通信装备，提高快速反应能力和依法依规执法办案的效率。特别是在每年春夏季节，是鸟类频繁活动期和繁育高峰期，沙湖自然保护区管理处深入沙湖和各湿地，与主管部门积极协调好鸟类的保护和防偷盗工作，有效地遏制了盗捕雏鸟、偷蛋等恶性案件的发生。针对沙湖珍稀鸟类每年繁殖期和孵化期遭受偷盗的情况，除加大巡逻、电子监控力度外，和沙湖旅游股份公司安保工作人员重点配合当地公安部门对保护区内偷捕、偷猎、偷蛋的违法行为进行严厉打击，确保了沙湖自然保护区动植物和自然风景的环境安全。

对沙湖自然保护区，严格按照规划功能区进行分区管理。核心区是专供科学研究、提供环境质量标准的基地，实行严格封禁，设立标牌、标桩。核心区每

300米立界桩，交界处设铁丝网围栏800米，与贺兰县交界处每150米立桩，与前进农场生产用地分界线每500米立界桩，在各主要道口、保护点、旅游活动处设立标志牌，核心区设立瞭望台。管理处每年定期和不定期检查监督约100次；配合沙湖旅游区对乱搭乱建的违章建筑设施和与景观不协调的娱乐项目、设施进行拆除清理；配合地方政府、平罗县环保局、卫生局等部门多次对沙湖景区环境、卫生进行巡查监督；配合石嘴山市环保局水监测站每年定期对沙湖水质进行监测。根据2007—2009年对沙湖水质监测数据分析，水质综合评分值在49～60。综合营养指数均为34，综合评价水质状况为良好，水质类别为Ⅲ类。

沙湖管理处十分注重生态环境建设的科学性、规范性、长期性，注意听取专家的意见和建议，相继聘请了国内科研院所的著名专家、教授来沙湖考察、论证，并就景区的治沙、环保、生态建设等方面进行合作。2000年以来，与南京河海大学就沙湖生态旅游区可持续发展的水环境保护系统研究与规划进行技术合作开发，并请专家为沙湖培训环保技术人员，并在环境保护方面给予技术上的指导，以加强沙湖环境保护的技术力量。与自治区、石嘴山市、平罗县环保局进行技术合作，在景区内设立10个陆地及水样观测点，定期对水质、空气等环境因素进行检测评估，不断强化和完善沙湖环境保护及生态建设工作。

2010年，按照全国第二次湿地资源调查安排，沙湖自然保护区管理处积极参加并配合完成沙湖湿地重点资源调查工作，采用以遥感（RS）为主，地理信息系统（GIS）、全球定位系统为辅（GPS）的“3S”技术与地面调查相结合的综合调查方法，摸清了沙湖湿地资源面积6821.1公顷，为开展湿地保护利用奠定了基础。

2012年，受沙湖自然保护区管理处的委托，由宁夏大学和沙湖自然保护区管理处的相关专家、教授、研究人员和管理人员共同组成了科学考察队，对沙湖自然保护区进行了全面系统的综合科学考察，完成了沙湖自然保护区内动植物的名录。同时，获得了详细的沙湖自然地理环境、社会经济状况、旅游资源、自然保护区管理、自然保护区威胁因子等资料。在系统分析调查资料的基础上，科考报告编写组完成了《宁夏沙湖自然保护区综合科学考察报告》。该考察报告显示，沙湖自然保护区是宁夏内陆干旱地区的典型荒漠和湿地结合类型，也是温带草原向荒漠过渡的典型湿地生态系统，是荒漠化区域内典型湿地生态系统的天然“本底”和生物资源“储源地”及濒危、珍贵、稀有水禽的“中转站”。保护区的建立为水生生物学、环境科学、生物学提供丰富的物种和生物基因库，对湿地植被恢复与重建、荒漠化区域内湿地生态系统的修复及监测动态变化规律、物种进化、物种间的关系、生态系统的食物链等方面都具有重要的意义，对维持荒漠化湿地生态系统的稳定有着不可替代的作用，对改善西部荒漠化生态系统和生态环境有着重要的作用。

在此调查报告的基础上，宁夏林业勘察设计院与沙湖自然保护区共同编制了《沙湖自然保护区总体规划》，为沙湖自然保护区的保护与建设提供了可靠依据。

沙湖管理处先后投资1000余万元，采取深挖换土、排水洗碱、加施有机肥等措施，在规划的区域内进行大规模绿化和人工造林，截至2012年，景区已累计植树62.3万余棵，道路防护林、绿色长廊近20多公里，种植草坪8万多平方米，景区的绿化面积不断扩大。由于投入保证、措施到位、责任明确、管理科学，树木成活率达到90%以上，景区生态环境有了较大改善。

在旅游大环境管理上，主要抓了两个方面的工作：一是成立了环保部门（现有长期环卫工47人，季节性临时工35人，负责景区的垃圾清运和卫生保洁），通过了ISO14001环境管理体系认证，为沙湖的环境保护管理提供了全新的管理平台，积极引导和鼓励周边宾馆、饭店等企业，注重原材料的节约、合理和科学使用，倡导绿色管理、绿色经营。二是对湖面及南北两岸做到了“四无一禁止”（无垃圾、无大颗粒硬物、无湖上漂浮物、无污染源和禁止烧烤），对饭店、摊贩等通过加强区容卫生综合整治，坚持“四自一包”责任制（即自觉清扫、自觉维护、自觉监督、自觉宣传、门前包片），提高卫生保洁质量。

开发建设20多年来，始终坚持“保护、开发、利用”的原则，将保护放在第一位，确立了“全面保护景区自然环境，最大限度地恢复和发展生物资源，合理利用自然资源，为人类造福”的宗旨，以实现生态效益、经济效益、社会效益兼顾的长远目标，坚持把保持沙湖自然特色的完整性和鲜明性放在首位。为减少燃油对湖面的污染，2000年开始，公司逐年对燃油船只进行清洁能源改造，先后投资2000多万元，购置清洁能源设备。为了美化景区环境，减少污染源，投资400万元，从北京清华紫光集团购置了24组免水冲式生态厕所。为了提高和增强沙湖旅游区污水和垃圾处理能力，投入1000多万元，在沙湖建设了2个污水处理厂

和1个垃圾处理场。垃圾填埋场2004年建成并使用,平均日处理垃圾5.3吨,解决了景区及周边各餐饮网点所产生的生活垃圾污染环境的问题;污水处理设施处理出的渣饼做肥料,拦截下来的杂物作为垃圾填埋处理。

在沼泽湿地的保护上,人工种植芦苇8000亩,种植观赏荷花6000多亩,有效地促进了沙湖周边生态环境的改善。为更好地保护沙湖湿地这一珍贵生态湿地资源,从“黄河金岸、塞上江南、西部明珠”的品牌战略高度,投资近3000万元,建成4520平方米的湿地博物馆,经自治区林业厅授权命名为宁夏湿地博物馆,于2010年10月下旬投入运营,是目前西北建筑规模最大、展示内容最丰富、科技手段最先进、科普教育最生动的首家专业化湿地博物馆,也是对外展示宁夏湿地保护成果的重要窗口。

鸟类是沙湖的灵魂,为了更好地保护这些灵动的鸟儿,在自治区政府的大力支持下,对景区内沼泽湿地、沙漠、鸟岛保护区等处采取了保护措施,保护生物多样性。制定了《宁夏沙湖自然保护区管理办法》和“三不许”(在保护区内不允许捕杀鸟类、不允许接近鸟类、不允许大声喧哗),对员工和游客进行必要的约束,配备了治安民警和多名专职工作人员在鸟类保护区进行24小时巡视,以保证鸟类在自然状态下繁衍生息。2010年以来,依据《宁夏沙湖生态旅游区总体规划》,经业内专家实地考察、缜密规划、科学论证,开始在景区南岸的东南边建设沙湖湿地及鸟类保护工程,种植水生植物,设置草亭,沿沙湖东本岸沿线铺设观鸟、游览木栈道,修建鸟类监测站,使景区达到“鸟在苇中栖,人在苇中行”的和谐环境,其中鸟类监测站主体工程包括鸟展馆、鸟类医疗室、鸟类研究室、鸟类标本室、实验室、办公室、观测点等,并配备鸟类医疗室医疗设备、野外监测设备、探照灯、室内监测设备、医用冰箱、电动喷雾器、分光光度计、电子秤、常用玻璃仪器、酸度计、分离机等设备,沙湖鸟类观测站投入使用,对沙湖自然保护区的鸟类保护起到了至关重要的作用,并对沙湖的资源和环境保护发挥积极作用。

改革开放谱新篇
转型旅游大发展

但凡来过沙湖的人，几乎都有同样的疑问：是谁翻开了沙湖旅游的第一页？说到沙湖的旅游开发，不得不提柳登旺。柳登旺出生于1931年，陕西靖边县人，1946年在陕甘宁边区警备三旅八团入伍，1948年入党，历任中国人民解放军三边部队、西北独立第一师和农建一师战士、班长、管理排长，宁夏国营前进农场政治处助理员及党委办公室主任，国营前进第三农场副场长，农建十三师三团生产股长，农五师三十四团副参谋长，前进农场党委书记、场长。1978年起，先后任宁夏农垦局副局长、局长、党委书记。曾先后被选为自治区第四、第七届人大常委会委员，自治区第五届政协委员，自治区第六届党委委员。1991年荣获"全国优秀领导干部"称号，受到中组部的表彰。1998年离休。

1989年，时任宁夏回族自治区农垦局局长的柳登旺，看到其他省市发展旅游业的势头越来越强劲，就产生了开发前进农场万亩渔湖（当地人称之为"元宝湖"）的想法，"我们这里有沙、有湖、有芦苇，水中有鱼、有鸭，怎么不能搞个自然风光旅游区呢？"当年8月4日，柳登旺陪同自治区主席白立忱到前进农场视察，面对烟波浩渺的湖水，随风摇曳的芦苇，连绵起伏的沙丘，他们被眼前这一片美景所陶醉。柳登旺当场将渔湖建成旅游景区的设想详细地向领导做了汇报。白立忱主席听了柳登旺的介绍后，对随行的农垦局领导说："谁说宁夏的旅游资源缺乏，是我们缺少发现。"沙湖旅游开发从此拉开了序幕。

1989年10月20日，自治区主席白立忱、副主席程法光参加了自治区旅游局等部门的沙湖旅游区开发建设研讨会。10月20日下午和11月11日，程法光副

沙湖景区大门

主席召集了自治区计委、财政厅、交通厅、体委、农垦局、旅游局、建筑设计院、前进农场等单位领导同志和工程技术人员，研究了建设沙湖旅游区的有关具体问题。与会同志一致认为，前进农场境内的元宝湖及其南畔的沙区构成的沙湖自然景观，远有巍巍贺兰山横亘天际，近有林、田、路、鱼塘环抱，是一处难得的好地方。会议对沙湖旅游区的开发提出了有关问题：一是提出了沙湖旅游区的建设宗旨。二是成立沙湖旅游区建设领导小组。程法光副主席担任组长，柳登旺（自治区农垦局局长）、祝文灿（自治区计委副主任）、蒋纵舟（自治区旅游局局长）担任副组长，其他相关厅局负责人及徐得宝（前进农场党委书记、场长）为成员。领导小组下设办公室，负责沙湖旅游区开发建设的具体工作。办公室主任由雷从康兼任，副主任由前进农场党委副书记葛亚洲担任。三是对建设前期的准备工作和1990的建设项目进行了具体安排和部署。对于这两次会议讨论的情况，1989年11月25日，宁夏回族自治区人民政府办公厅下发《自治区人民政府办公厅关于转发沙湖旅游区开发建设有关问题会议纪要的通知》(〔1989〕128号)。

韦星柳

在沙湖建设发展史上，还有一个传奇人物——“韦大胆”。1989年，自治区政府发展旅游的春风吹到了渔湖畔，很多人对发展旅游并不看好，而持观望态度，说这是三天半的热情。韦星柳，当年的渔场场长，就是第一个站出来干旅游的“不务正业者”，他没有退缩，没有泄气，也没有在意闲言碎语，信心十足地四处游说当地农工参加建设；他身先士卒，坚守在建设一线，和广大农工同睡一个帐篷，同干土方工程。在这个年轻领导的带领下，大家有了底气、有了信心，似乎看到了沙湖的明天。这年春节，他悄悄带上全家的积蓄，回到阔别已久的广西老家，当时广西的旅游正搞得如火如荼，他四处考察，寻找经验。他用自己身上仅有的钱买了船用的减速器和发动机。为了节省托运费，就买了几个大包装船用设备与零件，160斤的铁疙瘩他硬是从广西背回宁夏，这就是沙湖历史上的第一只机动船、旅游接待的元老船——“功臣一号”。

沙湖的“童年”就这样艰难地趺趺撞撞开始了，就凭几只旧渔船和韦星柳的“功臣一号”不知疲乏地穿梭于广阔的水面上，在大风大浪里履行历史使命。就这几条船，还常常出现搁浅，沙湖工作人员二话不说，直接跳入湖中，硬是手拉肩扛，将游船推到深水区，让马达有空间转动起来好上岸。游客们看到后纷纷站在船上鼓掌，对工作人员们表达感谢。沙湖人就是用这种执着和不怕苦不怕累的精神与干劲书写了时代的篇章。

1989年10月，沙湖旅游区筹备领导小组成立，成员葛亚洲、张子群、苏兴芝。1990年6月7日，国营前进农场委员会文件《关于组建沙湖旅游区管理所决定》（前党发〔1990〕第12号），为适应沙湖旅游区的生产、服务工作，经国营前进农场党委6月5日会议研究决定，组建国营前进农场沙湖旅游区管理所，级别为科级，下设渔业队（股级）、旅游服务部（股级）、绿化环保队（股级）、治安队（股级），农场机关设有旅游办公室，归农场直接领导，农场1名党委副书记专抓此项工作，旅游区管理所设所长1人、副所长1人，经交通部门考核任命船舶监理2人。国营前进农场建设渔场随之撤销。在进一步完善旅游设施的同时，旅游区管理所还逐步建立、完善了各项规章制度。

1989年10月，沙湖旅游区开始招收工作人员。到1990年12月底，旅游区共有工作人员125人（其中旅游部54人，商业公司24人，绿化队15人，环卫队15人，其他17人），这批工作人员基本都是农场职工子女及家属，其中高中文化程度人数占职工总数的40%，年龄在25周岁以下人数占职工总数的66%。

1990年年初，自治区政府先后召集自治区旅游局、农垦局、财政厅、交通厅等部门召开会议专门研究沙湖旅游区的开发建设问题。会议确定五项任务：修路、建码头、购置船只、挖航道、培训工作人员。当年3月15日到7月1日，在自治区党委、政府的支持，以及各个部门的通力配合下，这五项工作顺利完成。

1990年3月，在以自治区副主席程法光为组长的沙湖旅游区开发小组的领导下，开始建设景区，当年投资650万元。建筑项目有：姚西沙湖18公里油面公路，高42米的观景塔1座，6条滑道的水上滑梯1座，89平方米的码头2处，面积2450平方米的停车场，450平方米的接待室，占地280平方米的餐厅，528平方米的个体经营租赁房屋，52平方米的油料库房，126平方米的凉亭，210平方米的自行车棚，种植各种花木（含草坪、绿地）近10亩。

在旅游配套工程施工的同时，增添了旅游设备，至1992年初，沙湖旅游区共投入365万元人民币，购置3条柴油机动力游船3艘（1990年3月从江苏省无锡市红旗造船厂购进，分别命名为“前进号”“骏马号”“沙湖号”，1990年5月1日投入使用，现已淘汰），玻璃钢体自划船126只（江苏常州长江游艇厂产），55马力快艇2艘，40马力水星牌快艇7艘（船体由山东青岛远东公司生产，操舟机由上海水星公司生产），25马力碰碰船8只（船体用玻璃钢制造，由江苏常州游艇厂生产，机体由上海水星公司生产），划沙板40块。

1992年5月1日，沙湖旅游区开始营业，门票每人2元，当年接待游客15万人次，收入54.67万元，当年创利润5.49万元人民币。

面对开门红的好成绩，沙湖人没有满足，反而多了一些思考。他们把目光投向了南方旅游发达城市，把目标定位于整个中国旅游市场。沙湖领导层卓有远见地提出了“向宣传要效益”的思路。同年冬季，沙湖成立了声势浩大的宣传促销队伍，在西北五省区展开宣传促销，他们带着光盘、画册拜访了很多电视台、电台、报纸杂志。可是，事业初创，资金十分紧张，韦星柳提出了用门票顶广告费的方法，邀请媒体来沙湖考察，终于打动了媒体，免费为沙湖做了宣传。

到1993年，开展的旅游项目有：登观景塔、乘船游湖、滑水游泳、沙丘日光浴、滑沙、湖岸垂钓、碰碰船、赛车、游八卦阵等，4年共接待游客108万人次，收入937万元。

随着沙湖旅游事业的发展，沙湖的行政级别也得到了提高，机构设置也随之变化。1992年7月8日，农垦局将沙湖管理所更名为宁夏沙湖旅游公司，实行独立核算，自主经营。单位由科级升为副处级，隶属前进农场领导。1996年7月8日，国营前进农场前党发〔1990〕第29号《关于沙湖旅游公司设立调整机构的通知》，沙湖旅游公司成立计划财务部、经理办公室、机车维修部、保卫安全部、工商物价管理所、车辆管理所、港航监督所、游艇部、旅游部、索道责任有限公司、旅游接待部、绿化园林部、环卫部、水产养殖部、商贸部。

为了深化农垦经济体制改革，使农垦逐步朝着建立现代企业的方向迈进，不断发展和壮大企业的经济实力；同时也为了加快旅游事业的发展步伐，为沙湖招商引资对外经济交流创造良好的外部条件，使沙湖龙头企业作用得以充分发挥，真正体现使之向着规模化、集约化和效益型的方向发展，为农垦经济与社会的全面发展作出贡献。1997年4月22日，前进农场向局党委呈文请求，按照建立现代企业制度要求，拟将国营前进农场改建成宁夏沙湖旅游股份集团有限

公司。1997年11月28日，农垦事业管理局决定成立宁夏沙湖实业股份有限公司和股票发行上市工作筹备领导小组。组长王树林，成员5人。1997年12月18日，自治区经济体制改革委员会批复同意成立宁夏沙湖实业股份有限公司筹备委员会，开展申请上市工作。1999年3月12日，农垦事业管理局决定成立沙湖旅游集团公司筹备领导小组。组长刘虎山。1999年11月4日，农垦企业集团决定组建沙湖旅游集团总公司。总公司组成单位有沙湖旅游公司、沙湖宾馆、沙湖旅行社、玉泉营农场、西夏王葡萄酒业公司、贺兰山农牧场、南梁农场。

2000年8月20日，农垦事业管理局决定将沙湖旅游公司、沙湖宾馆进行剥离重组，联合其他发起人，成立宁夏沙湖旅游股份有限公司，经自治区体改委批复成立筹委会，负责改制组建工作。2000年11月20日，根据自治区财政厅批复，准予沙湖旅游股份公司进行资产评估立项。农垦集团决定以2000年8月31日为基准日，将农垦集团所属的沙湖旅游公司、沙湖宾馆、沙湖旅行社的资产列入沙湖旅游股份公司，投入资产55000.63万元。此资产经宁夏衡瑞评估有限责任公司评估，自治区财政厅确认。2000年12月29日，农垦事业管理局在银川召开宁夏沙湖旅游股份公司成立大会并召开了第一次董事会和监事会会议。2000年年底，沙湖旅游公司、沙湖宾馆及沙湖旅行社又联合宁夏水产研究所等其他4家公司进行了资产重组，成立了沙湖旅游股份有限公司。沙湖旅游股份有限公司以宁夏农垦集团为主发起人，联合宁夏大漠科技投资有限公司、银川新华商店股份有限公司、宁夏英力特电力(集团)股份有限公司和中国旅游学院等6家单位，共同投资组建成一家股份制企业。公司注册资金6800万元，主要经营范围为旅游开发、服务、餐饮、娱乐、水产养殖和销售及沙生经济观赏物种植、加工和销售。2001年3月，宁夏沙湖旅游公司更名为宁夏沙湖旅游股份有限公司沙湖旅游公司，公司董事长王树林(兼)，总经理韦星柳。

1992年以来，沙湖先后获得多项自治区级、国家级荣誉。1992年，在国家旅游局举办的“1992友好观光年”大型活动中，将沙湖列为249处国家级黄金旅游线路之一；1993年，在国家旅游局举办的“1993中国山水风光年”大型活动中，将沙湖列入全国著名风景旅游线路之中；1995年，宁夏回族自治区人民政府将沙湖列为自治区级风景名胜区，同年被国家旅游局列为全国35个王牌旅游景点之一；1997年，宁夏回族自治区政府批复建立宁夏沙湖自然保护区；1999年3月，

沙湖宾馆

沙湖旅游区的石嘴山预备役工兵团舟桥三连被解放军总政治部表彰为“精神文明建设先进单位”；2000年8月25日，预编在沙湖旅游区的石嘴山预备役工兵团舟桥三连被自治区党委、人民政府、宁夏军区授予“精神文明建设模范连”荣誉称号；2000年9月，中央文明办、建设部、国家旅游局授予沙湖旅游区全国文明风景旅游区示范点荣誉称号；2001年2月，沙湖旅游区在全国首批旅游景区景点质量等级评比中获得4A级生态旅游区称号；2001年5月17日，宁夏沙湖旅游公司旅游部被国家旅游局、共青团中央评为“旅游行业2000年度全国青年文明号”荣誉称号；2001年6月，沙湖旅游区通过ISO9001质量管理体系认证；2001年11月，沙湖旅游区通过ISO14001环境质量管理体系认证；2003年3月，沙湖旅游股份公司被中国万里行塞上质量行组委会授予“中国质量万里行”诚信承诺单位；2003年3月，沙湖旅游公司龙舟队在第七届全国少数民族传统运动会获得3个第二名、2个第三名、1个第四名，并被评为“中华人民共和国第七届全国少数

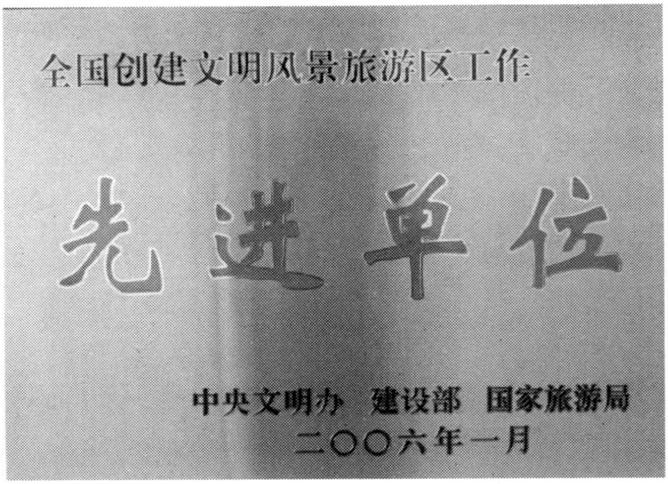

民族传统运动会最佳赛区”；2005年，沙湖旅游区被评为“全国文明景区创建工作先进集体”；2006年被国家旅游局授予“全国旅游系统先进集体”称号；2007年5月，沙湖旅游区在全国首批旅游景区、景点质量等级评比中获得5A级旅游景区称号；2007年11月，沙湖旅游公司龙舟队在第七届全国少数民族传统运动会获得1个第二名、1个第三名、3个第四名，并获得“体育道德风尚奖”；2008年3月，沙湖旅游股份公司沙湖旅游分公司被宁夏回族自治区消费者协会评为诚信企业；2008年3月，沙湖旅游股份公司被宁夏回族自治区人民政府、宁夏回族自治区总工会评为行业领军品牌奖；2008年8月，沙湖旅游区被宁夏发展和改革委员会授予宁夏改革开放三十年行业功勋奖；2008年10月，沙湖旅游区被自治区文明办、自治区住建厅、自治区旅游局评为文明景区；2010年4月，沙湖旅游股份有限公司董事长赫天江被自治区党委宣传部等单位评为2009年度宁夏十大经济人物；2011年6月，沙湖旅游区被评为中国旅游百强景区；2011年11月，沙湖旅游区被水利部评为国家水利风景区；2011年12月，沙湖旅游股份有限公司被国家旅游局评为全国旅游系统先进集体；2013年3月，沙湖旅游股份有限公司被全国总工会授予“全国五一巾帼标兵岗”荣誉称号；2013年10月，沙湖旅游区被国家林业局、中央电视台评为“中国十大魅力湿地”；2014年，沙湖旅游股份有限公司被评为“宁夏十佳企业”、自治区“青年文明号”；2015年2月，沙湖旅游区被国家旅游局、环保部评为2014年国家生态旅游区示范区。

从一个年产值不到20万元的渔场，发展成为今天年产值3亿元的旅游企业;从只有几十人的农场职工规模,发展到拥有1200名员工的队伍。沙湖年接待游客120万人次左右,直接旅游收入超过2亿元,带动周边相关产业发展累计实现收入近200亿元,直接、间接解决了上万人的就业问题,为宁夏经济社会发展作出了突出贡献,沙湖已经成为宁夏的一张亮丽名片。

回顾过去,成绩辉煌,沙湖人自豪骄傲;展望未来,信心百倍,沙湖人意气风发。沙湖人明白,只有坚持解放思想,才能不断增强发展活力;只有坚持改革开放,才能不断增添发展动力;只有坚持创新探索,才能再次实现发展飞跃。沙湖人牢记:绿水青山才是金山银山。要始终将生态文明建设放在首位,绝对不能以破坏环境为代价换取经济利益,要努力实现沙湖旅游的转型升级。从国际化着眼、产业化着手、休闲化着力,努力提升沙湖旅游发展水平,以颁布的旅游"十三五"规划为动力,创新发展思路,推进产业融合,拓展新兴业态,补齐发展短板,加速发展,以发展宁夏全域旅游为契机,迎接大众旅游新时代的到来。

"水绕沙丘天下绝",是今日沙湖的写照。沙湖正舒展着生态文明的双翼,腾飞在塞上江南,翱翔于神奇宁夏,魅力四射,誉满中华。沙湖旅游将会迎来更加辉煌的未来,继续抒写宁夏旅游的新篇章。

科学管理定规范 生态旅游建景区

沙湖旅游业发展的同时也带动了相关产业和地方经济的发展。当你进入这塞上灵秀之地，被它的美色折服的同时，是否想过这么庞大的产业如何去经营、如何去管理呢？

1997年，宁夏回族自治区人民政府批准建立了沙湖自然保护区，管理机构名称为宁夏沙湖自然保护区管理处，为自治区农垦事业管理局所属处级事业单位。其主要职责有：一是贯彻执行国家有关自然保护、湿地保护的法律、法规；二是制定沙湖自然保护区和垦区湿地资源保护的各项管理制度，统一管理沙湖自然保护区；三是调查自然资源和湿地资源并建立档案，组织环境监测，保护自然保护区内的自然环境和自然资源；四是完成自治区农垦事业管理局交办的与其业务相关的其他工作。这四项职能既明确又细致。沙湖自从建立旅游公司以来，能长期保持一个良好的发展状态，和这样一个科学的管理密切相关。

由于沙湖自然保护区管理处人员编制少，加之自自治区批准建立沙湖保护区以来至2009年，基本上是管理处领导兼沙湖旅游公司领导职务，保护区的管护工作和旅游工作结合在一起运行，管理人员与经营人员没有分开。因此，管理处人员主要负责指导、监督、检查保护区管理工作，具体工作仍有沙湖旅游公司各相关部门履行。沙湖景区安保部负责湖面安全巡航、停车场安全管理、防火防盗等；环保部负责保护区绿化、环境清洁、病虫害防治等；水产部负责站卡值班检查、鸟类保护、鸟类救助、禁牧、禁垂钓、水量补充，并且负责水产养殖、水生植物种植管理、水质监测、动植物监测等。

为了科学合理管理保护区，1997年7月，自治区人民政府《关于建立宁夏沙湖自然保护区的批复》文件，确定了沙湖自然保护区的范围界线，即保护区位于宁夏回族自治区首府银川市北42公里，平罗县西南19公里处。地理坐标为：东经106°20′，北纬38°37′。保护范围：东以第三排水沟为界，西至东一渠，北起前进农场一站，南与贺兰县接壤，总面积80.1平方公里，其中水域面积22.44平方公里，沙漠面积22.52平方公里，沼泽面积12平方公里。沙湖自然保护区地处宁夏农垦国营前进农场境内，土地权属归国家所有。当然，我们今天所能游览的沙湖景区，只是这个自然保护区的一部分，正是有了这样一个大范围的自然保护区，才确保了其内部的沙湖旅游区的生态更加稳定。讲到此，我们方知沙湖的美别有洞天，背后却是宁夏人民的勤劳和智慧。

在建立保护区之后，自治区政府仍旧不遗余力地推动沙湖景区和自然保护区的基础设施建设。保护区建立后，各级政府十分重视保护区的管理工作，从建立管理机构、调配工作人员、筹措管理经费等方面做了大量的工作，不断改善保护区基础设施条件，提高管护水平，有效保护了保护区的生物多样性，从而使保护区管理步入规范化轨道。在十一队运河口、东环湖路口分别设立两个管护站卡，安排人员24小时值守管护。按照总体设计标准，结合沙湖自然保护区实际情况，进行了核心区、缓冲区、试验区、旅游区的功能区划，核心区每300米设立一个界桩，与贺兰县交接处每150米设立一个界桩；试验区与前进农场生产用地分界线每500米设立一个界桩；缓冲区与旅游区接界处设置标杆。核心区设置瞭望台并配备望远镜一台。在保护区各功能区建立了生态监测样地，以实现对沙湖自然保护区生态环境及野生动植物种群的长期动态监测。建有一个标本室、一个资料室、一个小型实验室、一个保护区生物展示馆以及多功能宁夏湿地博物馆，配备了监控设施、电脑、对讲机、望远镜、巡逻艇、摩托车、巡护车等管护设备，基础设施和办公条件的改善，为保护区日常巡护、管理、生态环境监测等保护和科研工作的开展奠定了坚实的基础。

沙湖作为宁夏地区比较大的湿地，对于当地生态环境有着巨大的价值。湿地被称为"地球之肾"，是地球上独特的生态系统，蕴藏着丰富的生物资源和生物生产力，具有涵养水源、调蓄洪水、净化环境、调节气候等作用。沙湖是宁夏保护水禽栖息地和典型的沙漠湖泊湿地生态系统无可替代的重要基地之一。

沙湖水体来源广，既有黄河水、地下水的补给，又有周边农田退水。本地区属典型的温带干旱地区，蒸发量远远大于降水量，是降水量的10倍，使得水的矿化度较高，属于半咸水。水质为地表水Ⅲ类水，部分指标达到Ⅰ类、Ⅱ类标准。同时，沙湖为封闭式湖泊，自净能力较差，旅游活动的增多对水质带来的影响逐渐增大。如何降低旅游活动的负面影响，加强保护区生态系统的净化作用等有待进一步研究。

保护区是典型的荒漠半荒漠湖泊湿地生态系统，是开展湿地生态系统监测和研究的野外天然实验室。保护区物种较为丰富，有一定的物种特有性。研究各主要物种的生存力及其遗传多样性以及演化规律，对维持本区域生态平衡，给当代及子孙后代的食物、育种、医药、科学技术及文化艺术的发展提供材料，有十分重要的价值。在保护生物多样性、调节小区域气候、发挥湿地的生态效益等方面起着极为重要的作用。保护区“翠苇绕金沙，碧波映远山”，既有塞北的雄浑气概，又有江南的秀丽婉约。远山、白鹭、翠苇、镜湖，相得益彰又各自成趣，形成了原始、古朴、秀丽、独特的自然景观。

沙湖保护区土地所有权属国家，使用权为国营前进农场。其中前进农场的11组、12组、13组、16组分布于保护区的西部和北部外围，生产活动由农业和水产业。平罗县姚伏镇高荣村的5组、6组分布于保护区的东南部外围。贺兰县洪广镇的高荣、洪广、北庙、金沙、高渠村分布于保护区的南部外围。这些乡、村居住地及农耕地在保护区外围，由于低洼沼泽地及大片流动沙地的阻隔，人为活动很少进入内部。早在60年代，高荣、洪广就沿沙漠边缘建立起乡、村办林场，植树造林，防风固沙，保护农田免受沙危害。

为了探明保护区内自然资源，提供生态系统“本底”，规划和建设好保护区。1997年，在自治区建设厅、自治区科委、自治区环保局和自治区农业区划办等部门的大力支持下，农垦局聘请了区内外有关大专院校动植物、生物、土壤、水利等方面的教授、专家与技术人员，经过外业调查、内业整理分析等工作，先后对保护区植被、动物、水体、沙漠等资源以及土地和社会经济等三大基本情况进行了全面专业的考察，系统地取得了保护区的资源“本底”资料。编写了《宁夏沙湖自然保护区考察报告》《宁夏沙湖自然保护区总体规划1997》《沙湖野生动物名录》《沙湖植物名录》《宁夏沙湖自然保护区规划图》，为合理开发和保护沙湖生态资源提供了科学依据。

2010年,借第二次全国湿地资源调查之机,在自治区林业局的指导下,再次对沙湖湿地资源进行了调查。据初步调查,沙湖保护区的各类资源本底发生了很大的变化。这些工作的完成在沙湖发展的历史上有着重要意义,使沙湖的管理工作逐渐走上正轨化,从而使沙湖自然保护区的工作开展有了目标和方向。

沙湖自然保护区的湿地包括沼泽、湖泊、鱼塘和水渠等,可分为天然湿地和人工湿地两大类型。这些湿地在保护区渔业发展和维持生物多样性等方面具有举足轻重的作用。保护区的天然湿地由沼泽、湖泊组成。沼泽、湖泊湿地指地表有常年积水,其主要植被有盐生植被、沼泽植被、水生植被3种类型。在保护区南段沙漠的丘间平地,主要生长着花花柴、盐生草、芦苇、角果碱蓬、白刺等衍生植物;在保护区的东西部的低洼盐碱湿地分布着芦苇、柽柳、盐爪爪、花花柴等草甸、沼泽、盐生和水生植物群落;在保护区北部的湖泊、沼泽中分布着片状芦苇、狭叶香蒲等沼泽植被;在保护区内还有猪毛菜属、沙蓬属、虫实属、棘豆属、蒺藜属等植物,反映出保护区生境的干旱特点。保护区内生长有大量的芦苇,芦苇既有观赏价值,也具有一定的经济效益;芦苇既能净化水质,又与湖光沙色构成了沙湖奇特的自然景观。

保护区内以植物景观为主体框架构成的集沙漠、沼泽、草甸、湖泊为一体的自然综合体,不仅营造了以水禽为主的野生动物赖以生存和繁衍的荒漠湿地生态系统,成为候鸟的天然集中分布区,而且丰富和完善了保护区的自然景观资源,为生态旅游的开展创造了条件。人工湿地是人类活动形成的湿地,保护区这类湿地主要是鱼塘。现有的鱼塘大部分是2006年以后开发的,总面积达217.3公顷。

除了丰富的湿地系统,沙湖的动植物资源也非常丰富,这也为保护区的管理带来了一定的挑战。自然保护区内有国家一级保护动物黑鹳、中华秋沙鸭、白尾海雕、大鸨4种;国家二级保护动物大鲵、角鸊鷉、斑咀鹈鹕、大天鹅、小天鹅、白额雁、鸳鸯、灰鹤、蓑羽鹤、苍鹰、大鵟、鸢、长耳鸮、纵纹腹小鸮14种。保护区的动物群属主要以湿地动物群为主,温带荒漠、半荒漠荒漠动物群为辅,其特点是两栖类种类和数量均少,部分鸟类的种群数量较丰富。兽类以啮齿类为多,种类和种群数量均不少。沙湖自然保护区内动物资源丰富,共有各种动物

22目51科133种，其中鱼类1目9科16种，两栖类2目2科3种，爬行类4目5科10种，鸟类11目24科98种，兽类4目11科17种。丰富的动植物资源为沙湖的进一步开发指明了方向。

原始的自然环境构成的独特风景，以及富有层次的景观形成了良好的旅游环境资源。沙湖旅游区自然风景以湖泊和沙漠两种自然景观类型为主要构景要素。碧波粼粼的湖泊与连绵起伏的沙漠，景观殊异，相互依托，又有分布在湖泊东部和北部的芦苇荡，占湖面面积三分之一，形成了集江南水乡和塞外大漠于一体的独特的自然风光。

片片丛生的芦苇荡保持着自然生长的状态，或聚或散点缀在湖面上，将平旷的湖面划分成不同功能、不同情趣的立体空间。芦苇荡内港汊错落，曲折幽深，野趣盎然。随着植物生长季节的变化，芦苇荡的色彩随之变化，与沙湖景观相互烘托，让人心旷神怡。

沙湖各类资源分布紧凑，均可通过陆路、水路到达，因此能否深度开发观光旅游，最大程度地展现沙湖原生态的优美景色，这成为沙湖发展的主要方向和保持长久吸引力的关键所在。沙湖处于我国生态环境敏感区和脆弱区，沙湖的湿地生态系统和湖泊生态系统的生态环境都有可能在旅游开发的冲击下受到一定的破坏。而这些资源正是沙湖的核心魅力所在，湿地生态系统一旦遭到破坏，其恢复是相当困难的，因此，基于保护脆弱的生态系统的目的，其旅游业发展必须坚持“保护第一”的原则。

加强立法是管理的主要内容。近年来，在加强依法管理的过程中，除了认真贯彻《环境保护法》《野生动物保护法》《自然保护区条例》《建设项目环境保护管理条例》《宁夏自然保护区管理办法》等法律、法规外，还针对保护区实际，先后制定了《沙湖生态旅游区资源与环境保护条例》《沙湖生态旅游区资源与环境保护管理办法》《沙湖生态旅游区防火制度》《沙湖旅游分公司消防管理制度》《景物防盗制度》《沙湖生态旅游区防捕杀制度》等，配备了必要的现场取证及交通、通信装备，提高快速反应能力；制定了具体的环境执法目标责任制，明确执法岗位、执法职责，做到责任到人，职责分明；组织执法人员学习法律、法规和环保业务知识，增强知法、学法、用法的积极性，锻炼解决实际问题的能力。坚持依法行政，依法强化环境管理，严肃查处环境违法单位，做到了有法必依、执法

水上飞艇

必严，有效制止了各种破坏自然资源和环境的行为。

除了外在的管理形式，加强思想建设也至关重要。依托沙湖爱国主义教育基地，设计并切实开展多种多样的环境保护宣传教育活动，向广大公众普及、宣传自然保护知识，让公众在愉悦的环境中认识自然、关爱自然，并参与到保护自然的活动中来。充分利用“爱鸟周”“生物多样性保护宣传日”“湿地日”等纪念日，结合保护区的实际，制作新闻专题，编印宣传资料，制作展板、横幅等等，通过广播、电视等媒体进行新闻报道，散发传单进行保护宣传教育，扩大保护影响。结合保护生物多样性、保护环境、保护安全、保护发展等主题，不断提高人们的保护意识，并把这种意识变为具体的行动，为沙湖可持续发展作出贡献。同时，在保护区开展科技夏令营活动，使中学生在实践中锻炼意志，培养严谨求实的科学思想。

近年来，随着旅游的升温及对旅游区的深度开发，旅游人数不断增加，人为活动的干扰，对自然环境的负面影响逐渐凸现。为能够更加充分掌握沙湖现有本底资源，编制更加科学合理的总体规划，采取尽可能降低人为负面干扰并找

出影响物种生存和发展的自然因素，最大限度地保护生态资源、生物多样性，充分发挥保护区的功能和效益，进一步落实十九大精神，加快农垦乃至宁夏跨越式发展步伐，缩小与发达地区的差距，与全国同步建成全面小康社会的奋斗目标，应对沙湖自然保护区进行新本底资源调查，编制综合科学考察报告，制定总体发展规划项目。

随着沙湖的知名度逐渐提高，更多的人慕名而来，游览美丽沙湖。虽然沙湖的管理和保护工作随着时间的推移在逐渐完善，但沙湖的管理和保护工作永远在路上。

绘制蓝图重改革
持续发展出路宽

旅游景区规划是指为了科学保护和合理开发各项资源，有效经营和科学管理旅游景区，充分发挥景区资源价值而进行的各项旅游要素的统筹部署和具体安排。景区总体规划编制以景区所在地的旅游业发展规划为依据，对景区的资源进行优化配置，帮助景区实现社会、经济、环境多重效益。

沙湖景区始终把生态建设和旅游发展规划作为实现可持续发展的一项重要战略任务常抓不懈，先后经历多轮规划修编，宁夏沙湖风景名胜区总体规划逐步确定了沙湖生态旅游景区可持续发展的纲要。在几轮规划修编过程中，沙湖景区始终坚持一切工作围绕总规进行，以总规为纲，发展为要，走出了一条波澜壮阔的改革之路。

1995年以来，沙湖工作人员先后请来了中国园林学会的专家、教授，在对沙湖一番考察、论证后，编制了《宁夏沙湖风景名胜区总体规划》(以下简称《规划》)，规划总面积45.10平方公里，其中湖水面积13.3平方公里，沙漠面积12.74平方公里，将沙湖景区的性质确定为以湖泊、沙漠、芦苇风景为特色，以游览观光、运动娱乐、度假休闲和会议接待为一体的多功能的自治区级旅游度假区。对旅游资源和生态环境的原则及主要措施是：面向未来，使资源世代永续利用；依据旅游资源的空间分布、价值和对环境的要求，采用分区保护方法，将水体、芦苇、候鸟、水产资源和沙漠形态作为保护重点，划分芦苇保护区、候鸟保护区和沙漠保护区。第一轮总规评审会于1995年7月25—27日在宁夏银川召开，由北京和宁夏城建、园林、农垦、政研、地理、旅游等方面的专家组成了评审委员会，评审委员会经过实地考察和认真评议后，认为该《规划》具有较高的科学性和可操作性，达到了当时国内同类规划的先进水平。之后，又多次邀请国内专家对其进行补充和完善。

1998年，沙湖自然保护处聘请区内外知名专家，组织编订了《宁夏沙湖自然保护区总体规划》，详细介绍了保护区的地理位置、建设目的、任务、性质、自然条件和生物资源、经济概况、历史沿革与现状，规定了经营原则和建设方针、生物资源保护设计、多种经营设计、旅游工程设计、道路工程设计组织机构与人员编制、效益评价等重要内容。

1999年，沙湖自然保护处聘请自治区环境保护研究所的专家、教授考察、论证后制定了《宁夏沙湖自然保护区综合考察报告》，就沙湖自然旅游区的生态建设进行了深入细致的评估、设计，拿出了科学可行的生态建设规划。两个规划的编订，使之成为促进景区资源环境保护的“护身符”。

沙海冲浪

2000年，沙湖旅游公司聘请中国旅游学院旅游研究所、宁波远见旅游研究所的专家，编制了《宁夏沙湖生态旅游区总体规划》。本次规划总面积约80平方公里，遵循可持续发展原则，以旅游业为龙头和主导，以各种产业相互渗透、协调发展为原则，产品开发与市场开发相对应，供给适当超前，政府主导，市场运作，企业经营。规划目标是：以大漠旅游的生态文明为主题，以“大漠风光、塞上旅游”两大核心资源为特色，将沙湖旅游区发展成为自治区对外开放的窗口和生态建设的示范，经过“十五”期间的努力，把沙湖建设成为我国西部地区独树一帜的新兴生态旅游示范基地和国内外著名的生态旅游经济区。

2002年4月25—26日，由宁夏回族自治区计委主持的《沙湖生态旅游区总体规划》评审会在银川举行，由来自北京、山东、陕西、广东、宁夏、香港、泰国等国内外多学科专家组成了评审委员会。在实地考察和听取了规划编制单位的汇报后，评审专家经过认真讨论研究，认为该规划是一部高水平的旅游区总体规划，对沙湖生态旅游区的发展具有指导意义，并对宁夏及西部地区的同类旅游区规划设计具有借鉴价值。

2009年，随着整个旅游行业的发展和旅游市场形势的变化，原有的规划已无法满足和适应5A级景区的规范要求。在自治区旅游局的大力支持下，沙湖面向全国进行招标，北京侯鸟旅游景观设计院在众多的投标单位中脱颖而出。作为中标单位，在一年多的时间里，该院先后11次查勘现场，经过专家多次讨论修改，几易其稿，于2010年11月形成了《沙湖旅游区总体规划（修编）》及《部分重点区域修建性详规（送审稿）》，制定了沙湖中、远期发展规划。

2011年1月10日，沙湖股份公司在银川组织召开了总体规划修编和重点区域修建性详规评审会，评审组成员由自治区农垦局、自治区旅游局主要负责人及自治区财政厅、自治区发改委、宁夏文化馆、宁夏大学、北方民族大学、沙坡头旅游公司的相关负责人和专家、学者组成。经会议评审，原则通过了该送审稿，并经过多次讨论修改后提交自治区政府会议批准实施。

这次规划面积为80.10平方公里，与第三轮规划相吻合。规

划阶段划分为近期规划(2010—2015年)、中期规划(2016—2020年)和远期规划(2021—2025年)。规划巩固《宁夏旅游业“十一五”规划》成果,承接《宁夏旅游业“十二五”规划》,将沙湖旅游区作为宁夏龙头旅游景区之一,凭借宁夏首府银川市“一小时经济区”和宁夏石嘴山市大武口区“半小时生活区”的特殊地域优势,将之纳入“塞上江南新天府”核心旅游板块并作为黄河金岸沿黄城市带重要节点,使沙湖旅游景区的开发建设与周边地区的生态环境保护、旅游开发和经济社会发展相协调统一。按照该规划,总体须遵循以下四个方面要求:

第一,以生态环境保护为前提。沙湖旅游区生态环境现状较好,但也存在一些与环境不相协调的问题。在新一轮的规划修编中,应当避免这些问题的加重,并且通过逐步的调整,使沙湖旅游区继续在可持续发展的道路上发展。

第二,实现“两大目标”。一是以建设西部地区独具旅游特色与品牌竞争力的旅游胜地为目标,通过提高旅游景观吸引力、丰富景区文化内涵、扩大可用旅游区面积、延长游客滞留时间等方式,构建以现代生态旅游为基础,符合区域经济协调发展的旅游经济区。二是以“打造黄河金岸、建设秀美沙湖”为目标,在宁夏沿黄城市带的战略思路下,对接《沙湖水镇总体规划》的区域整体发展要求,发挥沙湖旅游区作为区域旅游经济、休闲经济、服务产业的龙头作用,推进沙湖板块快速成为沿黄城市带上的绿色明珠、产业高地。

第三,达成“三大目的”。提升观光旅游的层次和品位,使空间布局更加合理,游览线路更加科学,更具吸引力;游线上各节点主题鲜明、项目丰富、特色突出,充分体现沙湖的资源特色;使餐饮、游船、游艇、购物、娱乐等旅游要素的安排更加优化,特色更加明显。

第四,突出“四大重点”。适度调整观光景点布局,优化旅游线路设计,整合湖区旅游要素,提升景点品质与内涵。

该规划突出了生态环境保护,强调景区的可持续发展,要求沙湖旅游区协调关闭和改造景区周边有污染的工矿企业,确保景区的环境质量。有计划、有步骤地对污染厂进行综合整治,对选煤、煅烧煤等产尘量大的企业及产尘和产废气较多的小化工厂,或立即关闭,或迁出景区,以断绝大气的煤粉尘和废气污染源。有效控制湖水面积,增加湖水深度,积蓄水量,减少蒸发。控制湖水面积人为增长,增加湖水深度,维持水生态系统平衡。同时,对露出水面的土地合理

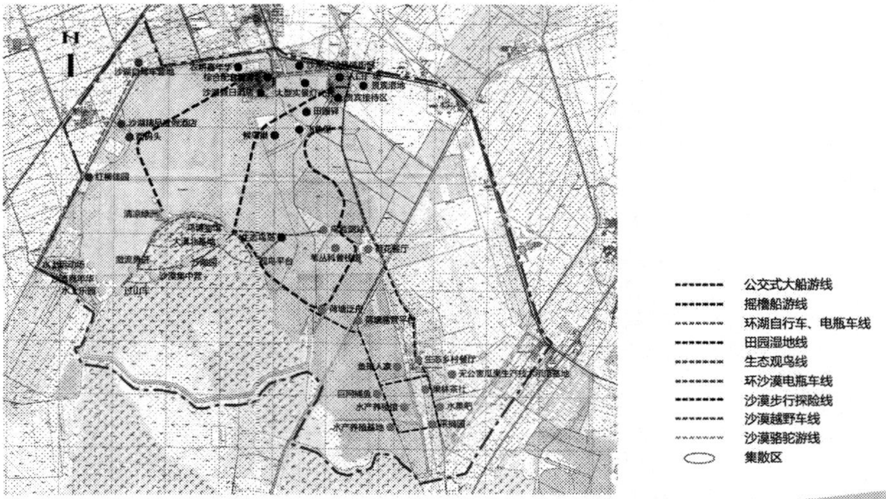

2011年近期游线规划图

规划，种植适生的乔、灌、草花木，建成沙漠绿洲景观。另外，禁止对观赏芦苇施肥和在湖水中投饵喂鱼，采用环保游船运送游客，并开辟陆路游线，可有效避免湖水的富营养化和油类污染。因地制宜，绿化景区，美化环境，发展风景旅游资源。除根治污染景区环境的措施外，还应根据当地自然条件和生物资源情况，按景区内的水面、地面、沙面的大小、位置、形状等特点，结合生产、环保、旅游的要求，制定景区绿化、美化的规划及土壤改良措施。切实做好生态环境保护的宣传教育工作，实行开发者、建设者、服务管理人员岗前的生态环保教育和培训，并在开发和经营中经常检查和监督；同时，多形式对旅客进行广泛宣传教育，采取相应措施监管不良旅游行为，使游客真正做到“留下的是脚印，带走的是印象”。

2015年，宁夏农垦事业管理局制定了《宁夏农垦“十三五”旅游产业规划》。该《规划》作为沙湖旅游区的上位规划，将沙湖定位为以自然生态景色为本底、以丝绸之路文化为包装、以沙水游乐体验为特色、以休闲度假产业为方向，融合

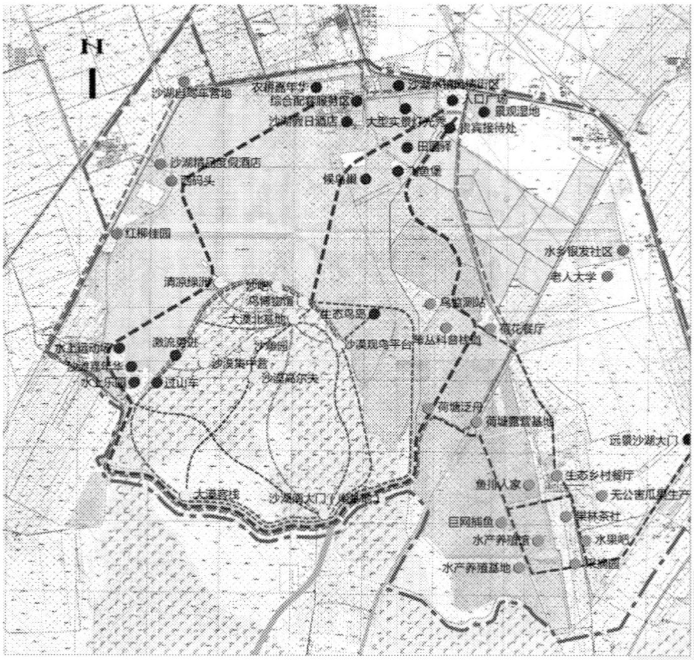

2011年中远期游线规划图

宁夏农垦集团的多元化的产业体系，合理布置功能分区，建设集沙水生态观光、特色文化体验、精品高端度假、主题户外游乐、运动康体休闲、休闲农业体验、商务会议展览于一体的，特色鲜明、产业突出的西部独具特色旅游目的地和面向世界的游目的地，向国家级旅游度假区目标迈进。到2020年，力争实现年接待游客140万人次，旅游经营收入达到3.2亿元。

当前，为了配合宁夏全域旅游示范区建设，石嘴山市编制完成了《大沙湖旅游区总体规划大纲》，初步构建了“一带、两核、五片区、多节点”的大沙湖旅游区空间布局。沙湖旅游公司也因此开启了新一轮的规划修编工作。

创建 5A 齐拼搏
功夫不负有心人

宁夏沙湖旅游区自 2001 年被国家旅游局评定为首批 4A 级旅游景区以来，基础设施逐步完善，管理水平不断改进，服务质量稳步提高，资源保护日益加强，景区呈现出了生态、社会、经济三个效益同步提高、和谐发展的良好局面。沙湖旅游业已经成为促进当地政治稳定、经济发展、文化繁荣、产业优化、各项事业全面进步、人民生活水平提高的重要力量和支柱产业，为宁夏旅游事业的快速发展，构建社会主义和谐社会作出了应有贡献。2006 年，国家旅游局在全国范围内开展创建 5A 级旅游景区试点工作。如果说 4A 级景区代表国家级标准风景区的话，5A 级景区则代表了世界级的品质，走与国际化接轨的道路。作为目前国家最高的旅游景区质量等级，5A 代表着旅游景区的最高服务标准和管理

沙湖秋韵

要求。

作为首批进入4A级旅游景区行列的景区，宁夏沙湖全员思想高度重视，措施切实有力，形式活泼多样，干部员工形成了“人人都是创建主体，个个展示沙湖形象”的共同认识，创建活动方案周密，秩序井然，参与广泛，高潮迭起，各项工作开展得有声有色，景区内外形成了生龙活虎的创建氛围，赢得了社会各界，尤其是广大游客的广泛赞誉，景区形象进一步提升。

2006年4月，国家旅游局启动5A级景区创建工作。创建5A级景区是新时期我国旅游业发展的一项新兴工程，涉及旅游业的八个板块，事关国家旅游业发展大计，事关各景区的发展。沙湖的创建工作也得到了自治区党委、政府、发改委、财政厅、旅游局、交通运输厅等各部门、领导的高度重视，在政策、资金、项目、资料等方面给予了全方位的帮助和支持，使沙湖的工作创出了规模、创出了声势，在全区引起了强烈的反响。自治区旅游局领导多次到现场考察、调研，指导沙湖创建工作，并在许多关键、疑难问题上给予了力所能及的帮助和支持；自治区农垦局领导亲自挂帅，充当沙湖创建工作的急先锋，在基础设施建设、项目投资、土地使用、关系协调等方面竭尽全力、保驾护航，在监督机制方面建立了责任追究制，督促沙湖创建工作。

为了确保沙湖旅游区能在新一轮竞争中踏浪前行，沙湖旅游区从加快宁夏旅游经济发展、促进我国旅游事业健康发展的大局出发，结合沙湖旅游业实际，沙湖旅游公司在2006年5月24日召开创建工作专题会议，成立了高、中、低三层创建工作领导小组，公司党委书记计春平任组长，总经理张忠玉、副总经理孙辉任副组长，下设创建工作办公室，孙辉任办公室主任，赫天江、郭红平任副主任，并抽调20名骨干具体负责实施创建工作；5月25—30日，各部门依据公司创建模式，根据标准，成立了创建小组，按照工作方案明确分工，细化任务，提出要求，安排专职人员整理相关资料，根据创建要求和旅游景区(点)等级评定标准，检查要点，对照条款查漏补缺，逐一落实，全面参与，确保了创建工作的顺利进行。

为了使创建工作有章可循，沙湖旅游公司制定并下发了《宁夏沙湖旅游区创建国家5A级景区工作实施方案》《宁夏沙湖旅游区创建国家5A级景区操作细则》《宁夏沙湖旅游区创建国家5A级景区工作手册》等，按照职责分工，细化任务，将标准所属的8个大项、216个评分点具体分解到部门、岗位、人头，这就使全员形成了“心往创建上想，劲往创建上使，路往创建上跑，功往创建上下”的良好氛围。沙湖员工发扬“求实创新、敬业奉献、开拓进取、顽强拼搏”的沙湖精神，从不同的方面给创建工作使劲、加油、助力，夯实了创建工作的基础，奏响了“沙湖一盘棋，齐心搞创建”的大合唱，充分体现了团结协作、无私奉献的精神。

6月1—2日，各部门对及时整改自查出来的不足和问题，并将整改方案和措施反馈给公司创建国家5A级旅游景区(点)工作领导小组；工作领导小组于6月4—5日依照创建要求和分工，组织各部门进行全面验收工作。

创建活动中，做到了“四个结合”，成效明显。一是把创建工作与旅游队伍建设结合起来，从业人员素质有了很大提高；二是把创建工作与旅游行风建设结合起来，使景区旅游行风建设上了一个台阶；三是把创建工作同旅游中心工作结合起来，加大了培育特色旅游产品、宣传特色旅游产品、打造旅游精品的工作力度；四是把创建工作同提升景区的档次结合起来，为把沙湖培育成为国内一流景区打下了坚实的基础。沙湖旅游区通过创建工作，着力解决了服务对象反映的问题和关系游客切身利益的问题，实现了创建与发展“两不误、两促进”的工作局面。

创建活动中，沙湖做到了两手抓。一手抓典型示范。首先选择了公司内部一些基础较好的部门和游乐项目组作为样板，指导帮助它们率先达标，并利用现场会、观摩会等形式向全公司推广，推动了内部争创达标的深入开展。一手抓检查督办。坚持把检查督办贯穿到整个创建工作的始终，由一名副书记和一名副总经理牵头，创建骨干组成了专门的督办小组，对各部门、各项目设计考核细则逐项进行现场检查验收，先后围绕考评细则中十项重点内容进行了专题检查督办，对工作开展不力的部门、岗位和环节大胆批评、通报，限期整改，使之深受触动，自觉落实创建目标。据不完全统计，先期创建期间，共向公司各部门、项目组下发限期整改通知书50多份，通报批评开展创建工作不力的部门、项目6家，有效推动了各部门，尤其是各娱乐项目组、宾馆饭店、购物摊点等景区内重点创建项目单位，全面完成创建任务。

沙湖旅游公司把提高员工队伍素质作为提高景区竞争力的根本。创建5A前两年景区就以“四有”员工为目标，广泛开展“三争三创”(争当模范共产党员，创建先进支部；争当优秀管理干部，创建先进集体；争当优质服务标兵，创建红旗班组）、“三优一满意”（优美环境、优良秩序、优质服务）和“三比一争”（比学习、比干劲、比奉献，争做文明员工）等争先创优活动，大大提高了景区服务质量和良好形象，真正体现了优化员工队伍的重要意义。通过连续两年的跟踪调查，游客满意率达到98%以上，接待服务始终保持零投诉，服务质量和服务水平显著提高，员工中好人好事不断涌现，拾金不昧归还游客的财物价值达300多万元。在此基础上，沙湖旅游公司积极争取自治区旅游局、石嘴山市旅游局的支持，先后邀请部分旅游专家对沙湖公司创优工作把脉问诊，实行技术指导。在全面掌握5A创建现状的基础上，果断地提出了创建要“有所为，有所不为”的工作建议，有效防止了创建工作走弯路。在公司范围内进行创建5A级知识培训，印发了《宁夏沙湖旅游区创建国家5A级景区知识集锦》，要求员工熟记要点、灵活运用、大胆尝试；组织干部员工开展了创建5A级景区知识竞赛、演讲比赛等多项活动，大力宣传、普及创建知识。创建活动中，沙湖做到了调查研究找准入口。大力强化了对创建工作的调查研究，积极主动参加了在吉林长白山召开的“全国创建5A级景区高级研讨班”，虚心听取专家、学者的意见和建议，组织干部员工分批赴黄山、张家界、九寨沟等先进景区考察、观摩，学习其创建的先进经验和优秀做法。并对其间的所见、所闻、所思、所想汇总整理，认真分析景区创建的基础与潜力，为沙湖创建工作的科学决策提供了有价值的参考依据。

创建活动中，沙湖旅游公司做到了“抓软优先”，弥补不足。宁夏地处祖国内陆，受经济、文化、历史等方面因素的影响，存在创建资金不足、人才匮乏、设施较差等问题。面对不利局面，沙湖不等、不靠、不要，超前工作，踏实工作，在尽力克服资金紧张的同时，主抓了景区管理、服务、安全等“软环境”建设，从服务的内涵和外延上狠下工夫，发挥沙湖人诚心、真心、热心、细心、耐心的优良传统，提供人性化、规范化、标准化服务，以“小省区也能办大旅游”的豪迈气概，用软件上的优势弥补硬件上的不足。

创建活动中，沙湖旅游公司本着“不为创建而创建”的原则，不把创建工作当作权宜之计来抓，而是把创建作为促进景区长远发展的千秋大业来干。一是针对游客中心陈旧的难题，投资350万元兴建了占地面积500平方米的新游客中心，大大改善了服务游客的功能；二是投资600万元在生态码头和沙漠游乐区分别兴建了三座三星级、两座四星级厕所，把厕所建设成了文明场所、文化场所、人性场所；三是投资30万元在沙湖网站上开通旅游电子商务功能，这在宁夏乃至西北地区旅游景区中是率先实施的；四是投资150万元装置了电子安全监控系统，为游客的旅游安全保驾护航；五是投资600万元建造了两艘300客位的豪华游船，满足了广大游客日益增长的多样化需求；六是招商引资500万元购置了50多辆造型新颖、清洁环保、轻盈便捷的电瓶观光车；七是继续加大新码头、新航线的开发建设力度。一个投资6000多万元，布局合理、功能完善、造型美观的新兴接待区域已经开放。围绕5A创建工作，沙湖旅游公司已在各类旅游设施、设备的投入上达到了1.2亿元。

本着正确处理开发建设和环境保护的关系，着眼于资源永续利用。一是每年抽取门票收入的10%，用于开展资源和环境保护工作；二是从清华大学引入污水处理和净化系统，投资600万元兴建了污水处理厂和垃圾填埋厂，日处理污水2000吨、垃圾60吨；三是投入1000万元将大型燃油船艇更换为环保型电瓶船艇，换来了经济效益、社会效益、环境效益的有效统一。

为了能够成功创建5A级景区，沙湖的员工似乎都像着了魔一般，上班路上看到道牙缺了一块，员工们就立刻打电话给维修工人；船只跑一个单趟怎么节油，每周一次的协调会上，大家都能提出好几十条整改意见。“当时真是工作小组去领导每个领导。”原创建工作原小组成员、现沙湖旅游公司总经理姚志强说。景区接待处的姚玉凤(现任沙旅游旅游公司接待部经理)负责综合管理的督察报送，其中包括当地政府对景区总体规划的批复，这一项在总分1000分评比标准中仅占5分。为了这5分，姚玉凤天天督促负责规划的董事长韦星柳。“让这丫头逼得我都不敢上班了。”韦星柳说。姚玉凤不好意思地笑着对记者说：“后来，韦总一看是我打电话，接起来就说‘我正在办，我正在办’。”评审前的一个月是工作小组最苦的一个月。沙湖旅游公司原团委书记郭红平回忆，“当时我们每天晚上就住在沙湖水面上的一个营地上，没有暖气，每天都是开水泡方便面。”11月10日，沙湖接到通知，国家旅游局不来人了，通过材料进行初审。这一下，按照实地考察准备的资料不能用了。在剩下的10天时间里，工作小组晚上在沙湖修改、整理准备材料，早晨6点再把资料送到银川去精装，每天的工作时间都在20个小时，往返的车辆就是最好的床铺。

2006年12月21日，国家旅游局刘铁森司长率国家5A级景区审核组在宁夏旅游局局长李春阳陪同下，对沙湖旅游区进行了评审。

2007年3月7日，经全国旅游景区质量等级评定委员会委派的评定小组现场验收，全国旅游景区质量等级评定委员会审核批准，包括沙湖在内的66家试点景区达到5A级景区质量等级标准要求，被授予5A级旅游景区称号，成为全国首批5A级景区。标志着沙湖创建国家5A级旅游景区工作画上了一个圆满的句号。

5A证书

沙湖旅游公司全体成员欣喜若狂，庆祝取得此殊荣，但没有沾沾自喜、故步自封，而是保持了清醒的头脑，戒骄戒躁、认清形势、居安思危，时刻不忘自身不足，牢记景区存在的“硬伤”。立足当前，着眼未来，不遗余力，认真落实，努力使沙湖生态旅游区各项工作迈上一个新水平，再上一个新台阶，又投入到紧张的5A级景区创建工作中去。

2007年3月20日，沙湖旅游公司收到《关于对公示5A级旅游景区创建试点单位公示意见进行核查、整改工作的通知》，立即召开了党委扩大会议，认真研读、领会《通知》精神，深入讨论反映的问题，对照《旅游景区质量等级划分与评定标准》景观质量评定条款，细扣标准，逐条分析，根据审核组专家的反馈意见，结合景区自查自检情况，对存在的问题、差距和不足，进行全面认真的整改，努力完全达到和符合5A级旅游景区质量等级评定标准。

为了加强对全面建设5A级景区工作的领导，沙湖旅游股份公司党委会、董事会研究制定了《沙湖旅游区建设国家5A级景区工作实施方案》，成立“宁夏沙

颁发5A级旅游景区奖牌

湖旅游区全面建设和谐一流景区工作领导小组”，负责此项工作的组织、指挥、实施、监督工作。

全面建设5A级景区点多面广、任务繁重、时间紧迫，重点在于组织，关键在于落实，核心在于领导，根本在于监督，没有坚强有力的决心和强有力的监督措施，不可能取得最后胜利。沙湖先是逐级签订了责任书，根据方案的要求，做到“千斤重担大家挑，人人肩上有指标”，股份公司与分公司、分公司与主管领导、主管领导与部门经理，层层签订责任书，明确工作内容、工作要求、工作时间、工作标准，做到谁主管、谁负责，谁出事故、谁负责，一抓到底，直到工作圆满完成。然后强化了考核机制。把此次全面建设国家5A级景区工作纳入2007年度干部、员工考核体系，增强干部员工“想干事、会干事、敢干事、干成事”的危机感和紧迫感。整改中对分公司各部门经理、副经理、技术人员在管理、服务、质量等工作方面无明显变化及改观者，就地免职；对员工进行系统的思想政治素质、业务素质、岗位技能、服务质量培训，把培训考核成绩与岗位工资挂起钩，考核

不合格者做待岗处理。建立激励机制，实行岗位淘汰制度，对能够展示沙湖形象的主要岗位管理人员、技术人员、服务人员，打破区域、行业、部门界线，面向社会公开招聘，择优录用，待遇从优。

先进的管理理念、科学的管理方式、出色的管理成效既是企业长远发展的需要，也是5A级景区标准的要求。5A级旅游景区，不仅要有垄断性的旅游资源、国际化的服务水准，更要有广泛深远的国际影响力。因此，管理工作对于5A级景区是灵魂、是生命。为了做好5A级景区建设工作，一是加强培训，提高从业人员素质。既有决策者的素质，也有经营者的素质；既有干部的素质，也有员工的素质；既有企业员工的素质，也有外来人员的素质。近年来，公司对员工的培训工作抓得越来越扎实，但对公司决策、经营、管理人员，对民营业主、个体工商户等的培训比较薄弱，收效甚微。2017年春，沙湖利用旅游旺季到来的有利时机，重点加强对后两类人员的培训力度，考核不合格者一律清理出从业人员队伍。二是整治旅游市场，建立诚实守信的经营秩序。纠正商品标签不全、产地不分、漫天要价、追尾兜售等不良行为，将大门口内道路上的旅游商品销售摊点移到不影响景区整体形象的地方，对新码头商业经营网点深入谋划、精心布局、规范管理。三是落实规章制度，提升旅游服务质量。切实加强部门经理对所属部门服务质量负全责的管理机制，做到领导干部现场管理不缺位，重新审视质管部对景区旅游服务质量的监管作用，做到监督检查不越位，两者优势互补、相得益彰，建立从全局到局部、从横向到纵向、从公司到部门、从部门到岗位的服务质量教育、监督、奖惩网络，构建服务质量保证体系。四是制订应急预案，防范安全事故。五是增收节支，提高经营效益。2007年主要在增加收入上下功夫，通过增加项目数量、改变经营模式、降低经营成本、开拓经营领域、充分挖掘资源、加大市场营销等措施，千方百计增加销售收入。同时，遵照股份公司党委、董事会的要求，将非生产性开支降低50%，严格控制接待、用车、差旅费用，杜绝、减少不合理开支。加大对财务、工程、重大物资采购的检察、审计力度，克服经营风险，预防和惩治腐败。在干部员工中大力倡导立足岗位、勤奋工作、无私奉献、艰苦奋斗、勤俭节约等职业道德、传统美德教育，调动员工工作积极性和主动性。

公司认识到，5A级景区评定标准，既是一个行业门槛及进入标准，更是一个景区建设指导标准，对于促进景区科学发展、持续发展、快速发展具有十分重要的意义，是一部凝聚着政府官员、专家学者、业内人士十余年心血修炼而成的“真经”，是指导景区健康、快速、持续发展的“宝典”。5A级景区创建工作虽然暂告一段落，但公司对《旅游区(点)质量等级划分与评定标准》的研究并没有终结，这就要求广大干部员工和景区从业人员，要充分认识到5A级景区评定对沙湖旅游业发展的至关重要作用，充分认识到5A级景区建设是一项长期而艰巨的工作。一丝不苟学习标准、掌握标准、执行标准，做好打持久战的准备，保持景区长盛不衰。

海市蜃楼矗沙湖 丝绸路上现奇观

沙雕是一种雕刻艺术，以沙和水为基本材料，通过堆、挖、雕、掏等手段塑造各种造型，供人们观赏。沙雕艺术起源于20世纪初的美国，经过近百年的发展，沙雕已成为一项融雕塑、绘画、建筑、体育、娱乐于一体的艺术。由于沙雕只使用沙和水做材料，不使用任何化学黏合剂，只是在作品完成后经过外表喷洒特定胶水加固，所以不会造成环境污染。一件沙雕作品如果没有人为和自然破坏，通常能保存一年左右时间才会自然消解，因此被称为“速朽艺术”。普通爱好者不需要特别的专业训练也可以制作，因此具有很强的参与性、娱乐性和大众性。20世纪80年代，世界沙雕协会主席格雷先生把人们习以为常的堆沙子游戏，在全世界推广并发展成了现代沙雕艺术，为全球数以亿计的沙雕迷所推崇，并成为时尚旅游项目。

2002年7月17日，自治区副主席马骏廷主持召开了中国宁夏沙湖首届大漠国际沙雕大赛筹备工作会议，原则上同意了《中国宁夏沙湖首届大漠国际沙雕大赛实施方案》。7月23日，自治区政府决定，2002年8月3日—11日举办中国宁夏沙湖首届大漠国际沙雕大赛，并成立了中国宁夏沙湖首届大漠国际沙雕大赛组委会。大赛由中国宁夏回族自治区人民政府、世界沙雕协会主办，宁夏回族自治区党委宣传部、宁夏回族自治区文化厅、宁夏回族自治区外事办公室、宁夏回族自治区农垦局、宁夏回族自治区旅游局协办，宁夏沙湖旅游股份有限公司、中国国际沙雕大赛组委会承办。这次比赛有一个不同寻常之处，以前举办的沙雕大赛，如果在海滨就用海沙，如果在城市就用河沙或外运的泥沙，而在沙

游客玩沙

湖的比赛则是全世界第一次在沙漠中举行的国际沙雕大赛，具有开创意义。

大赛以“丝路奇观”为主题，在宁夏这块丝绸之路的历史见证地上，通过中外沙雕家的不同视角和沙雕特有的艺术表现手法，以历史上的丝绸之路及其辐射区域的著名人物、事件、文化、建筑为主线，重现丝绸之路历史场景。游客在观赏沙雕的同时，仿佛穿越到古代，重温丝路的浪漫风情，一同瞻仰丝路上无穷无尽的世界奇观。正如格雷先生在开幕式致辞中所说：“这次大赛聚集了来自11个国家的20位沙雕艺术家，他们不仅带来了自己对历史和艺术的理解，也带来了所在国家独特的文化，如同本次大赛的主题所表现的精神一样，大赛本身也在开拓一条丝绸之路，一条中国与世界相互交流和理解的、全新的文化丝绸之路。现在我们已经出发，并且必将在这条路上不断创造出新的奇迹。”

大赛开始前几天，沙湖的工作人员就按要求开始对沙雕创作进行了一系列复杂的准备工作，先是用固定散沙的铁板围成一个长方形沙雕堆，然后用推土机向里填沙子。要使一盘散沙始终保持可塑性，就要不断给沙堆“喂水”，水和沙的比例必须要相当。最后用机夯从每一个点上不停地夯打，使沙子和水充分融合在一起，这样一来，沙堆向下陷了好多，推土机再向里续填沙子。接下来不断重复此前的步骤，5.2米高的沙堆就成形了。

大赛云集了来自俄罗斯、美国、荷兰、日本、阿塞拜疆等10个国家的选手前来参赛，他们当中半数以上都曾获得过各类国际沙雕大赛的冠、亚、季军。来自国内的有上海园林设计院、广西美院、北京艺术学院、上海华东师大、西安美院5支代表队，和来自吉林、浙江等地的选手。选手的组合也打破了以往按国内、国外分组的惯例，而是采用实力分组。

A组：近三年来在国际沙雕大赛中获得过前四名的选手，共有10位。

来自荷兰的女选手安妮科·库曾格。安妮科·库曾格曾获2000年新加坡国际沙雕大赛冠军。此次参赛作品为14号——《阿拉伯皇城大马士革》。阿拉伯帝国在中世纪发展至极盛，疆域几乎等同于古罗马帝国，包括了地中海沿岸和小亚细亚等地区。帝国的经济繁荣一时，发达的陆路、海上贸易为阿拉伯世界赢得滚滚财源，彪悍、富裕的胡商更给唐宋时代的中国人留下了深刻印象。作品中，时光之河映出瑰丽的阿拉伯建筑，阿拉丁神灯中的精灵和智者护佑着这座伟大的城市，大马士革像不老的孩子一样焕发着迷人的光彩。

来自墨西哥的本杰明·普罗班扎。本杰明·普罗班扎曾获2001年上海国际

千古一帝

沙雕冠军赛总冠军、2002中国陆良第二届国际彩色沙雕大赛A组季军。此次参赛作品为12号——《奇迹王朝巴比伦》。位列四大文明古国的巴比伦以繁荣的商贸而闻名，这里的文化同样令人惊叹，让上帝都为之惊艳的巴比伦通天塔，融合了浪漫真爱和建筑奇迹的空中花园，还有象征着勇气与力量的人首翼牛像，以及世界第一部成文法典《汉谟拉比法典》……这里的一切都充满了魅力。作品中，空中花园与通天塔雄峙两边，巴比伦王后如凌空飞舞的女神，眺望着两河间丰饶肥美的土地。

来自美国的丹·达波迪。丹·达波迪曾获2001年法国国际沙雕大赛冠军、2001上海国际沙雕冠军赛殿军。此次参赛作品为19号——《战神之国罗马》。强大的古罗马帝国曾控制着跨越欧、亚、非三洲的辽阔疆域，战争为他们带来了巨大的财富和荣誉，他们建起了恢弘的万神殿、大角斗场、凯旋门等流传至今的伟大建筑。与此同时，他们的生活方式也越来越奢靡，贵族们酷爱丝绸，曾有“一两丝，一两金”的疯狂交易，这极大地繁荣了丝绸之路。作品中，宏伟的万神殿和大竞技场展现出罗马的强盛和奢华，高大的柱廊下，角斗士正在做殊死格斗……

来自日本的茶圆胜彦。茶圆胜彦于2000年获新加坡沙雕大赛冠军，此次参赛作品为18号——《雅典英雄》。希腊海岸线长、港口多，希腊人就是通过海上贸易来推销他们生产的葡萄酒和橄榄油。随着经济的繁荣，以雅典为代表的希腊城邦在文化、艺术领域也取得了辉煌的成就，为今天的西方文化奠定了坚实的基础，希腊神话也为世人传诵至今。作品中，希腊的守护神雅典娜高高地矗立在山巅上，眺望着战火中的伯罗奔尼撒半岛，无比壮丽的雅典卫城环抱在她周围，将希腊文化淋漓尽致地呈现出来。

来自俄罗斯的帕沃·萨尼达克。帕沃·萨尼达克曾在2002年中国舟山第二届国际沙雕大赛上获得冠军，同年参加在荷兰举行的国际沙雕大赛获冠军，为中国陆良第二届国际彩色沙雕大赛A组冠军，此次参赛作品为20号——《商人威尼斯》。中世纪的威尼斯是富甲欧洲的城市公国，威尼斯人在环地中海和东西方贸易中获得了丰富的财富，也涌现出一批了不起的商人和探险家。13世纪，威尼斯人马可·波罗沿丝绸之路来到中国，并在元朝为官17年，才由海路回乡。他的《马可·波罗游记》将以元帝国为代表的东方描绘成富足且壮丽的理想

亚特兰蒂斯

国度，从而激发了哥伦布、麦哲伦等欧洲探险家对东方航线的不懈探索，进而开启了“地理大发现”时代。作品中，水城以密集的文艺复兴式建筑展现出迷人的身姿，恋人们在冈朵拉上约会，而马可波罗则在圣马可教堂下讲述着神奇的东方，探险的船队刚刚起锚。

来自西班牙的塞吉奥·拉米热兹。塞吉奥·拉米热兹在2002年法国国际沙雕大赛中获亚军，此次参赛作品为17号——《亚欧枢纽大秦》。大秦，原是中国人对从未到过的古罗马的称谓，也指今日的土耳其，这里是丝绸之路连接当时欧亚两大强国（汉朝和罗马帝国）的重要通道。汉朝西域都护班超的使节甘英奉命出使罗马，就是到这里折回的。历史悠久的奥斯曼土耳其帝国在继承了拜占庭罗马文化的基础上，孕育出独特的文化。作品中，美丽的土耳其如同一个斑斓的梦境，向世界昭示着昔日帝国的富足。

来自新加坡的陈裕兴。陈裕兴2000年获荷兰国际沙雕大赛冠军，2001年获新加坡国际沙雕大赛国内组冠军，此次参赛作品为16号——《智慧之城亚历山大得》。马其顿王亚历山大以军事力量创造了史无前例的强大帝国，他死后，部将托勒密控制了埃及。因为亚历山大和托勒密宣布保护埃及的神庙和宗教信仰，埃及的祭司奉他们为神在地上的化身。埃及人将他们最大的海港城市命名为亚历山大，并在港湾内修建了名列"世界七大奇观"的巨大灯塔。亚历山大港有当时全世界最大的图书馆，据说其藏书量超过当时其他所有国家的总和，是名副其实的世界文化之都。这个城市恰好是陆上丝绸之路到非洲的终点站。作品中，顶端塑有宙斯神像的法罗斯灯塔直指蓝天，埃及的智慧女神面带微笑，轻拨着琴弦，商旅驼队会聚智慧之城，创造出令人炫目的灿烂文化。

来自北京艺术设计学院的陈健鸿，是参加此次大赛的唯一的中国女选手，参加过舟山、陆良和上海的沙雕大赛，出国参加过西班牙、丹麦、新加坡的国际沙雕大赛，在2002年陆良国际彩色沙雕大赛上获得B组冠军。此次的参赛作品为7号——《天山明珠》。位于塔里木河流域西端的喀什是沙漠丝路的重要交会点，随着汉唐时期丝路的繁荣，这里一度与楼兰、高昌一样兴盛。作品中，西去的旅行家缓缓走进历史长卷，丝路的文化正是在这种交流、更迭中累积起来的。

来自舟山的张伟康，2001年获法国沙雕大赛季军，此次参赛作品为2号——《须弥佛界》。宁夏南部的须弥山石窟开凿于北魏晚期，距今已有1400多年历史。唐时，这里曾有规模很大的寺院，100多个石窟布满8个山崖，入口处高达20多米的弥勒坐佛十分壮观，比云岗、龙门最大的造像还大，是全国最大的石窟造像之一。同敦煌一样，须弥山石窟深受佛教文化的影响，是丝路上民间经济、文化交流的象征。作品中，须弥大佛面带微笑，正襟危坐，雄伟的寺庙在山崖上传送着晨钟暮鼓，驼铃声声载来天南海北的虔诚信众。

来自舟山的张永康，2002年获荷兰沙雕大赛季军，此次参赛作品为10号——《巴米扬大佛》。古代大月氏不断受到匈奴的袭扰，被迫西迁今日的阿富汗，建立了贵霜帝国，并与汉朝通商、结好。作为丝绸之路上重要的城市之一，巴米扬既是丝绸之路的"咽喉"，又是东西方公认的商旅之城。丝路带来的宗教文化在这里生根开花，遍布巴米扬镇东北郊山崖的6000余座大小石窟和高达55米的巨型佛教石窟造像令人叹为观止。中国晋代高僧法显和唐代高僧玄奘都曾到过这里，并在各自的著作《佛国记》和《大唐西域记》中对巴米扬大佛做了生动的描述。作品中，巴米扬大佛迎风矗立，以悲悯的神情凝望着纷乱的世界，周围山崖上，佛龛点点，祥云盘绕，一派佛国净土的祥和气息。

B组：近三年内参加过国际沙雕大赛的选手，共有8位。

一是来自印度的苏达森·帕内克。苏达森·帕内克参加了2000年中国舟山第二届国际沙雕大赛、2002年荷兰国际沙雕大赛，此次参赛作品为11号——《传奇佛国印度》。公元前6世纪，古印度一个小国的王子乔达摩·悉达多抛弃荣华富贵，创立了佛教，使印度人得以摆脱婆罗门教。公元前3世纪，印度历史上最为强盛的孔雀王朝国王阿育王成为佛教的第一个护教皇帝，因为他的庇护和倡

六盘山

导，佛教在恒河流域日渐繁荣，影响遍及泰国、缅甸、斯里兰卡等地，并逐渐经由天竺—贵霜—大宛间的丝绸之路一直传播到中国，吸引了大量东方的僧侣等不畏艰辛前往取经。唐代高僧玄奘西行天竺，历时20年，带回佛经757部，又将《老子》等书译为梵文传入印度，对整个东方后来的文化发展产生了极大的影响。作品中，佛陀闭目凝神打坐，信众五体投地，膜拜着心中的偶像，尘世的喧哗在肃穆的仪式中渐渐淡去。

二是来自丹麦的亨利特·汉森（女）。亨利特·汉森参加过1999年舟山国际沙雕大赛及各年度丹麦、比利时国际沙雕大赛，此次参赛作品为15号——《圣地麦加》。阿拉伯半岛是丝绸之路的一个重要经济、文化交流区域。阿拉伯帝国在整个10世纪曾是世界上重要的经济与文化中心。作品中，塔楼高耸，人流像信念之河中的巨大旋涡，汇聚着坚贞的信仰和难以言表的爱。时间以它千百年不变的沉默，见证着一切。

三是来自阿塞拜疆的塞戈·阿卜杜拉赫马诺夫。塞戈·阿卜杜拉赫马诺夫曾参加过2002年丹麦国际沙雕欧洲公开赛，此次参赛作品为13号——《中东商都巴格达》。8世纪，辽阔的阿拉伯帝国分裂成三个部分——以巴格达为中心的阿拔斯王朝，以开罗为中心的法蒂玛王朝和以科尔多瓦为中心的后倭马亚王朝。在哈里发拉西德的统治下，把巴格达建设成为堪与君士坦丁堡媲美的首要城市和最大的商业中心。如同辛巴达的故事所描绘的那样，中国的丝绸商、俄罗斯的皮货商和其他国家的商人云集于此，再度续写了丝绸之路的传奇神话。作品中，阿拉伯舞娘、商人、骆驼、财物交错在一起，雄奇的清真寺见证着繁华的世界，巴格达的光荣与梦想就在这种奢华里展开了。

四是来自中国上海的倪巍。倪巍是2001年中国陆良首届国际彩色沙雕大赛国内组的亚军、上海13米高的主题沙雕设计主雕手、云南13.5米高主题沙雕主设计，他还曾参加过2002年丹麦沙雕大赛，此次参赛作品为9号——《中亚古都撒马尔罕》。撒马尔罕古城位于今日乌兹别克斯坦首都塔什干附近，这里是当年中国通向印度、阿拉伯和欧洲的必经之地，因此四方商贾云集，一派繁荣的景象。13世纪以后，这里陆续建立起花剌子模王国和帖木儿帝国，作为历史名城和兵家必争之地，撒马尔罕一次次被烈火焚城，又一次次被重建起来，几千年屹立不倒。作品中，帖木儿大帝斜倚在宝座上，正喝着马奶酒，思虑着风云变幻的战事。高踞的雄鹰宣示着蒙古王公的刚烈气概和勃勃雄心。

五是来自上海园林设计院的韩子健。韩子健2000年曾参加过舟山第二届国际沙雕大赛，此次参赛作品为8号——《汗血神骏》。丝路既开，西域的一切对中原人民来说都是新鲜的，其中尤以大宛（今日中亚费尔干纳盆地）的汗血宝马为最。传说，汗血宝马发足狂奔时颈项中有鲜血透出，因而得名，充沛的体力使它能日行千里。汉武帝为了改良中原的战马不惜发动战争。中原的艺术家和工匠也对此神骏极其推崇。作品中，大宛的城堡高高耸立在山巅，雄壮的汗血宝马高扬前蹄，鬃毛飞舞。

六是来自广西美术学院的张燕根。张燕根2001年参加过陆良首届国际沙雕大赛和上海国际冠军总决赛，此次他参赛的作品为5号——《古国楼兰》。西出阳关便是丰饶的古楼兰，汉代丝路南北两道就从此处分开。曾经繁华的丝路古国最终被历史湮灭于无边的瀚海，直到1901年才被瑞典探险家斯文·赫定再次发现。恢弘的城垣、瑰丽的文化，使世人叹服，尊称它为“沙漠中的庞贝”。作品中，丰饶富裕的楼兰汇聚了东西方形形色色的建筑风格，绿树与黄沙相映，驼铃和风声共鸣，一派逍遥景象。

七是来自云南昆明大学的贺乐平。贺乐平曾参加了2002年陆良第二届国

楼兰古城

沙雕园

际沙雕大赛，此次参赛作品为6号——《高昌故城》。始建于公元前1世纪的高昌古城，因其地势高敞、人庶昌盛而得名。汉唐以来，高昌是中原连接中亚、欧洲的枢纽，经贸活动十分活跃，世界各地的宗教先后经由高昌等地传入内地，使高昌成为世界宗教文化荟萃的宝地之一。汉代以后，高昌与交河二城还成为西域边防的重镇。作品中，汉朝西域都护的将领迎风伫立在高昌城楼上，一边是商队华美诱人的货物，另一边是匈奴隐约可闻的重重杀气，边关的苍凉由此展现。

八是来自东华大学的逄峰。逄峰是2002年第二届中国陆良国际彩色沙雕大赛C组的冠军，此次参赛作品为4号——《美哉敦煌》。敦煌设郡于西汉，是丝绸之路上的商贸大埠，也是汉代边防的重镇。随着佛教文化的传入，虔信宗教的巨商富贾纷纷请来石匠画工，在鸣沙山崖上凿像绘图，以彰供养之德。今日敦煌虽已不复当年繁华，却成了举世瞩目的艺术宝库，国际上更有专门的敦煌学研究。作品中，飞天神女驾着五彩祥云腾空而起，在九天间自由自在地漫舞，

山崖上的佛教神像绰约伸展，恍惚间，仿佛敦煌正随佛陀远离尘世。

C组：首次参加国际沙雕大赛的选手有两位。

一位是来自吉林的俞建游，其作品入选1999年长春首届“卓展杯”冰雕大赛奖佳作展，为2000年哈尔滨冰雪节优秀作品奖得主。此次参赛作品为3号——《嘉峪雄关》。嘉峪关是万里长城的西部终点，明长城西端的重要关隘，也是河西走廊丝路的开端，古代丝绸之路的必经之地。自秦朝修万里长城开始，历朝中原政府都以长城为抵御北方游牧民族劫掠的重要防务工程。今日雄姿犹在的嘉峪关仍在风沙中回忆着金戈铁马的铿锵与商旅驼队的喧哗。作品中，威武的古战将拥剑而立，高达4米的利剑衬托出将军坚毅的性格。四周是36块高大的盾牌，象征着以身护国的众多边关将士。身后，崔巍的雄关在危崖深壑间伸展。

另一位是来自西安美术学院的赵历平，是中国雕塑学会会员，西安美术学院雕塑系副教授、研究室主任，其作品《陕北集市》参加全国第六届美展，《红色风暴》参加全国建党八十周年美展并获二等奖，作品《傲视沧桑》参加中国西部作品全国16个城市巡回展，有多个大型城市雕塑作品在全国各地落成。此次参赛作品为1号——《雁塔驼铃》。在封建社会最为强盛的汉唐时期，长安既是国家的首都，也是丝绸之路的发源地，它每天都迎送着数不尽的商队，也接纳了众多文化使者。公元前139年，张骞奉汉武帝之命出使西域，途中二次为匈奴所拘，前后历时十余年终于归汉，被汉朝封为博望侯，丝绸之路由此开通。此后张骞再次受命西出，直至身死驿路。如此二十几年，极大地促进了西域诸国与汉朝的交流，使西域的马匹、物产进入中国，又将丝绸、漆器、铸铁技术等传向西方。作品中，巍峨的大雁塔下，鸿雁翱翔，驼队前呼后拥，展现了汉唐时代万商云集的世界都市长安城文化和经济的繁荣盛景。

沙湖利用这些沙雕作品建成“沙湖国际沙雕园”，形成沙湖新的旅游项目和景观亮点。2002年8月11日，在沙湖旅游区举行了国际沙雕大赛颁奖仪式暨沙湖国际沙雕园开幕式，出席开幕式的有自治区和中国沙雕大赛组委会、评审委会的官员，嘉宾向A、B组获金奖的选手俄罗斯的帕沃·萨达尼克、阿塞拜疆的塞戈·阿卜杜拉赫马诺夫及A组季军陈健鸿等选手颁奖。之后，出席此次活动的自治区政府主席马启智和世界沙雕协会主席格雷·科克先生共同为两条30余米长的巨龙“点睛”。此时，色彩斑斓的纸条如天女散花从天而降，锣鼓响起，舞蹈跳起，两条长39米的巨龙飞起，一条35米长的七彩凤舞起。只见半空中龙飞凤舞，时而“龙凤呈祥”，时而“二龙戏凤”。在观众热烈的掌声中，宁夏歌舞团的演员登场……著名蒙古族歌手腾格尔和宁夏歌舞团演员为首届大漠国际沙雕大赛的成功举办助兴，一台精彩的文艺节目吸引了出席开幕式的四方来宾、八方游客。

据有关部门统计，首届大漠国际沙雕大赛开幕暨沙湖大漠国际沙雕园开园当天，有3万多名游客慕名前来，人们从这里走进沙雕版丝绸之路，重温千年以前丝绸之路的故事和传说。

游客创作沙雕作品

塞上端午竞龙舟 沙湖水面千帆过

2016年6月9日，中国传统的端午节又到了，宁夏龙舟大赛决赛的举办，让这一天的宁夏银川市北塔湖格外热闹。鼓声响起，最后一场龙舟决赛便正式开始。只见参赛的龙舟如一支支离弦的箭，在平静无波的湖面上来去如飞。两岸看龙舟的人都大声呐喊，有的还把家中的锣鼓拿出来，重重敲打助威，更有年轻人把事先准备好的鞭炮挂到树上点燃。一时间，呐喊声、锣鼓声、鞭炮声交织在一处，在湖面上回荡，震耳欲聋。

龙舟比赛的桨手们奋勇挥桨，动作整齐划一，额上布满的汗珠反射着太阳的光辉。击鼓的人更是异常兴奋，纵身一跃，双槌齐下，恨不得把全身的力气都使上去。

龙舟竞速

观众也没闲着，加油声、呐喊声此起彼伏，还有人擂鼓助威。终于，一龙舟一马当先，超越红线成为了冠军。全场响起了排山倒海的掌声，一场激烈的龙舟比赛就在人们的欢声笑语中结束了。

齐头并进

而赢得这场1200米龙舟比赛的，就是身穿红色战衣的宁夏沙湖龙舟女队。当日的宁夏新闻争相报道这支传奇的巾帼龙舟队。沙湖也再一次登上头版头条，而与以往不同的是，这次上头条靠的不是沙湖的自然风光。而事实上，在这次比赛上，宁夏沙湖龙舟队可谓是全面开花，他们包揽了男子、女子250米、500米与1200米的6项冠军。一时间，沙湖龙舟队获得了一个新的荣誉称号——梦之队。

这支龙舟队怎么来的？走过了怎样的一条荣誉之路？在20多年前的1995年8月，前进农场从沙湖旅游管理所选拔25名身体素质、思想作风好的员工，首次组建龙舟队，成立了宁夏第一支沙湖龙舟男队。经过近一个月的短期集训，于10月下旬代表宁夏回族自治区赴云南参加第五届全国少数民族传统体育运动会龙舟比赛。初生牛犊不怕虎，首次参赛的沙湖龙舟队取得了第八名，虽然成绩并不好，但能进入前八名，实属不易，毕竟万事开头难，在这次比赛中锻炼了队伍，学到了兄弟代表队的好技术、好经验，为宁夏开展龙舟赛活动奠定了基础。

1999年9月，以沙湖旅游公司员工为主组建的龙舟代表队，代表宁夏回族自治区参加了在北京举办的第六届全国少数民族传统体育运动会龙舟比赛。龙舟队共参加了男子、女子500米、800米，男女混合500米、800米6个项目的比赛，并取得了两个铜牌、两个第四名、一个第六、一个第七名，同时荣获“道德风尚奖”。当时被媒体喻为来自西北的“黑马”。中央电视台、北京电视台、国际广播电台等多家媒体进行了报道。文化部还专程来沙湖为龙舟队拍摄了纪录片。同年11月11日，自治区政府决定，对参加第六届全国少数民族传统体育运动会获得优异成绩的运动员、教练员和运动队给予表彰奖励。沙湖龙舟队教练员计春平受到表彰奖励。农垦事业管理局于2001年1月20日决定，对在第六届全国少数民族传统体育运动会取得比赛佳绩的沙湖龙舟队奖励2万元，以资鼓励。

历史的步伐不知不觉走到了21世纪。21世纪以后，沙湖龙舟队的传奇并未终结，反而创造了更多的辉煌。从2000年至今，沙湖龙舟队的获奖纪录让每一

2016年第八届宁夏“众一杯”端午龙舟赛

个关注沙湖龙舟队的人都不得不由衷地佩服这支常胜队伍。

2000年6月，沙湖龙舟队代表自治区参加了在江苏无锡举行的第十届“屈原杯”全国龙舟邀请赛，取得了四项第二名、一项第三名。同年11月，沙湖龙舟队代表自治区参加了在四川绵阳市举行的第四届全国农民运动会龙舟比赛，取得了4个铜牌、1个第四名、2个第五名、1个第八名的好成绩，为宁夏在全国农民运动会历史上奖牌实现零的突破作出了贡献。

2001年4月，沙湖龙舟队代表自治区参加了在湖北省举行的第二届中国宜昌三峡潮国际龙舟拉力赛，分获1000米竞速第五名、拉力赛第五名。同年6月，沙湖龙舟女队代表自治区参加了在四川绵阳举行的第四届全国体育大会龙舟比赛，获女子800米、500米两个第三名。

2003年9月6—13日，第七届全国少数民族传统体育运动会在宁夏举行，沙湖景区承办龙舟和赛马两个项目。沙湖龙舟队代表东道主宁夏，参加了龙舟全部六个项目的比赛，取得了女子500米、800米和男女混合800米比赛三项银牌，男子800米、男女混合500米两项比赛的铜牌和男子500米比赛第四名。

2007年11月，为了备战在广州举办的第八届全国民族运动会，沙湖龙舟队员们可是吃了大苦，由于宁夏气温骤降，到零度以下，队员冒着严寒坚持训练，有的人关节都僵了，可是没有人退却。克服种种困难后，这支北国水师终于在广州举办的第八届全国民族运动会上大显身手，勇夺女子龙舟500米亚军，在南国龙舟赛场闯出一席之地。

与沙湖龙舟队在外地比赛中大显神威互为衬托的是，沙湖风景区也不时承办或者主办各种龙舟比赛。龙舟赛是中华民族传统的体育运动项目，有着悠久的历史和深厚的文化内涵，流传至今已成为群众喜闻乐见的群体性文化特色项目。作为具有代表性的一项全民游乐活动，龙舟竞渡几乎遍及大江南北、黄河上下，近几年，龙舟竞渡活动更是方兴未艾，一浪高过一浪，充分体现了人们对这项活动的热情。

2000年6月1日，自治区政府常务会议决定，第七届全国少数民族传统体育运动会龙舟和赛马比赛在沙湖旅游区举行。据此，自治区第七届全国少数民族传统体育运动会筹备领导小组交给沙湖旅游集团公司承建龙舟赛场和赛马场馆两项任务。经过两年多的精心组织，集中力量，高标准、高质量地施工建设，

齐心协力

比赛场馆于2003年7月10日全面竣工。总投资4728万元(其中龙舟赛场1035万元,赛马场3693万元),自治区一次性补助投资1000万元,其余资金由沙湖旅游公司筹措解决。同年7月,“宁夏大漠·黄河国际旅游节”,沙湖景区承办了由北京、上海、广西、宁夏4省区20多支代表队参加的首届“沙湖杯”龙舟邀请赛,这是我国西北地区首次举办的大型龙舟赛事。

2001年7月10日,第二届“中国宁夏(沙湖)大漠·黄河国际旅游节”在沙湖旅游区举行开幕式。其间在沙湖举办了由自治区财政厅、宁夏大学、自治区国税局、地税局和沙湖旅游公司、沙湖实业公司等8支代表队参加的龙舟比赛。

2003年9月6—13日,第七届全国少数民族运动会龙舟和赛马两项比赛在沙湖旅游区举行。

2004年9月26日,沙湖旅游公司举办了“沙湖杯”宁夏地区龙舟邀请赛,银川市商业银行、信立公司、银川设备运输公司、石嘴山市武警支队、石嘴山市房管局、石嘴山市供排水公司、石嘴山市国税局、隆湖区、农垦前进农场等单位12支代表队参加。

2010年端午节,为了展示中华民族传统节日的风采,体现中华民族源远流长的历史文化积淀,唤起现代人对中国传统节日的激情,沙湖风景区在6月16

日举办了2010年“沙湖杯”龙舟邀请赛。一时间,全国多支实力很强的龙舟战队群英荟萃,游客更是八方云集。紧张刺激的龙舟比赛与人山人海的助威游客充分诠释了这次“沙湖杯”龙舟邀请赛的主题——“领略龙舟竞渡,感受沙湖神韵”,同时也弘扬了中国传统文化,促进了龙舟体育竞技交流,展示了沙湖人勇于拼搏的精神,进一步提升了沙湖的知名度。

以龙舟赛为代表的体育旅游,近年来成为沙湖景区的热点和未来的发展趋势。体育旅游是体育与旅游的结合,是在旅游产品项目中融入体育元素,以体育运动项目的开发来带动旅游业的发展,因此,可以认为体育旅游是旅游的一部分,体育旅游项目的推进是为旅游增光添彩。作为全国5A级景区和中国十大魅力湿地,水绕金沙天下绝的优势明显,自然条件优越,是承载文化旅游、体育运动、休闲度假、康体养身等各类产业协同发展及开展水上竞技运动、沙漠休闲运动、湿地漫游运动的理想之地。

除举办龙舟赛外,近年来,沙湖景区还积极举办其他各种大型比赛,比如沙滩排球。沙滩排球是一项以碧水蓝天为伍、与激情阳光相伴的时尚户外健身运动。沙滩排球的独特魅力与沙湖的生态环境、运动休闲特色、文化景观特色相得益彰。

2016年,为深入贯彻《全民健身条例》,广泛开展全民健身运动,丰富人民群众文体生活,充分发挥沙滩排球运动阳光、健康、时尚等特点,吸引广大群众积极参与绿色、文明、健康的娱乐活动,由国家体育总局排球运动管理中心、自治区体育局、宁夏农垦集团主办,宁夏排球协会、宁夏沙湖旅游股份有限公司承办的“2016年中国体育彩票·沙滩排球全民健身中国行(宁夏沙湖站)暨2016年中国大学生沙滩排球精英赛”于6月23日在沙湖景区拉开了帷幕。这次比赛中,有来自北京、山西、江苏等省区市近70个代表队报名参加社会、家庭组别的比赛,还有西南政法大学、中国海洋大学、北京航空航天大学、宁夏大学等高校近40支代表队报名参加大学精英赛,累计参加本次活动的人数达400人,是参赛选手最多、参赛队数最多、比赛组别最多的大众沙滩排球赛事,同时吸引了数千名游客到场观看比赛或参与沙滩游艺活动。

2016年沙滩排球的狂热刚刚褪去,2017年6月17—18日,新的沙滩排球比赛再次来袭。这次沙滩排球赛是由国家体育总局排球运动管理中心主办,宁夏排球协会、宁夏沙湖旅游股份有限公司承办，为“体彩公益金·大众排球系列活动”大众沙滩排球走进新闻出版界（宁夏沙湖站）。

这次比赛中，有一支6人的比赛队伍，是在几乎没有训练的情况下直接上场的。“记得上次打排球赛的时候，还是个青葱少年，代表母校参赛并夺冠，从那之后貌似再没打过球，今天再次摸到它，我熟悉它，但它不太熟悉我了，练习了一下午，终于在比赛场上能发挥一下了。”这支队伍的运动员樊华说，“第一次打沙排，好在有基础，打得也并不难看，这次打排球输了该输的比赛，也输了不该输的比赛，赢了该赢的比赛，也差点赢了不该赢的比赛，来沙湖体验了一把，手都打酸了，还意犹未尽。”

宁夏分社二队的一球员也称：“沙漠里跑不起来，脚下很软，熟悉的足球铲球之类的技巧根本没法用，急了也只能一脚上去秀倒挂金钩了。”

沙滩排球的另一大看点就是运动员健美的身材。在这次比赛中，那支几乎

2016年中国体育彩票沙滩排球赛（宁夏沙湖站）

沙滩排球

没有训练就上场的队伍中，有两名女运动员在赛场上格外引人注目，因为所有的运动员中，只有她俩穿了比赛服——比基尼。她们健康的肤色及流畅马甲线条尤其吸人眼球，网易直播赛事的主持人评论道：比赛中，发现有的女运动员练成的漂亮腹肌非常棒。

比赛结束后，很多参赛选手纷纷表示：虽然很累，但是头一次有机会体验沙滩排球，了解沙滩排球，更让他们喜欢上了沙滩排球，这次的经历很珍贵。

“原来在我的心目中沙滩排球是高端的，但是让沙排活动走进宁夏新闻界的活动，让我对这项运动有了全新的认识，它是一项很大众、很时尚，也很具有普遍意义的群众性活动。宁夏新闻工作者协会与宁夏排球协会共同推动，经常营造这种沙排的比赛环境，从各个方面来说，必然将沙排这项运动在宁夏广泛推广，尤其在宁夏拥有这种得天独厚的自然条件，比如说沙坡头、沙湖都是全国首批5A级旅游景区，所以，沙滩排球在宁夏具有广阔的发展前景，作为媒体人、新闻工作者，我愿意也有责任来推广沙滩排球。”中卫新闻传媒中心主任段鹏举介绍。

宁夏沙排协会的专业运动员董雯杰介绍，沙湖沙排基地柔软细腻的沙子和赛场旁摇曳多姿的芦苇，使得参赛者在沙湖乐不思蜀。赛事间隙，过往的游客也会借来排球，和参赛者一起小试牛刀，体验在松软的沙滩上尽情地跳跃、滚翻。

沙滩排球的狂欢刚过去，水上运动的浪潮又汹涌而来。2017年的8月5日，由国家体育总局水上运动管理中心支持，宁夏回族自治区体育局、宁夏农垦集团有限公司、宁夏回族自治区旅游发展委员会、宁夏日报报业集团主办，宁夏沙湖旅游股份有限公司和北京嗨帆体育文化发展有限公司承办的首届沙湖国际水上运动旅游文化节暨“沙湖杯”帆船邀请赛在沙湖生态旅游区隆重举行。在为期5天的系列活动中，近百名业余帆船选手在“水绕金沙天下绝”的美景中扬帆竞逐，数万名游客在这场盛大的比赛中体验水上运动的独特魅力。

作为一个深居内陆的省份，这是宁夏首次举办帆船类赛事活动，也标志着中国帆船运动从沿海城市向内陆湖泊的进一步扩展。中国大帆船环球第一人魏军、里约奥运会帆板银牌得主陈佩娜亲临现场，与广大帆船爱好者分享了水上运动、帆船环球的精彩故事。

此次赛事活动，将发挥帆船、赛艇运动阳光、健康、时尚的特点，吸引广大群众积极参与绿色、文明、健康的旅游健身活动，适应观光旅游向休闲度假、运动

2017年沙湖国际水上运动旅游节

2017年沙湖国际水上运动旅游节

体验转型升级的趋势，满足游客差异化和品质化的游乐需求，以迎接全域旅游发展下大众旅游时代的到来，为广大游客带来集文化旅游、体育运动、休闲度假、康体养身为一体的丰富多样的旅游“大餐”。

此次引入帆船赛事，被视为沙湖打造“体育+旅游+文化”特色品牌的一次有益探索。近年来，以运动体验、户外休闲、体育赛事观赏等为代表的体育旅游项目越来越受到消费者青睐。旅游产业与体育产业作为“十三五”时期需大力发展的五大幸福产业中的两个产业类别，通过产业融合所形成的体育旅游业态，成为当前现代服务业发展的热点和焦点。沙湖国际水上运动旅游文化节暨“沙湖杯”帆船邀请赛将秉承运动、健康、环保的理念，以沙湖景区自然资源为依托，以帆船、赛艇、皮划艇项目为引领，开展丰富多样的水上运动主题文化活动，打造水上运动旅游文化品牌，使其成为宁夏新的旅游名片。

千帆竞渡，百舸争流，激情夏日，盛会如约。数十艘不同形态、不同级别的大小帆船，在水上飞机、传统龙舟、独木舟、皮划艇的簇拥下，拉开了为期5天的首届沙湖国际水上运动旅游文化节暨“沙湖杯”帆船邀请赛的帷幕。水上飞机、水上飞伞、龙舟表演等沙湖水上运动游乐项目，在20只热气球相伴下，与沙湖湖水相映成趣，形成唯美景观，共同营造出多彩、欢快的节日氛围，为游客带来了美妙难忘的旅游体验。

水上飞机、水上飞伞、龙舟竞技、水上飞人、极速帆板、水上芭蕾等10多项水上特技表演，为广大体育爱好者和游客带来了美妙难忘的旅游体验和视觉盛宴，现场高潮迭起，游客惊叹不已，欢呼不断，纷纷表示不虚此行。

邀请赛面向全国8~14周岁青少年发出邀约，并在5—9日展开激烈的角逐，为广大青少年运动员带来别样的体验。对于本次比赛的优胜者，沙湖将冠、亚、季军和“帆船未来之星”的奖品与公益和环保理念相结合，每人认领一棵在景区新植下的树木，寓意“十年树木，百年树人”，希冀这片树林成长为“冠军林”“未来之星林”。

12岁的内蒙古男孩李子乔第一次来沙湖，原本妈妈趁暑假带着他来游玩，没想到小小少年对帆船一见钟情。“以前只在电视上看过奥运帆船比赛，小孩子玩这种小帆船，还是头一回亲眼见到。”李子乔妈妈说：“儿子兴奋得跃跃欲试，想立刻上去体验一下。”

节庆活动

本次比赛使用的OP级帆船，如同帆船界的卡丁车，专门适用于青少年操作。世界上超过80%的帆船爱好者都是从OP级帆船起步，感受到这项运动的魅力，进而变成一生的兴趣。“相比大海，沙湖的水不深，也没什么风浪，安全系数高，很适合青少年玩船。”里约奥运会帆板银牌得主陈佩娜说。

体育与旅游融合发展，恰逢其时。帆船、赛艇运动与沙湖生态环境、运动休闲、文化景观相得益彰。位于塞上湖城的沙湖，水绕沙丘天下绝，自然条件优越，是开展水上竞技运动的理想之地。宁夏沙湖旅游股份有限公司将通过此次赛事活动的举办，完善旅游业态，提升服务品质，打造绿色生态旅游形象，继而申报建设沙湖国家级青少年水上帆船运动基地，并力争将此活动打造成每年一届的品牌赛事，使其成为国内最具影响力的青少年帆船公开比赛，最终塑造旅游高品质、特色化亮点项目，全力打造西部独具特色的旅游目的地。

龙舟比赛、排球比赛、帆船比赛，这三项运动正逐渐将沙湖向体育旅游的光明大道上越推越远，相信在不久的将来，游客们在欣赏“水绕沙丘天下绝”自然奇景的同时，也能在沙湖景区内玩到更多如登山、攀岩、漂流、高尔夫等众多喜闻乐见的体育项目。

生态多样物种繁
人工鸟岛候鸟飞

“如果说当年盐碱滩上的一片清泽，是大自然赐予的礼物，而靠人拉肩扛堆起的百亩鸟岛，则是人类对大自然恩赐的回报。沙湖的存在，让我们相信了一叶芦苇的种子，可以变成绿洲；相信贺兰山阙的塞外荒原，也可以柔美如三月的江南。只要用心呵护，合理运用，一切皆有可能！”这是2013年9月30日中央电视台、国家林业局对沙湖自然保护区荣获最美“中国十大魅力湿地”的颁奖词，也是对沙湖自然保护区旅游开发过程中始终遵循保护优先、合理利用原则的高度褒奖。

苇荡迷津

俯瞰鸟岛

沙湖自然保护区及周边的荒漠、草原、湿地、湖泊和农田构成了独特的生态系统，特别是沙湖周边前进农场近万公顷的湿地，为沙湖的各种动物生存提供了稳定的水源、食物和居住场所，成为生物丰富、特点显著的相对稳定的湿地生态系统。其中特别重要的是，沙湖处于多种候鸟南北迁徙不同路线的密集交会区，是许多珍稀濒危鸟类迁徙路过时的栖息地。沙湖生境类型多样，有大面积的深水芦苇、沙滩水塘、岸边草丛、沙滩荒漠等，为许多种鸟类提供了适宜的繁殖地。夏季有大量鸟在这里栖息、筑巢和生育。而鸟类是脊椎动物中最重要的生物类群之一，它在维护生态平衡以及生物防治等方面起着重要作用。鸟类多样性是生物多样性的重要组成部分，研究鸟类的多样性具有重要的意义。

1998年，宁夏沙湖自然保护区管理处聘请自治区相关部门的专家和科技人员对沙湖自然保护区的植被、浮游生物和鸟类等进行了初步的考察，对沙湖自然保护区的生物多样性有了一定的认识。这次科考发现沙湖鸟类有11目24科98种。

2011年，受宁夏沙湖自然保护区管理处的委托，由宁夏大学和沙湖自然保护区有关专家、教授、研究人员和管理人员共同组成了综合科学考察队，对沙湖自然保护区进行了系统全面的综合科学考察。在这次科考中，发现沙湖自然保护区共有鸟类17目44科98属178种，占全区鸟类种数的52.98%，与1998年相比有了很大的增长，这说明沙湖自然保护区和前进农场周边湿地环境在不断优化，逐渐适应了鸟类的生境需求。

2014年，宁夏沙湖自然保护区管理处处长苟光生出版了《天堂沙湖鸟——沙湖鸟类鉴赏》，本书记录了沙湖自然保护区管理处长期野外调查和鸟类监测的资料，以及拍摄的大量照片；描述了沙湖鸟的多样性和生境生存特点，展示了沙湖湿地鸟类资源的丰富内涵，为专家学者研究沙湖湿地生物多样性和湿地管理提供了可借鉴的资料；同时也为摄影爱好者提供了分类鉴定参考。书中展示的32种鸟，如黑颈鸊鷉、栗苇鳽、黄嘴白鹭、黑鹳、毛脚鵟、黄爪隼、阿穆尔隼、石鸡、金斑鸻、蒙古沙鸻、剑鸻、三趾滨鹬、孤沙锥、大沙锥、青脚滨鹬、长趾滨鹬、大杓鹬、灰头绿啄木鸟、林鹬、太平鸟、荒漠伯劳、大嘴乌鸦、黑喉鸫、红尾鸫、山噪鹛、稻田苇莺、东方大苇莺、黄腹山雀、黄雀、黑头鳾、戈氏岩鹀、白斑翅拟蜡嘴雀都是沙湖过去科考时尚未发现的。

夕阳下的百鸟

其中国家一级保护鸟类5种：白尾海雕、金雕、黑鹳、大鸨、中华秋沙鸭，国家二级保护鸟类28种：大天鹅、小天鹅、白琵鹭、鸳鸯、灰鹤、苍鹰、雀鹰、松雀鹰、大鵟、毛脚鵟、金雕、白尾鹞、鸢、游隼、燕隼、红脚隼、红隼、黄爪隼、阿穆尔隼、纵纹腹小鸮、长耳鸮、雕鸮、领角鸮、红角鸮、短耳鸮、鹗、黄嘴白鹭、角䴙䴘。属《濒危野生动植物种国际贸易公约》保护鸟类有33种，宁夏回族自治区级重点保护鸟类31种，属于中日保护候鸟协定规定的保护鸟类有81种，属于中澳保护候鸟协定规定的保护鸟类有24种。

白尾海雕是隼形目鹰科海雕属的大型猛禽，又叫白尾雕、芝麻雕、黄嘴雕，在欧亚大陆分布很广，是波兰的国鸟。体长84～91厘米。白尾海雕只在迁徙中途经沙湖，而不在沙湖繁殖或越冬，所以就沙湖而言，白尾海雕属于旅鸟。白尾海雕在沙湖主要在湖面和附近的湿地活动。白尾海雕成鸟多呈暗褐色，后颈和胸部羽毛呈披针形，较长；头、颈羽色较淡，呈沙褐色或淡黄褐色，嘴、脚为黄色。尾羽呈楔形，为纯白色，与其他海雕不同，并因此得名。白尾海雕栖息于湖泊、河流、海岸、岛屿及河口地区，繁殖期间尤其喜欢在有高大树木的水域或森林地区的开阔湖泊与河流地带。主要以鱼为食，也吃野鸭、大雁、天鹅、雉鸡、鼠类、野兔、狍子等，有时还吃腐肉和动物尸体。

金雕是隼形目鹰科雕属的鸟类，又叫鹫雕、金鹫、黑翅雕、洁白雕（幼鸟）等。金雕是墨西哥的国鸟，古代巴比伦王国和罗马帝国都曾以金雕作为王权的象征。分布于北半球温带、

爱的天堂

亚寒带、寒带地区。体长76～102厘米，展翼达2.3米，体重2～6.5千克。头及胸呈褐色，羽冠呈金黄色。上体为暗褐色，肩部较淡，背、肩部有紫色光泽，尾上覆羽呈淡褐色，尖端近黑褐色，尾羽呈灰褐色。栖于干旱平原、岩崖山区及开阔原野，以食雁、雉等大中型鸟类及鼠、野兔、狐、鼬等为食。它善于翱翔和滑翔，常在高空中一边呈直线或圆圈状盘旋，一边俯视地面寻找猎物，两翅上举呈“V”形，用柔软而灵活的两翼和尾的变化来调节飞行的方向、高度、速度和飞行姿势。发现目标后，常以每小时300千米的速度从天而降，然后牢牢地抓住猎物的头部，将利爪戳进猎物的头骨，使其立即丧命。新疆哈萨克人族常驯养金雕用于保护羊群。经过训练的金雕，可以在草原上长距离地追逐狼，等狼疲惫不堪时，一爪抓住其脖颈，一爪抓住其眼睛，使狼丧失反抗的能力。曾经有过一只金雕先后抓14只狼的纪录。在全世界的动物园里，没有人工繁殖过一只金雕，因为金雕最向往自由，如果违背其天性圈养，甚至以撞笼自杀相抗。

黑鹳是鹳形目鹳科鹳属的鸟类，又叫黑老鹳、乌鹳、锅鹳、黑巨鹳、黑巨鸡，是白俄罗斯的国鸟。黑鹳数量极少，珍稀程度不亚于大熊猫。栖于湖泊、沼泽、池塘、河流沿岸，是一种体态优美、动作敏捷、性情机警的大型涉禽。成鸟的体长为1～1.2米，体重2～3千克；嘴长而粗壮，头、颈、腿均较长，嘴和脚为红色，身上的羽毛除胸腹部为纯白色外，其余的都是黑色。黑鹳在沙湖属于旅鸟，以鲫鱼等鱼类为主，也食蛙、蝼蛄、蟋蟀等。

大鸨是鹤形目鸨科的大型地栖鸟类，又叫地鵏、老鸨、独豹、野雁，是匈牙利的国鸟。雄鸟体重11～12千克，而雌鸟只有5～6千克，是雄鸟和雌鸟体重相差最大的鸟类。嘴短，头长，翅大而圆，第三枚初级飞羽最长。无冠羽或皱领，雄鸟喉部两侧有刚毛状的须状羽，其上身有少量的羽瓣。雄鸟的头、颈及前胸呈灰色，其余下体呈栗棕色，密布宽阔的黑色横斑。下体呈灰白色，颏下有细长向两侧伸出的须状纤羽。雌、雄鸟的两翅覆羽均为白色，在翅上形成大的白斑，飞翔时十

鸟的天堂

分明显。广布于欧亚大陆，从欧洲的伊比利亚半岛到土耳其、蒙古、俄罗斯、中国和朝鲜半岛的草原、半荒漠地带及农田草地，通常成群一起活动，十分善于奔跑。大鸨既吃植物的嫩叶、嫩芽、嫩草、种子，又吃甲虫、蝗虫、毛虫等。大鸨性耐寒、机警，很难靠近，善奔走，不鸣叫，它也是当今世界上最大的飞行鸟类之一。大鸨从前在中国是较为常见的一种鸟，经常可见到数十只的大群，但如今已经变得相当稀少，总数仅有300～400只。

中华秋沙鸭为雁形目鸭科秋沙鸭属的鸟类，俗名鳞胁秋沙鸭，由于这种鸭子以天然树洞为巢，又有人将它称为“会上树的鸭子”。其嘴形侧扁，前端尖，与鸭科其他种类具有平扁的喙形不同。嘴、腿、脚呈红色。雄鸭头部和上背呈黑色，下背、腰部和尾上覆羽为白色；翅上有白色翼镜，胁羽上有黑色鱼鳞状斑纹。潜水捕食鱼类。主要栖息于阔叶林或针阔混交林的溪流、河谷、草甸、水塘以及草地，主要在中国东北以及西伯利亚等地繁殖，冬季到长江以南过冬。中华秋沙鸭是第三纪冰川期后残存下来的物种，是中国稀有鸟类，它的分布区域十分小，数量也极其稀少，全球目前仅存不足1000只，所以中华秋沙鸭被列入国际自然资源保护同盟濒危鸟类红皮书和国际鸟类保护委员会濒危鸟类名录，有着“鸟类中的大熊猫”之称，是与华南虎、滇金丝猴、大熊猫齐名的国宝。

展翅起飞

鸟的乐园

沙湖鸟类大多是候鸟，年迁徙量达100万只以上，其中数量最多的是夏候鸟。在夏候鸟中，繁殖鸟类主要以苍鹭、夜鹭、大白鹭等鸟类为主，其中夜鹭和苍鹭均超过两万只。主要集中在沙湖东南角芦苇丛中筑巢繁殖。旅鸟中主要为鸭科（20种）、鹮科的白琵鹭、鹈鹕科的鸬鹚构成沙湖春季的优势科、优势种群。种群数量由大到小依次为普通鸬鹚（2800只）、白琵鹭（1860只）、白眼潜鸭（680只）、绿头鸭（200只）等。这与本区所处的地理位置和自然环境有关，这里水域宽广，滩涂平坦，各种蠕虫、昆虫、软体动物、甲壳动物、鱼类等极为丰富，是过境旅鸟停歇、觅食、补充营养的重要场所。在这里形成了一条完美的食物链，小鱼是鸟的美食，鸟粪又是良好的鱼饵，肥美的芦根、水草和丰富的浮游生物是鸟和鱼共同的食物。

沙湖东南部芦苇最繁茂之处是沙湖自然保护区中鸟类最集中的区域，被称为沙湖的鸟岛。距鸟岛20米处设置有观鸟台，投资300多万元，高18米，面积1090平方米，在1997年4月27日正式向游人开放。沙湖观鸟台主要是为游客观赏沙湖鸟岛及其周围水面、天空的鸟类而修建的。在每年4—6月鸟的孵化期和7—8月鸟的繁衍期，鸟类数量最多。观鸟台可容纳数百人，上面配备国内最先进的高倍望远镜，为观鸟提供一流环境、一流设施、一流服务。2012年，美国著名媒体CNN在其官网评选中国最美的40个景点，宁夏沙湖景区入围，被评为“中国观鸟首选之地”。CNN对宁夏沙湖做了如下赞述：“宁夏沙湖，中国观鸟首选之地。每年有各种各样的迁徙鸟类在宁夏这片湿地栖息，数量多达100万只。鸟类栖息的时间段分布在4—5月和9—10月。其他时节，也有200种左右的鸟类在此繁衍生息，其中包括很多受保护物种，如黑鹳和中华秋沙鸭等。这里也是娃娃鱼的栖息地，最大的娃娃鱼可以长到1.6米长。在这片80平方公里的广阔地域上，沙漠、湖水和芦苇荡相互交织，形成了独特的自然景观。”

在自然界中，鸟是所有脊椎动物中外形最美丽、声音最悦耳、深受人们喜爱的一种动物。在沙湖可以观仙鹤起舞、百鸟翱翔。每年春回大地，众鸟开始求爱、营巢、孵卵、育雏等一系列活动。鸟儿产下形形色色的鸟蛋，孵化出毛茸茸的雏鸟。轻微的响动也会惊起上万只飞鸟，黑压压一片在空中盘旋，遮天蔽日，飞鸣不已。春夏之交，候鸟南来，鹳鸣鹤舞，天鹅翔集，百鸟争鸣。众鸟飞时，声如轻雷，盘旋回折，遮天蔽日；群鸟落处，形似云布，枝头水面，不计其数。

鸟岛上的鸟类主要以鹭科鸟类为主，有苍鹭、草鹭、夜鹭、池鹭、牛背鹭、大白鹭、中白鹭、白鹭、黄嘴白鹭、黄斑苇鳽、大麻鳽、绿鹭、绿苇鳽13种，其中黄嘴白鹭是国家二级保护动物。这些鹭鸟基本上分区筑巢，各有各的领地，互不侵犯，它们形体优美，被誉为“风姿迷人的鸟类”。因挑剔环境，稍不满意，便弃之而去，因此也被称为“世界环保鸟”，这从侧面也反映了沙湖生态环境比较好。

余晖中的飞鸟

悠然游弋

这些鹭鸟中数目最多、体型最大的是苍鹭。沙湖是宁夏苍鹭最大的繁殖地,仅在鸟岛附近筑巢繁殖的就达到万只以上。苍鹭属于夏候鸟,体长92厘米左右,成鸟冠羽呈黑色,颈具黑色纵纹,余部灰白。它们居住时间为3—11月,生性机敏,不易接近,多集群活动,如有一只受惊飞起,其他的也会随之飞起,在鸟岛上空就会有成千只盘旋,遮天蔽日,十分壮观。所以它们也就承担了岛上的安全警卫工作,有了它们,其他鸟类就可以在此放心居住。苍鹭在飞行时头缩至两肩,两腿向后伸直,缓慢扇动双翅前进,一副不慌不忙的样子。苍鹭的食物主要有青蛙、鱼、虾和螺等。苍鹭捕食时也不紧不慢,通常是缩颈立于浅水滩处,窥视水中的小鱼,发现目标后突然袭击。由于立在水边,长时间一动不动,远远望去,像根树桩,故被当地的居民称之为"青桩";又因为它采取"守株待兔"的捕食方法,也被叫作"老等"。每年的4—6月是苍鹭的繁殖期,在观鸟台上通过望远镜可以看到苍鹭淡蓝色的蛋,苍鹭的孵化期25天左右,雏鸟留巢40天后就长成成鸟。苍鹭照顾孩子可以说是兢兢业业,鸟爸爸和鸟妈妈总有一只会留在家里看护孩子,另外一只出去觅食。夏季气温很高,鸟爸爸和鸟妈妈总是张开翅膀为雏鸟遮挡阳光,让人为之感动。

而与好父母苍鹭截然不同的是居住在湖边的杜鹃,就是大家所熟知的布谷鸟、子规,则以自私自利、爱占便宜闻名。它自己不会做窝,也不孵卵,经常乘画

眉、苇莺等鸟离巢外出时，把原来鸟巢里的蛋推出去，自己再快速产下一枚蛋，放在它们的巢中，让这些鸟替自己孵化养育孩子。但是杜鹃是益鸟，以昆虫为食，其他鸟类都不敢吃松毛虫、毒蛾等，对杜鹃来说却是美味佳肴。关于杜鹃，典故很多，最著名的是望帝化杜鹃的故事。在周朝末期，那时洪水泛滥，民不聊生，鳖灵凿巫山，开三峡，除了水患。望帝见他功高，便把帝位让于他，自己隐居于西山中。望帝生前注意教民务农，死后仍不改其本性，他化为子规鸟（即杜鹃鸟，又叫布谷鸟），每到春天，总要呼唤人们“布谷”“快快布谷”，以提醒人们及时播种。在春夏之际，杜鹃鸟会彻夜不停地啼鸣，那凄凉哀怨的啼声，常激起人们的多种情思。加上杜鹃的口腔上皮和舌头都是红色的，古人误以为它啼得满嘴流血，因而引出许多关于《杜鹃啼血》《啼血深怨》的传说。

在沙湖常能看到的鹭科鸟类中有一种体形较小的鸟，叫作夜鹭，体长61厘米左右，成鸟顶冠呈黑色，颈及胸为白色，背黑，两翼及尾呈灰色。它白天常隐藏在芦苇中休息，晚间出来活动。由于夜鹭白天经常一动不动地站在芦苇上，像假鸟似的，看上去又呆又傻，又所以当地人又称它为“呆鸟”。

观鸟台周边搭建有网箱，是沙湖鸟类的科普基地，也是鸟类的救助站，里面主要有天鹅、大雁、野鸭等国家级保护鸟类，白天鹅比较常见，而黑天鹅很少见，也很珍贵。天鹅属雁形目鸭科，身长约140厘米，它们在宁夏属于旅鸟，主要栖息在芦苇比较多的湖泊、池塘和沼泽地，以水生植物、昆虫为食。天鹅喜欢集群，冬季以家族为单位栖息在一起。天鹅很胆小，常远离岸边，大多数时间花在游泳上，常有头插进水里、屁股朝天的动作，样子很可爱。天鹅是著名的观赏鸟，也是著名的飞行家，普通鸟飞400米以下，而天鹅却能飞越海拔8000多米的珠穆朗玛峰，横渡世界屋脊。天鹅全身羽毛光滑如缎，脖颈细长，姿态优美安详，就像骄傲的仙女，所以人们把看作美的化身。天鹅在芦苇和枯草中筑巢，雌鸟孵卵，雄鸟放哨，是典型的“一夫一妻制”，感情甚好。作为旅鸟，每年三四月间天鹅就大批地从南方飞往北方产卵、繁殖。一过10月，天气变冷，它们又携老带幼结队南迁。

鸟岛周围的水面上鸟的种类很多，常见的有骨顶鸡、黑水鸡、鸊鷉等。骨顶鸡和黑水鸡经常被人误认为是野鸭，其实它们都属于鹤形目秧鸡科，在国内分布很广，都善于游泳和潜水，幼鸟孵出的当天即能下水游泳。两者看起来很相像，都是黑色的水鸡，但并不同属。区别在于骨顶鸡嘴和额甲呈白色，体型大；而黑水鸡嘴和额甲呈红色，体型小。它们主要在白天活动和觅食，食性很杂，既吃小鱼、虾、各种水生昆虫等动物性食物，也吃水生植物嫩叶、幼芽、根茎等植物性食物。

䴙䴘是鸟纲中的一个目，只包括一个科，科下有6属22种，全球分布广泛，我国有5种，而沙湖的䴙䴘就有4种：凤头䴙䴘、黑颈䴙䴘、角䴙䴘、小䴙䴘，其中角䴙䴘是国家二级保护动物。䴙䴘外形如鸭，嘴直而尖，又名“水葫芦”，因体形短且圆，在水上浮沉宛如葫芦而得名。䴙䴘几乎终生在水中生活，常集成三五只或十余只的小群在水上游荡，一遇惊扰，立即潜入水中。䴙䴘是一种善于潜水猎取食物的水鸟，生活在芦苇和杂草丛生的湖泊、池塘、沼泽中，食物以小鱼、虾、昆虫等为主。䴙䴘生性怯懦，常匿居草丛间，能够长时间潜入水中，并且会将嘴尖、鼻孔和眼睛露出水面观察动静，遇危险便立即潜入水中。䴙䴘也能在陆地上行走，但行动迟缓而笨拙。飞行力弱，起飞时需要在水面涉水助跑一段距离才能起飞，在陆地上则根本不能起飞，飞行距离短且飞得不高。䴙䴘的求偶方式很特殊、滑稽，双方从表演到凝视，然后一起扎入水中再浮出水面，面面相觑，摇头晃脑，并各自向对方送上一小撮水草为礼物。

沙湖水禽种类最多的当数雁形目鸭科了，共有28种。人们比较熟悉的除了天鹅以外，最知名的当属鸳鸯。鸳指雄鸟，鸯指雌鸟。鸳鸯是国家二级保护动

沙湖芦苇

物，数量稀少，在中国的繁殖种群数量为1500～2000对，已列入世界濒危鸟类名录。鸳鸯体长40厘米左右，雄鸟长着醒目的白色眉纹，金色颈，近尾部有棕黄色炫耀性帆状饰羽。因为人们见到的鸳鸯都是出双入对的，所以人们常用鸳鸯来比喻男女之间的爱情。但鸟类专家研究发现，鸳鸯与伴侣出行时，如果它们当中的一方发现另有一只鸳鸯比伴侣更漂亮，就会抛弃伴侣，而去找那只漂亮的鸟，因此鸳鸯是“花心的鸳鸯”“爱情骗子”。

鸟的情感生活很丰富，在沙湖会不经意间欣赏到它们的求偶表演，真可谓风情万种、仪态万千。尤其让人感动的是鸟儿会历尽千辛万苦筑起自己的爱巢，哺育小鸟，守护家园。爱护鸟类，其实就是爱护沙湖赖以生存的地球。

每年4—10月，沙湖的鸟最多。在沙湖这个大舞台上，鸟儿高飞低旋，叫声如潮，使人不由想起“落霞与孤鹜齐飞，秋水共长天一色”的诗句，也会带给人们难以释怀的感动，关注自然，关注生命，正是关注人类的明天。

沙湖惊现娃娃鱼 故事一堆写传奇

20世纪80年代末90年代初，夜晚在沙湖中打鱼的渔工和湖边的行人总能听到寂静的湖面传来一阵阵婴儿般的啼哭声。起初大家以为是小孩落水，便循着声音一遍遍寻找，却一无所获，然而这婴儿般的啼哭声始终不绝于耳。慢慢地，在当地开始流传开一个可怕的故事：曾经溺死在沙湖里的人，在模仿婴儿的哭叫，寻找替死鬼。沙湖渔业生产队的渔工一度不敢独自下湖，原本平静的沙湖笼罩着诡异的气氛。

1992年9月19日凌晨，沙湖旅游公司渔业捕捞队的老渔工李广杰与魏宝宽一起去沙湖中捕鱼，收网时渔船周围突然出现了一阵婴儿的啼哭声。他们感到非常奇怪，赶紧拉起渔网划着船往回走，但无论两人往哪个方向划，这诡异的啼哭声都一直追随着他们。惊恐之余，两位渔工发现啼哭声原来是从渔网中传出来的。难道渔网里捞了个婴儿？他们壮着胆子望过去，却发现渔网里竟然有一只肥硕的“沙趴趴”（当地人对沙蜥的俗称），啼哭声就发自它。可是生活在沙湖周边戈壁荒滩上“沙趴趴”顶多三四寸长，也从来不在湖里出没，这只快3尺长的大家伙为什么生活在湖里，还能发出赅人的怪声？带着满腹的疑问，二人把它带了回去。

看到李广杰和魏宝宽打上来的这只巨型“沙趴趴”，捕捞队的渔工们啧啧称奇，但是大家都没有见过，也不知道它是何方神圣。沙湖旅游公司只能向宁夏水产研究所求助。闻讯赶来的科研人员看到它显得十分惊讶：哎呀，这不是娃娃鱼嘛！随即开始对它进行了详细的测量与检查，发现此条娃娃鱼为雌性，身长89厘米，体重4.8公斤，年龄八九岁。除了打捞上来时尾部被渔网擦破了一点皮外，身体状况良好。

娃娃鱼学名叫大鲵，是世界现存体型最大两栖动物，属于国家二级保护动物。因为大鲵的叫声像婴儿啼哭声而被人们称为娃娃鱼。同时娃娃鱼也是寿命最长的两栖动物，在人工饲养的条件下，能活130年之久。大鲵外形有点像蜥蜴，但是四条腿与脚趾短又粗，前脚上长了四趾，后脚为五趾。

大鲵

大鲵主要产于长江、黄河及珠江中上游支流，以及水质清澈的溪、河、深潭之中，素有“活化石”之称。它是与恐龙处于同一时代并延续至今的珍稀物种，也是地球上现存最原始、体型最大的两栖类动物。大鲵是反映地球生物多样性、生态系统稳定性、生态环境优劣的生物指示剂。

大鲵对水质、环境要求都很高，喜欢生活在清洁的溪水中，水质不好容易死亡。大鲵生性凶猛，为肉食动物，以水生昆虫、鱼、蟹、虾、蛙、蛇、鳖、鼠、鸟等为食。大鲵不善追捕猎物，捕食采用“守株待兔”的方法。它们一般藏匿在石缝或岩洞里，洞穴位于水面以下。夜间静守在洞口石堆中，一旦发现猎物经过时，便进行突然袭击，因它口中的牙齿又尖又密，猎物进入口中后很难逃掉。它的牙齿不能咀嚼，只是张口将食物囫囵吞下，然后在胃中慢慢消化。娃娃鱼有很强的耐饥本领，饲养在清凉的水中两三年不进食也不会饿死。它同时也能暴食，饱餐一顿可增加体重的五分之一。食物缺乏时，还会出现同类相残的现象，甚至以卵充饥。

娃娃鱼

大鲵是一种传统的名贵药用动物，具有滋阴补肾、补血行气的功效，对贫血、霍乱、疟疾等有显著疗效。同时，大鲵也是一种食用价值极高的动物，其肉质细嫩鲜美、风味独特、营养价值极高，其肉蛋白中含有17种氨基酸，其中有8种是人体必需的氨基酸。

近年来，由于污染加剧、过度开发等原因，大鲵的栖息地大量被破坏，生存环境日益恶化。再加上长期遭到人类大量捕杀，导致大鲵的数量日渐稀少，各产地数量锐减，有的产地已濒临灭绝。据统计，短短几十年内大鲵种群数量剧减80%，目前大鲵自然蕴藏量仅剩5万尾。因此，大鲵被世界自然保护联盟列为极危物种，伦敦动物学会把中国大鲵放在两栖动物受威胁清单的第二位。

最适合大鲵生存的水温是9℃～12℃，因此大鲵的栖息地大多在南方。因为宁夏地处西北，很少有山涧溪流，冬季也比较寒冷，缺少适合它们生长的环境。对于湖水水质属于半咸水、湖底是白浆土、每年冬季封冻期长达100天以上的宁夏沙湖来说，专家们断定：根本不可能有大鲵。

在不适合娃娃鱼生存的沙湖发现了娃娃鱼的消息一传出，立即引起社会各界的广泛关注，众多新闻媒体也做了许多报道。关于它的来历，引发了众多猜测：这条娃娃鱼是“到此一游”后滞留不归的游客，还是沙湖传说中描述的“土著居民”？它是怎么来到这里的？沙湖中还有其他娃娃鱼吗？它是如何适应了宁夏的气候？它是如何在冰封的湖面下安全越冬的？这些有趣的问题，引发了人们激烈的争论，究竟如何，还有待于科学深入研究。

奇怪的是，沙湖周边流传着许多关于娃娃鱼的传说，其中流传比较广的一个传说是沙湖中有娃娃鱼，而且是泾河龙王的后代。

传说唐贞观十三年(639年)，都城长安西门住着位算卦先生袁守诚。袁守诚与泾河渔翁张稍相识，张稍每天送袁守诚一条金色鲤鱼，袁守诚就为张稍打上一卦，定下下网之处，张稍就可以满载而归。泾河龙王听到这一消息，为了保护泾河水族，化作白衣秀士，来到袁守诚卦铺，与袁守诚打赌，企图砸了袁守诚的卦铺，免得再残害水族。

泾河龙王与袁守诚打赌之后，回到泾河龙宫，就接到玉帝敕旨，令他第二天为长安普降大雨。辰时布云，巳时发雷，午时下雨，未时雨足，得水三尺三寸零四十八点。这降雨时辰和雨量与袁守诚的卦辞完全相同，泾河龙王不由大惊，龟军师献计道：“大王行雨，全在自己掌握之中，差个时辰，减少点数，就是袁守诚断卦不准，怕不赢他？那时砸了他的招牌，赶他走路，岂不容易？”

泾河龙王听从龟军师的计策，第二天，调遣指挥风伯、雷公、云童、电母直到长安城九霄上空，等到巳时布云，午时发雷，未时落雨，申时雨止，只降水三尺零四十点。迟了一个时辰，扣了三寸零八点水，因此触犯天条，他求唐王李世民救他。李世民在梦中答应救泾河龙王，可是最后，还是被魏征斩下龙头，死于非命。

泾河鬼龙心中不服，一缕怨气来到阴曹地府，面见十殿阎君，状告大唐皇帝李世民。十殿阎君不敢怠慢，传下旨令，拘拿李世民到阴曹地府三头对案，李世民辩解道：“我曾在夜里做梦，梦见泾河龙王向我求救，我动了仁慈之心，答应救他一命。他说，他由我的大臣魏征监斩，第二天我把魏征宣到皇宫，让他与我对面下棋，使他不能去斩泾河龙王。魏征正在下棋，突然鼾声大作，沉沉睡去，我想今泾河龙王定然得救了，哪里想到魏征却在梦中把泾河龙王斩了。这是魏征的神机，也是泾河龙王犯下了该斩之罪，我是一点过错皆无呀。”

十殿阎君闻听李世民之言，当即对泾河鬼龙说道：“唐王为了救你，亲宣魏征下棋，履行自己的诺言，不是他言而无信不救你，你的死与唐王没有任何关系。我已派人查阅案卷，在你未死之前，南斗星君的死簿上已注明你的死期。死期已到，犯下天条，罪不容恕，谁也救不下你。如今三头对案，事实已经清楚。唐王乃有道明君，言必信，行必果，你这鬼龙不得再胡纠缠。”鬼龙听到这里，勃然大怒，认为十殿阎君不明事理，判处不当，怨魂腾空而起，直奔天庭凌霄宝殿找玉皇大帝去了。泾河鬼龙来到凌霄宝殿，跪在丹池，口中高呼：“我皇万岁，万万岁，为臣死得太冤枉。”

玉帝问道：“你的冤从何来？”

泾河鬼龙奏道：“袁守诚那厮好不狠毒，他每天贪受渔翁张稍一条金色鲤鱼的贿赂，就给张稍打上一卦，定下下网之处。张稍按照袁守诚指定下网之处，就可以获得满船鱼虾。如果长此以往，我水府水族日渐减少，最后岂不被捕捉而尽？我与袁守诚打赌，为了赢他后，砸了他的卦铺，撵出长安，保护水族不受残害，实在是事出有因，不该是死罪呀！”

玉帝道：“袁守诚的所作所为，你应当如实上奏天庭，本皇自有处置，岂能容他如此残害水族！但是你不该不上奏本皇，私自与袁守诚打赌，更不能容忍你为此故意犯下天条，目无王法。天上地下各路神仙，都像你这样胆大妄为，不顾法度，置天条于脑后，岂不大乱？本皇如何管束？为了明法度，统万众，杀一儆百，把你斩首，是罪有应得。但又念你为了水族的安全才犯下天条，不再重罚，快到阴曹地府六道轮回超生去吧，如果再在天庭搅闹，定然打入十八层地狱，永世受苦受难，不得超生。”

泾河鬼龙听到这话，再无回旋余地，只得离开凌霄宝殿奔往地府。他觉得冤枉委屈，不由得悲从中来，涕泗交流，哭声震天，最后泪干声哑，仍啼哭不止。哭声如同小孩啼哭一般，令人怜惜。

泾河鬼龙来到阴曹地府，见到十殿阎君。十殿阎君已经得到玉帝敕旨，也动了慈悲之心，对鬼龙道：“玉帝念你心为水族的昌盛，还让你转生水族。”

泾河鬼龙忙问：“还让我转生为龙？”

阎君道：“非也。”

泾河鬼龙又问:“让我转生何物?”

阎君道:“华夏大地,秦岭以南,气候温润,树木葱茏,山谷溪流,清澈见底,实乃极好去处。溪流之中,有一水族,名曰大鲵,大多长二尺许,躯干粗壮,生有四肢,形状似龙,只是口阔无角,以鱼、蛙、虾为食,其叫声如你现在哭声,俗名叫作‘娃娃鱼’,你快转生安享清福去吧。”

泾河鬼龙还想乞求阎君开恩,让他转生为龙,阎君不容分说,指使鬼卒拉扯着鬼龙就走,送入六道轮回。

鬼龙出了六道轮回,身化大鲵。送大鲵的鬼卒懒惰,送出六道轮回就不管不问了。大鲵晕头转向,不辨东西南北一头扎下,没有落在秦岭以南的广阔地区,却落入贺兰山下的沙湖之中。

大鲵举目观看沙湖,湖光沙色,景色迥异,碧苇红荷,如同画屏,着实是一个好去处,胜似泾河龙宫,于是他就安心居住沙湖之中,繁衍子孙,过着快活的日子。

除了这种说法以外,还有传说沙湖的娃娃鱼是被贬凡间的仙童、王母娘娘的第十八个女儿、东海龙王的九公主等。那么,沙湖真的有娃娃鱼吗?

这只是沙湖发现的第一条娃娃鱼,1994年、1998年又各有一条娃娃鱼闯入沙湖渔业捕捞队为捕鱼设下的“迷魂阵”。这三条娃娃鱼的发现,我们有理由相信:沙湖里的娃娃鱼不是“游客”,它们已经适应了沙湖的环境,完全可以在沙湖安家落户、平安越冬,并快乐的生活。

娃娃鱼打捞上来后,沙湖工作人员专门为它建了展览馆,安排了饲养员照顾它。一开始,饲养员试着把沙湖里的鲤鱼、鲫鱼、鲢鱼、草鱼等喂给它吃,但饲养员发现,虽然它不挑食,但是吃鱼后还要把鱼鳞吐出来,结果把鱼缸弄得很脏,并且它糊状的粪便里面还夹杂着没有消化掉的鱼刺。后来经过饲养员长期甄选,发现娃娃鱼最喜欢吃羊肉,最少时一天二两,最多时每天能吃半斤,于是才选定了羊肉作为它的食物。一种水生动物居然爱吃羊肉,这多少有点出人意料!

沙湖的娃娃鱼一般一星期左右排泄一次,有时也有例外。据说娃娃鱼通过蜕皮来适应环境,促进生长。饲养员通常情况下每隔7天给娃娃鱼换一次水,平均差不多每换一次水,它们就蜕一次皮。天气最热时,娃娃鱼差不多每天都要蜕皮；而气温低时，蜕皮的次数明显减少。娃娃鱼蜕皮跟蛇蜕皮一样，都是从头部开始往下蜕，当皮蜕到一定长度时，它就扭头用嘴叼住自己的皮向下撕扯，然后将蜕下的皮吞入自己的腹中，当食物吃掉。据饲养员介绍，娃娃鱼有药用价值。也许，娃娃鱼此举是在“自我保健”呢，这可真是“肥水不流外人田”啊！

沙湖的这三条娃娃鱼好像都通人性：多数时候它们都趴在水里一动不动，而当重要客人来访，它们却常能应导游的呼唤作出积极回应，有时抬起头，有时张张嘴，似乎在向来宾表示欢迎。

然而遗憾的是，就在人们期望它们不断给游客带来惊喜的时候，1992年9月最先打捞上岸的雌性娃娃鱼，在2008年因为衰老而死亡（在此之前，1998年被打捞上来的娃娃鱼已先它而去）。这条在人工饲养条件下生活了近16年的“大姐大”，已由刚打捞上来时的89厘米、4.8公斤，长到1.6米、37.5公斤了，远远超出一般娃娃鱼身长0.6～1.2米、10～20公斤的记录，说它是娃娃鱼中的“巨人”也不为过。

娃娃鱼死后，沙湖旅游公司请了宁夏大学一位生物学教授对娃娃鱼的尸体

沙湖娃娃鱼骨骼标本

娃娃鱼“大姐大”标本

进行了解剖、检查，基本确定属于衰老死亡。公司后来请人将这条娃娃鱼的皮和骨分离，分别被制成了标本，供人参观。

于是，沙湖供游客参观的娃娃鱼，仅剩下孤单单的一条了。这条1994年打捞上来的娃娃鱼，也已有1.2米长，体重也超过了15公斤。这条娃娃鱼不知道能不能超过“大姐大”，创造新的纪录，我们拭目以待。

2016年11月23日，银川市中山公园动物园珍稀动物馆迎来一名新成员。一位在银川阅海湖承包了一小片水域从事鱼虾养殖的市民，去收捕捞笼时发现了一只奇怪的动物。经上网查证，确定它就是国家二级保护动物娃娃鱼。经多方联系，他将这条娃娃鱼送到了中山公园动物园。在这里，还有另外3条娃娃鱼。珍稀动物馆负责人陈进云介绍，这3条娃娃鱼也是热心市民捕捞后送来的，时间最长的已养了5年左右。由于阅海湖与沙湖相通，这些从阅海湖打捞上岸的娃娃鱼，有没有可能与沙湖出现的3条娃娃鱼有关？很耐人寻味。

无论是古代的传说，还是从现实的情况来看，沙湖与娃娃鱼的故事一直笼罩着神秘色彩，值得后人继续探索研究。

芦荡鸟语话生态
湖光沙色四季裁

贺兰山阙苍茫的风，风中夹带着无限量的沙，沙落为漠，沉淀出雄浑；朔色长天清新的雨，集水成湖，荡漾出柔情。于是，就有了如诗如梦的沙湖，就有了让人牵挂的万般韵致。山在水的眼睛里，水在山的怀抱中。沙湖将湖水、沙漠、芦苇、群山巧妙地结合在一起，使之既有北国雄浑豪放之气势，又有南疆妩媚秀丽之情调，沙湖纯朴自然的美，给人们留下了难以磨灭的印象，难怪有人说，沙湖源于自然的鬼斧神工，是一幅耐人寻味、百看不厌的天然画卷。

要说起沙湖的美，恐怕永远都说不完，这种美在诗人的书卷中，在画家的画轴里，在摄影师的镜头里，更在人们的心里。

沙湖之春

春季柔美恬静，夏季豪放飘逸，秋季淳厚幽远，冬季淡泊怡情。

鹅黄嫩绿的芦笋是沙湖春天的宣言，清脆动人的鸟鸣声是沙湖春之歌的音符。

炽热的阳光扑进了夏天的怀抱，催开了一朵朵花伞，也酿就了游人快乐的心情。夏日的沙湖，魔术般变幻着色彩，远观湖面，铺陈出“上善若水”之浩渺；近看，一汪碧绿，荡漾着柔情似水的涟漪。

秋天的沙湖，衔着群山的守望，望断南飞的大雁，飘着洁白的芦花，荡漾着诗的情意，在这与苍与茫、古与今的情景中，或许我们会去寻找“蒹葭苍苍，白露为霜。所谓伊人，在水一方”的咏叹，也会领悟诺贝尔文学奖得主黛莱达“我们是芦苇，命运是风”的感慨。

冬季的沙湖，冰与雪成了绝对的主角。塞上圣洁的雪是天与地的对话，跟着雪花亲切的语言走走停停，身后的足迹会忽而清晰，忽而朦胧。蓦然回首，就留下了一行平仄有韵的诗，一曲蜿蜒起伏的歌。冬天的沙湖用冰和雪为人们营造了一个敞开心扉、释放激情的空间，时尚的冰雪运动召唤着不畏寒冷的人去体验速度和激情的快意，与雪亲密接触就会融化在沙湖的冬天里。

沙湖之冬

沙湖的冬季，犹如待字闺中的大家闺秀一样，其风采和内涵长期以来并未受到世人的关注，这是因为冬季是传统意义上的旅游淡季，自2000年12月，沙湖景区完成股份制改革后，沙湖冬季旅游资源的开发就逐渐被提上了日程。

经过几年漫长而精心的准备，2003年1月16日，沙湖冬季旅游资源开发的典范之作——沙湖首届冰雪节——在一片欢庆声中拉开了帷幕。首届冰雪节以“大漠风光、冰雪奇景”为主题，由冰雪艺术、冰雪旅游、冰雪体育、冰雪文化4个板块组成，涵盖了独具特色的多项活动内容。在经过景区工作人员一个多月的精心准备和适时的天公作美而降下的自然之雪后，沙湖景区近乎奇迹般地出现了一座面积达6万多平方米的冰雪世界。

在这里，游客可以欣赏到由国内一流冰雕艺术家创作的数十座冰雪雕塑，这些作品集中展现了西夏史实的雄浑、仙女临湖的神话、沙湖美景的神奇、航空航天的豪迈等诸多主题，件件作品冰清玉洁，美轮美奂。依坡就势建造的沙山滑雪场，雪橇、雪地摩托一应俱全；开阔的冰面，冰帆、冰橇、冰滑道、冰爬犁、冰上滚圈、冰车、冰鞋也都准备充足。

如今，游客们足不出户在沙湖就能领略到“千里冰封，万里雪飘”的北国风光。美轮美奂的冰雪世界、妙趣横生的游乐项目、热心周到的景区服务、经济实

冰雪飞扬

惠的门票价格，所有的因素最终促成了首届冰雪节的巨大成功。有媒体用“冰雪艺术改写了西部冬季只有黄沙碧浪的历史”的语句来庆祝冰雪节的完美收官。

首届冰雪节的成功举办，让宁夏旅游突破了冬季旅游淡季的瓶颈，开创了宁夏冬季旅游新视角，开拓了宁夏旅游新市场。也正因为如此，冰雪节作为沙湖冬季的特色项目，一直得到保留，每年的12月底到第二年的2月中旬，沙湖上都会适时出现以巨型滑雪场、精美冰雪雕塑为象征的冰雪奇景，引发了宁夏地区，乃至全国游客的冰雪狂欢。

历届的冰雪节，吸引众多游客来到沙湖，寻找属于自己的狂欢。2005年12月23日，宁夏沙湖第三届大漠冰雪旅游文化节正式拉开帷幕，这届冰雪节以“冰雪、时尚、健身、欢乐”为主题，园区内建有3万余平方米的大漠滑雪场，这让冰雪爱好者在沙湖景区内就能体验到在冰雪上驰骋的潇洒与惬意。特别引人注目的是，专程从银川市赶来的34名冬泳队员，最大的年龄已经70多岁，在零下15℃的低温下，他们在特意凿开的约30平方米的碧波中为大家展示了人与自然较量的壮丽画卷。

在2007年年底第五届沙湖冰雪节正式开幕后，有媒体将沙湖冰雪节称之为“宁夏冬季旅游最夺目的名片”，这是因为自2003年首届沙湖大漠冰雪节成功举办以来，连续五届沙湖大漠冰雪旅游文化节为沙湖景区带来了丰富的旅游内容和广阔的发展空间，冰雪节也成了沙湖旅游文化的重要节庆活动，成为了沙湖发展过程中创造旅游价值的新载体，还成为了外界认识沙湖、了解宁夏冬季旅游的窗口。

也正是通过历届沙湖冰雪旅游文化节，沙湖景区让冰雪艺术、冰雪旅游、冰雪体育、冰雪文化、冰雪餐饮、冬季沙漠冲浪交相融汇，使沙湖冰雪旅游文化节成为宁夏冬季旅游不可或缺的重要组成部分。通过冰雪旅游文化节，先后培育了滑雪、滑冰、冬泳、冰雕、雪雕、冬季垂钓、冰上陀螺、滑雪圈等游客喜爱的冬季活动项目，丰富了宁夏冬季旅游活动内容。

第五届沙湖冰雪节不仅有着属于自己的特色，还有着丰富的内涵，这届冰雪节紧紧围绕冰雪旅游、冰雪文化、冰雪体育、冰雪健身、冰雪餐饮五大板块，坚持打造品牌，延伸旅游产业链，投资80多万元陆续开发新的冬季旅游项目，重点

滑　冰

推出滑冰、滑雪、滑雪圈、冰上陀螺等特色项目。沙湖餐饮广场还根据冬季气候特点，积极推出具有滋补作用的绿色原生态野鸭煲火锅，游客在观赏冰雪奇景、领略大漠风光的同时，也能一饱口福，品尝到新鲜美味的可口菜肴。同时，随着天气不断变冷，冰层不断结实，景区还进一步推出了冬季垂钓、冰上龙舟等冰上趣味项目，并不断丰富服务内容，提高服务水平。广大游客在沙湖度过了一个开心、满意、愉快、难忘的休闲假日，美丽的沙湖冬天已不再寂寞，更加充满活力，人与自然达到了天人合一。

前几届冰雪节的完美举办，给冬日的沙湖带来了巨大的客流量，事实证明：沙湖没有冬天。每当临近冰雪节时，沙湖景区的管理人员都格外得忙碌，他们既要为即将来到沙湖的游客准备各种物资，比如滑雪板、雪地滑圈等，还要安排后勤、安保工作。但即使事前考虑得如何周全，意外的事情总会考验着沙湖的工作人员。2011年2月8日，春节七天长假的最后一天，沙湖万米滑雪场的冰雪发烧友依然“高烧不退”。眼望着在雪地滑圈和滑雪板等娱乐项目门前排起长队等候领取器具的人群，沙湖景区总经理赫天江急得头上沁出了汗珠，他一再向游客致歉：“由于事先准备不足，滑雪器具难以满足所有游客的需求，让大伙在雪地里排队,我代表景区全体员工向大家道歉。”

这是沙湖举办的第九届冰雪旅游节。虽然工作人员事先做了一些准备,但还是出现了三个“想不到”:一是没想到游客的冰雪游乐兴趣这么大,大年初一就有300多人在冰雪场从上午10点玩到下午3点;二是没想到进入冰雪场的竟然从以儿童为主变为以中老年人为主,而且玩的项目面面俱到;三是没有想到游客的脚越来越大,过去准备的冰鞋大多是41码以下的,今年最紧缺的却是42码以上的。

为了办好这一届冰雪节,沙湖景区内有150名职工坚守岗位,餐饮照常营业,对游客免收门票,为游客提供了26套雪圈和167副滑雪板,还增加了雪地电动冰车、雪地摩托等设备,但是仍然供不应求。主管滑雪场的王经理对媒体说:“我们有些过低估计了游客对冰雪的热情。”

除了对冰雪的喜爱之外,游客的热情,更多的是对沙湖冰雪节每年别出心裁、与时俱进的安排。沙湖冰雪旅游节举办至今,每届都会有新的主题、新的玩法、新的活动,也正是因为如此,每届冰雪节都会吸引大量的外来游客。

冰上龙舟

2015年元月3日，170余名来自上海宝钢集团的职工家属和当地市民，在宁夏旅游上海营销中心的带领下，来宁夏到沙湖参加第12届沙湖冬季文化旅游节。冬天的沙湖，虽然气温很低，但寒冷的天气仍然阻挡不了这些南方大都市客人拥抱冰雪的热情。这一届文化旅游节，沙湖突破"单打独斗"的传统经营模式，以"宾馆+景区+媒体+商家"为模式，携手宁夏交通广播等媒体，联合沙坡头等知名景区和宁夏农垦西夏王葡萄酒业等特色产业，通过抱团营销和跨界合作的工作思路，发挥对周边市场的引领带动作用。除此之外，沙湖还开展了冰上龙舟邀请赛、冬季垂钓大赛、家庭趣味冬运会、宁夏交广名嘴主播粉丝见面会、沙湖冬季旅游小学堂、"我在沙湖很嗨"大奖晒图等系列团体活动，线上线下互动，让全国各地的游客都能在这里抛开烦恼、放飞自我，度过一个美好难忘的假期。

冬天的冰雪世界，刺激人们寻求与众不同的乐趣，截止到2017年，沙湖冰雪旅游节已经成功举办了14届，游客的数量也是逐年攀升。而万物复苏的春天，人人春心萌动，在这个草长莺飞的时节，没有什么比看各种各样的鸟儿更加让人心动了。

想象一下这样的一幅画面：春天的湿地，远离城市的喧嚣，白尾海雕、中华秋沙鸭、苍鹭等珍禽候鸟在水面上展翅翱翔，泛着绿意的清新美景令人流连忘返。身处湿地之中，呼吸新鲜的空气，聆听鸟儿动人的歌声，按下相机快门，留下精彩的瞬间，交流观鸟的感受，静下心来去体会大自然无穷无尽的魅力。

三月的沙湖，百鸟翱翔。作为我国北方候鸟极为重要的繁殖与迁徙停歇地，每年3—10月，有上百万只鸟儿在这里栖息、繁衍。基于沙湖本身所特有的鸟与湿地资源，沙湖风景区一直筹划着举办一个大型的观鸟节，而这个夙愿在工作人员的长期精心筹备下，终于于2012年4月1日得以实现。在这一天，40余家中央、地方主流媒体和20多家知名旅行社负责人齐聚沙湖鸟岛，关注以"塞上沙湖·候鸟天堂"为主题的宁夏沙湖首届国际观鸟节。

春季是宁夏沙湖生态旅游区观鸟的重要时节，常见鸟因其迁徙时间不同而不同。鹭科鸟类中部分苍鹭在2月末已经迁徙到来，3月初左右夜鹭到来。此时冰面还未彻底解冻，大白鹭3月中旬左右到来，比夜鹭稍晚几天到达。最晚到来的属牛背鹭和池鹭，4月底迁徙到来，它们在芦苇丛中筑巢，担负起种群延续的重任。白琵鹭4月中下旬迁徙到来，5月中上旬离开继续北上。游禽类红嘴鸥和鸬鹚3月初最先来到，其后依次是银鸥和黑尾鸥、普通燕鸥、白额燕鸥、须浮鸥。鸭科的普通秋沙鸭、针尾鸭、赤颈鸭、琵嘴鸭等在3月10—15日陆续到达，主要分布在荷花池、湖泊和养殖区中，但是数量不多。

据考证，沙湖景区目前栖息鸟类多达17目44科178种，占宁夏鸟类总数的三成多，其中国家一级保护鸟类有大鸨、中华秋沙鸭、白尾海雕、黑鹳。沙湖鸟岛上的鸟类主要以鹭科为主，它们形体优美，被誉为“风姿迷人的鸟类”，也被称为“世界环保鸟”，因其对环境比较挑剔，稍不满意，便弃之而去，这从侧面也反映了沙湖生态环境状况优良。沙湖候鸟孵化期为每年的4—6月，繁殖期为7—8月。3—10月是沙湖一年之中鸟类最多的时候，最多时可达150多万只。2012年1月，沙湖自然生态保护区首次观测到濒临灭绝的国家一级保护鸟类——白尾海雕。

三月的鸟岛

观鸟台

宁夏沙湖风景区自1989年开发建设以来，一直秉承“低碳、环保、生态”的可持续发展理念，通过湿地保护、开发、利用，不但改善了生态环境，还将这里从一个“冬天白茫茫，夏天水汪汪，风吹石头跑，遍地不长草”的贫瘠之地，打造成集金沙、碧水、翠苇、飞鸟、游鱼、远山、彩荷七大景观且年接待量逾百万的成熟景区。所以，沙湖景区深知环境保护的重要性，而作为一个企业，最重要的是回馈社会，承担起自己的社会责任。

自2012年开始，利用景区自身环境保护成果——百万只候鸟的栖息地，打造出沙湖国际观鸟节这一大型环保主题活动。观鸟节的举办，除了满足爱鸟人士与摄影爱好者的需求，其根本目的是通过对鸟类的展示，让游客直观感受生物多样性的美好，认识到保护湿地与环境的重要性，从而唤起人们对鸟类保护、湿地保护与环境保护的重视，最终让人们投身到环保行动中，为环保事业贡献一份力量。

沙湖首届观鸟节，主要突出群众性、娱乐性和参与性，倾力打造飞鸟游鱼、人鸟和谐的文化旅游，力争将沙湖乃至宁夏的旅游旺季提前1个月。整个活动为期两个月，分为两个阶段，4月份主要进行鸟类行为网络在线观察、沙湖湿地与鸟类专家访谈、“保护湿地·爱护鸟类·共建和谐家园”公众签名活动、沙湖鸟观测站揭牌仪式、沙湖湖东湿地开发奠基仪式等10余项活动。其中，鸟类行为网络在线观察，通过对鸟类生活场景的24小时实时监测，全方位展示鸟产卵、孵化、破壳、喂养、学飞等整个过程和鸟儿大秀恩爱的原生态场景，让广大游客近距离了解鸟类习性，增长知识。5月份又开辟沙湖水上观鸟专线与“比翼鸟”爱情游戏，举办青少年湿地及鸟类知识科普活动、“爱鸟大使”评选、沙雕群揭幕仪式、鸟类吉祥物闪舞与游客互动、海狮表演等近10项活动。

首届沙湖国际观鸟节取得了意料之中的巨大成功，这种将生态、环保、旅游等各个方面融为一体的新式旅游节，在全国尚属罕见。首届国际观鸟节的成功举办，也标志着沙湖迈出了走出国门、走向世界的第一步。

可喜的是，2013年，沙湖因其独特的景观资源和良好的湿地环境，不仅被国际知名媒体CNN评为“中国观鸟首选之地”和“中国40个最美景点之一”，更在CCTV举办的“寻找中国最美湿地”评选中，荣获“中国十大最美湿地”殊荣，这不仅是对沙湖生态保护区的肯定，也是对宁夏湿地资源保护的褒奖。

在取得一系列成绩、获得一系列荣誉的同时，沙湖的工作人员并没有沾沾自喜、故步自封，而是不断地为观鸟节补充新的内容，选择新的主题，承担起沙湖风景区应当承担的社会责任。比如在2015年4月12日至6月22日举办的第四届国际观鸟节上，就以“同一片湿地·同一片蓝天”为主题，通过“科普·观鸟·旅游”活动，开展科普宣教，提高公众的环境保护意识，唤起公众热爱自然、保护环境、珍惜湿地、呵护鸟类的社会责任，促进人与自然友好相处、人与社会和谐发展。除此之外，由于每年的4—6月份节日较多，因此观鸟节启动两个多月来，借助“地球日”、“五一”、儿童节、“环境日”、端午节等节假日，开展了系列公益活动和旅游文化活动，吸引更多游客参与观鸟节的各项活动。同时，在更广范围内征集水样，将波罗的海、台湾日月潭、杭州西溪湿地、青海湖等地的洁净水样汇入沙湖，为主题画龙点睛，寓意“取天下之水，交天下之友”“汇天下之水，促天下和谐”。

第五届观鸟节开幕式

再比如2016年4月26日举办的第五届沙湖国际观鸟节上，以“水绕沙丘·塞上传奇”为主题，以“一沙一世界、一鸟一天堂”为宣传口号，以水绕沙丘的自然景观为现实背景，以“丝路驿站”的文化沉淀为历史背景，打造魅力湿地、生态旅游、观鸟胜地、人鸟同乐的文化旅游盛会。同时，还特别筹划了“有朋自远方来观鸟”迪拜—郑州—银川国际航班首航外宾体验游、“带上爸妈去旅行”双亲节公益活动、“难忘今夏”沙湖清凉一夏沙水冲浪季暨“塞上归来不看沙·沙湖沙雕艺术节”、“沙湖有礼”——“沙宝宝、湖贝贝”特别纪念品赠送等系列活动。

此外，为感恩广大群众对宁夏旅游的支持和庆祝闽宁对口扶贫协作20周年，沙湖景区联合宁夏其他景区推出了“宁夏人游宁夏”和“八闽亲人塞上游”系列惠民活动。为此，2016年4月20日至12月31日(“五一”、中秋、“十一”除外)，宁夏人凭本人身份证即可在沙湖景区等19家4A级以上景区享受门票半价优惠。2016年5月持有福建省身份证的游客，给予免沙湖景区门票的优惠；自6月起，给予门票5折的优惠。

截至2017年，沙湖冰雪旅游节已经举办了14届，国际观鸟节也有6届之

志愿者与爱鸟宝贝合影

多。这些特殊旅游节的成功举办，让沙湖景区在冬春时节依然能有许多游客。冬季的冰雪节加上春季的观鸟节，再配合夏季的“清凉一夏季”与秋季的“渔歌唱晚季”，共同将沙湖打造成一个四季分明、主题明确、内容丰富的全年式旅游风景区，不再有季节或者活动上的短板。

透过几届冰雪节与观鸟节，我们看到了沙湖成功的真正原因：多年来，沙湖景区始终以游客为根本，秉承“低碳、环保、生态”的可持续发展理念，想游客之所想，及游客之所需，极大地提升游客的旅游体验，收获了好口碑。也正因为如此，在年接待游客超百万的压力下，沙湖仍旧保持着原生态的自然风光，收获荣誉更是数不胜数：中国5A级王牌景点、中国十大魅力湿地、中国十大生态旅游景区、中国十大休闲旅游湖泊、中国观鸟首选之地、中国最美的40个景区之一等等。同时，沙湖景区也从没有故步自封，而是在一直保持着宁夏旅游行业龙头地位的同时，不断发展与完善，向着打造中国西部独具特色旅游目的地的更高更远的目标发起冲刺。

自然景观绝世间
人文博览亦奇特

沙湖这片土地，它的湿地面积之大，不仅在宁夏，在全国也是数得上的，是全国十大湿地之一。湿地在人类生活的自然环境中，有着重要的价值和独特的意义，被称为“地球之肾”。在内陆干旱地区，调节气候的作用更加明显和突出。沙湖湿地旅游示范基地，给每位游客生动形象地展现了湿地的价值和作用。

生态湿地

沙湖生态旅游区是宁夏典型的内陆干旱地区，典型荒漠和湿地结合类型，也是温带草原向荒漠过渡的典型湿地生态系统，是荒漠化区域内典型湿地生态系统的天然“本底”和生物资源“储源地”，濒危、珍贵、稀有水禽类的“中转站”。沙湖的沙漠和湿地资源是目前我国荒漠化湿地类型中最典型、资源最丰富、保存最完整的自然生态资源之一。

景区拥有12.58平方公里湿地面积，可分为天然湿地和人工湿地两大类型，天然湿地由湖泊和沼泽组成，人工湿地主要是鱼塘和水渠等。这两类湿地在保护生态系统和维持生物多样性等方面具有举足轻重的作用。

沙湖属河成湖，其成因最初是黄河在丰水期时贮水集聚而成。现在的水源仍主要来自黄河水，黄河水补给湖的方式是灌溉时的渗漏水，通过地下水以潜水形式汇集于湖内。沙湖的西面有东一支渠，东面有第三排水沟，南面有艾依河，周围都是农田，农田灌溉退水、渠道渗漏水，都会汇聚到沙湖。在灌溉期间，由于整个银北地区排水不畅，特别是汛期在黄河水的顶托作用下，排水更加困难，此时沙湖要接纳周围大量农田灌溉退水。由于农田灌溉退水补给量较大，因此湖水保持较好的水质，与黄河水监测结果一致。除黄河水以外，贺兰山前倾斜平原汇集的贺兰山泉水也补给湖区。贺兰山地下潜水对沙湖来说只是间接关系，即贺兰山东麓地下潜水补给农田地下水，农田地下水及灌溉退水补给沙湖。二者相比较，其水源主要来自黄河，贺兰山前倾斜平原的潜水次之。贺兰山洪水也会倾注到沙湖。

沙湖虽处在干旱少雨的半荒漠地区，但其稳定性良好，基本上不受降水量的影响，湿地生态可人工控制。湖底较平坦，坡降约在1%~2%，平均水深2.2米，丰水期可达3米，为宁夏最大的半碱水湖泊。湖水于11月下旬结冰，翌年3月解冻。由于沙湖水系未受到工业污染，湖水水质保持在国家地面水环境质量标准的Ⅲ类。一年之中，除春灌引黄储水期外，湖泊四季透明清澈，水质较好。湖内分布大量芦苇、蒲草、香蒲等挺水植物。

沙湖景区地处宁夏回族自治区北部，此处早在公元477年就有屯垦戍边的记录。1952年，沙湖及周围土地作为农垦基地要从事水稻和渔业生产，与现代屯垦戍边的历史更是紧密相连。从更大的层面来看，宁夏是农耕文明与草原文明交融的地带，因此，沙湖景区的文化背景可以说是军垦文明、农业文明、屯垦文明、游牧文明的综合体。

为了提高景区的文化内涵，沙湖景区结合当地文化特点，建设了具有区域文化特色的系列展馆。

宁夏农垦博物馆作为宁夏农垦历史的一个缩影，是以宁夏农垦历史为背景，全面反映宁夏农垦生产生活和社会经济发展的专题博物馆。

宁夏湿地博物馆建筑面积4520平方米，总投资2500万元，划分为湿地与鸟类知识介绍、鸟类生态行为观察、4D科普教育电影厅等6个功能区，是全区建筑规模最大、展示内容最丰富、科技手段最先进、科普教育最生动的首家专业化湿地博物馆。博物馆通过展板、模型、标本等方式全面讲述湿地的定义、类型、形成、主要功能等，介绍世界、中国、宁夏湿地概况，以及全球候鸟、中国候鸟迁徙路线等知识，并通过触摸屏知识问答等方式加深印象，这里已经成为科普教育基地。

宁夏农垦博物馆

毛泽东像章展览馆

毛泽东像章展览馆，是为适应游客逐年递增的文化需求而新建的场馆，主要展示毛泽东像章，分为四个时期，即中华人民共和国成立前、中华人民共和国成立初、“文化大革命”时期和“文化大革命”之后。像章品种繁多，造型各异，小的可如指节，大的可比铜镜，每件展品都具有艺术价值和文物价值。

沙湖景区能在全国，乃至全世界都享有盛誉，其主要原因是景区的景观资源组合度高。沙湖自然景区以自然资源类型为主，主要包括湖泊、沙漠、芦苇荡、候鸟和水禽栖息地、气候和天象等6种基本旅游资源，其突出特点为：水文景观博大，地文景观粗犷，生物景观多样，工程景观质朴，文化景观深厚，彼此有机组合到一起，形成综合景观资源。

沙湖景区拥有丰富的旅游资源。广阔的水面，可开展水景观光、水上运动、水上娱乐等活动；拥有近902公顷的流动半流动沙丘，沙丘连绵起伏，游客可以观赏沙漠景观，并参与沙上游乐与健身等活动；芦苇荡呈片状、块状、点状分布，是我国西北地区芦苇景观一绝；湖面辽阔，水草肥美，芦苇茂密，是鸟类生存繁育的乐园，湖上天鹅游荡、鸥鹭翔集、野鸭成群、雁落平沙，让游人流连忘返。

沙湖是以碧水、沙山、静荷、翠苇、飞鸟、游鱼、远山等生态自然景观为主体，各旅游要素有机组合，是国内绝无仅有的旅游资源，是宁夏对外和外界了解宁夏的一个重要窗口。沙湖北依镇北堡西部影视城、贺兰山岩画，西有西夏王陵、贺兰山滚钟口、拜寺口双塔，形成了贺兰山东麓一线多点的人文旅游资源和自然旅游资源的优势互补，组成了一条具有相当规模和一定质量、文化特色鲜明、吸引力较强的西部黄金旅游线路。可以说，沙湖旅游业发展得天独厚。

沙漠和湖泊是景区的主要构成要素。连绵起伏的沙丘与水天一色的湖泊相互依托，融塞外大漠与江南水乡于一体，湖中成簇的芦苇和嬉戏的水禽，更为景区增添了朝气和灵气。集月牙形湖泊与广阔的沙丘为一体的独特的自然景观，不仅是鸟类栖息、繁殖的理想场所，还是荒漠化湿地生态系统的综合保护研究区域。

这里湖光沙色，绿波荡漾，一丛丛芦苇千姿百态，错落有致，芦花摇曳，水鸟悠悠，加之西倚俊俏挺拔的贺兰山，东临奔腾北去的黄河水，既有秀丽的江南水乡景观，又有雄浑的塞外大漠特色，在我国西北地区尤为难得。游人既可在湖上荡舟垂钓，也可在沙坡上滑沙、骑驼、野餐。烟波浩渺的湖面、错落有致的芦苇、柔软洁净的金沙，以及种类多样的生物资源，构成了一幅独具特色的美丽画卷。

波光粼粼的湖面、金黄如画的沙漠、婀娜多姿的芦苇、成千上万的候鸟、种类繁多的游鱼，碧水、金沙、芦苇、飞鸟、游鱼、远山、彩荷七大资源有机结合，使沙湖成为鸟的天堂、鱼的世界、游客的乐园。透过清澈的湖水、美丽的芦苇荡、无垠的沙丘，感受大漠孤烟、碧水翠苇、鸟飞鱼跃的雄奇与灵秀。

站在二三十米高的沙漠脊梁上，向两边张望，一边是沙漠，一边是湖水。沙与水本是矛盾体，相互充满着张力，但在这里，沙与水却相互映照、相互依偎，沙为水注入了硬度，水为沙增添了柔美，分不清谁是红花、谁是绿叶。造物主似乎也想做个媒人，将南方湖泊带到北方，又捧了些精细的沙洒在湖的周围，“北方硬汉”与“南方婉约女子”就这样牵手了。

在湖中望沙，902公顷的沙漠远离大沙漠腹地，独立承受千年风吹雨蚀，始终与大湖相伴，相亲相爱；在沙漠脊梁上俯瞰1290公顷大湖，整个湖面似乎是一片草原，郁郁葱葱，偶尔晃眼的湖水才会告诉你这是一个大湖泊。细察其中，湖面上簇簇芦苇，根系交错，似乎绿纱少女盘坐于湖水中。芦苇护住的这一片土地充满了生机，它为鸟儿提供了生命之舟。游船穿行在苇丛中，不时有灰黑色羽翼的苍鹭被惊起，盘旋湖面之上。造物主的恩赐使沙湖景区形成了沙水相依的独特风光，成为自然与人文完美结合的旷世奇观。

沙湖苇荡天下一绝

鱼米之乡渔业兴
沙湖鱼头上国宴

沙湖原本是前进农场南部的一片面积为一万多亩的湿地，曾经是宁夏地势最低的地方，地势比黄河的河底还要低一两米。1952年，中国人民解放军农业建设第一师开发西大滩时，在这片湿地的前面开挖了东干渠，周围又挖了很多排水渠。由于沙湖的地势最低，排出来的水都慢慢渗透到了这里，湿地面积逐渐扩大，后来形成了面积100多亩的湖泊。

大湖形成以后，农场就开始在湖里养鱼，主要有草鱼、鲤鱼、鲫鱼等，数量最大的是草鱼。为了解决草鱼食物的问题，农场每天派一辆车到永宁县的鹤泉湖挖芦苇根回来种。芦苇拉回来后，哪个地方能种就在哪个地方种，一共种植了4000多亩。现在沙湖里的芦苇就是农场职工当年一点一点栽下去的。

1959年农场组建了渔业捕捞组，由12名浙江支宁青年组成，从银川购买木船两只，开始在大湖进行捕捞作业。当年捕捞鲜鱼0.65万公斤。

1960年春，农场在原渔业捕捞组的基础上成立了渔业队，共有职工28人，马兴江任党支部书记，范宁进任队长，阎臣殿任副队长，林建顺为技术员。配备木船3条，采用挂网、拉网、撒网等方式在大湖和排水沟进行捕捞作业。捕捞的鱼有鲤鱼、鲫鱼、鲶鱼、赤眼鳟、鲮鱼、青鱼等。这年6月，副队长阎臣殿个人购买芦苇，抽调职工编苇箔，搞“扎箔”（俗称“迷魂阵”）捕鱼试验，改进了在大面积水体中捕捞的技术难题，提高了捕捞产量，全年捕捞量为4万公斤。当年农场又进一步扩大了水稻种植面积，由于排水不畅，农沟、斗沟常年积水，使大湖的水源更加充足，鱼儿有了良好的生长、繁殖环境，为渔业生产提供了良好的条件。

栽种芦苇

1961年渔业队将扎箔技术推广到深水沟，先后在农场境内的三二支沟和黄河浅水区扎箔捕捞。由于采用了多种捕捞方法和措施，共捕鱼10万公斤。

农场渔业队摆“迷魂阵”的具体做法是：先用芦苇扎2~3根腰绳，编成帘子，然后在湖水里打两排互为交错的木桩，桩与桩之间保持适当距离，帘子倚木桩竖起，底部插进泥里，上端略露水面。帘子与帘子相连处要有缝隙。这样，由湖岸两边向湖心延伸，筑起了“箔挺”。两道“箔挺”间留一小缺口，并用帘子围插成若干弯弯曲曲的“旋箔”。“旋箔”逐渐缩小，大小相套，互相串通，留出一个个如喇叭口的“旋门”，带有弹性。最前一个“旋箔”要套住“箔挺”的缺口，最末一个要与“捞窝”接通，“迷魂阵”到此就算摆成了。鱼儿游窜寻食时，遇到“箔挺”，看到水中倒影或看到帘子缝隙透射出的光，便沿着帘子一直往上游，企图寻求出路，但却不知已陷入“旋箔”内了。这时鱼儿的活动受到限制，引起一阵骚乱，又闯过了一个个有弹性的“旋门”。就这样，鱼儿不断地“自投罗网”，最后钻到“捞窝”里，能进不能出，人们就可以从“捞窝”中捕捞。在沟渠里也可以摆规模较小的“迷魂阵”，构造比较简单，没有“旋箔”，只需几个“捞窝”。

1962年，渔业队采用新材料（尼龙线）编织渔具，同时解决了尼龙网双扣打结的技术问题。同年，引进草鱼鱼苗投放大湖。

1963年，农场进行农田水利建设，修筑了3个排水沟的决口沟堤，封闭了进水口，切断了湖水供给，使大湖水位下降，水面缩小，盐碱度升高，pH值达到9.2以上。当年下了一场大雪，整个湖面覆盖了12厘米厚的积雪，1964年解冻后全湖死鱼约7000公斤。因渔湖水质的变化，渔业资源的减少，渔业队改为农业队；1967年又改为园林队，仅保留一个捕捞小组，继续利用扎箔等方法在大湖和深沟进行捕捞作业。

1967年，修建了大湖进水闸，接通了第三排水沟，引沟水补充湖水，改善了湖水水质，水色逐渐由黄转绿，促进了水生生物的生长繁殖，使生态环境向良性发展。

1977年，在接通大湖水源后，农场又成立了渔场，重新进行渔业生产。投资自造铁板船13条，在大湖不同区域采用了多种捕捞方法。同时制定了各种规章制度，加强了生产经营管理，当年捕获鲜鱼2万公斤，实现利润0.5万元。

1978年开始逐年向大湖投放鱼苗，使捕捞和繁殖得以均衡发展。1981年投放量达到141.3万尾，其中草鱼123.5万尾，约占总投放量的87%。由于各种鱼苗投放比例失调，草鱼比例过大，鲢鱼、鲤鱼等比例过小，湖中浮游生物资源得不到充分利用，而水草大部分被吃掉，水草资源遭到严重破坏，草鱼的天然饵料不足，限制了鱼类生长。1984年开始调整鱼苗投放比例，其中鲢鱼投放比例增加

巧布“迷魂阵”

到50%以上，草鱼投放比例降到30%以下，使水生资源得到了合理利用。除了鱼类以外，1975年春渔场还投放过螃蟹、甲鱼等，1988年向渔湖投放了40万只青虾。

农场渔湖面积大，培养亲鱼的条件优越，培养出的亲鱼体形丰满、繁殖力强。1977年成立渔场后，即着手进行人工孵化，在湖中挑选个大、体形丰满的鱼作为亲鱼，放在池塘内培育。1978年建成人工孵化室，开始了人工孵化，孵化的鱼类有草鱼和鲤鱼。当年孵化出鱼苗78万尾，用于场内生产鱼种。以后每年孵化300万尾左右（1988年开始只进行鲤鱼孵化）。渔场每年还从湖内捕捞符合培育条件的亲鱼20～50组，支援银川、贺兰、石嘴山等地的孵化场。自1978年人工孵化成功后，当年生产鱼种31万尾，成活率为31.6%，以后每年生产100多万尾，最高的1985年和1989年，分别达到250万尾和310万尾。除了满足渔场放养外，还售往其他养鱼单位和个人。

1978年，投资5万元购置了东方红-60推土机一台，推鱼种池9亩，建成了孵化室和水塔，开始孵化鱼苗。1980—1984年共投资28.2万元，购置挖塘机一台，开挖精养池240亩，架设输电线路3公里，并新建了职工宿舍和生产用房，初步形成了孵化、向大湖投放鱼苗、成鱼精养、大鱼粗养、捕捞综合经营等一系列渔业生产工艺流程。一个商品鱼生产基地初具规模。1984年农场开挖了成鱼精养池塘，开始人工养鱼，到1990年共挖精养鱼池1231亩，其中渔场830亩，九队376亩，职工个人225亩。至1990年，农场池塘、湖泊面积19115亩，可养鱼水面面积17773亩，实际养鱼面积12801亩，约占可养鱼水面面积的72%，分布在农场一站二队、三队、四队、五队和二站九队及渔场等地。共有鱼种池618亩，精养成鱼池783亩，粗养湖11470亩。

实行生产经营责任制后，1985年渔场对捕捞组实行了承包捕捞产量责任制和超产计奖的办法。1988年开始实行按捕捞各种鱼类的数量计算劳动报酬，多捕多得，少捕少得，与个人经济利益挂钩，提高了捕捞工人的积极性，人均捕捞量大幅度增加。1990年捕捞量为3.68万公斤。在沙湖开发旅游的1989年，渔场捕鱼量达到7.9万公斤，鱼种产量达310万尾。

为保证沙湖水产的品质，沙湖旅游公司对渔业生产有着非常严格的规定：对水质进行监测，不断地加注黄河水，并排放湖水进行水质调节；保护湖泊湿地

沙湖大鱼头

不受污染，不喷洒农药；保护湖泊湿地不受污染，不进行药物泼洒防治鱼病；为避免污染水质，不投放人工饵料；坚持巡湖制度，观察水质有无变化、鱼有无浮头的现象，发现问题及时补救；检查有无死鱼，发现死鱼，立即捞出，并检查死因，采取防治措施。

随着沙湖旅游的深入开发，沙湖的水产也随之成为宁夏美食的代表。“沙湖”品牌的鲢鱼、鳙鱼、鲤鱼、草鱼、河蟹及莲藕已取得中国绿色食品认证中心的A级绿色食品认证。沙湖旅游区的餐馆里专门设有鱼宴，每有嘉宾，必用刚刚出水的二三十斤重的鳙鱼（俗称“花鲢”“胖头鱼”）鱼头款待。沙湖大鱼头表皮含有丰富的胶原蛋白，肉质细腻，味道十分鲜美，无异味，可食部分多，具有很好的营养、保健与药用价值，尤其是鱼脑中不仅含有丰富的脑白金、钙、铁、磷、锌、维生素 B_1、氨基酸等营养成分，还含有丰富的不饱和脂肪酸，它对人脑的发育尤为重要，可使大脑细胞异常活跃，增强记忆、思维和分析能力。因此，常吃鱼头，不仅可以健脑，还可以使人变得更聪明。鱼鳃下面的肉呈透明胶状，富含胶原蛋白，能对抗人体老化和修复身体细胞组织，是女性滋养肌肤的理想食品。鱼头汤鲜、肥、白、嫩，食过回味悠长。沙湖产的胖头鱼，每斤鱼头能卖到60元以上，一个3斤重的鱼头就卖到200元左右，高出市场上出售的胖头鱼鱼头价格数倍。鱼头虽然贵，但仍受消费者追捧，来到沙湖的人都想品尝品尝。

“不食沙湖大鱼头，不知塞上鱼美味。”沙湖大鱼头的做法和吃法都很讲究。首先，这道菜品可以“一鱼五吃”。沙湖大鱼头最早是由农垦前进农场的职工家属马玉英1990年在沙湖开的餐厅做的。最初，在沙湖野生鱼的烹饪方法上，除了红烧就是清炖，后来，顾客觉得沙湖的鱼太大了，仅一个鱼头就有四五斤，吃不了怪可惜，能不能把全鱼分着做呢？马玉英按照游客的要求把鱼分解做，从那以后，沙湖的大鱼可以一鱼五吃，鱼头、鱼身、鱼尾分开做，清蒸、红烧、水煮，多种烹饪方法齐上阵，仅一条鱼就可做好几道菜，肉鲜美无比，单汤纯白如牛奶，让人垂涎不已。沙湖大鱼头的品尝方法也有讲究，首先得吃鱼鳃后面的肉，这里的肉质最好最嫩，然后依次吃鱼唇、鱼脊背肉。沙湖鱼经浇汁端上桌，色泽明亮，没腥味、没膻味，吃时一定要配蒜泥加小磨香油，肉质滑嫩、筋道，食过回味悠长。由于马玉英家的大鱼头味道独特，慕名前来的顾客络绎不绝，很快，沙湖大鱼头的美名广为传播起来。

秘制沙湖野生大鱼头

军垦精神薪火传
景区开发第一人

沙湖旅游区的早期开发者——宁夏农垦局原局长柳登旺——立下了汗马功劳，被誉为“沙湖的爷爷”。

柳登旺生于1931年，陕西靖边县人。1946年，年仅15岁的柳登旺入伍，成为陕甘宁边区留守兵团警备三旅八团的一名战士。1949年8月，柳登旺随西北军区独立一师参加了解放宁夏的任务。1952年，独立一师改编为农业建设第一师，从硝烟弥漫的战场到满目荒凉的西大滩，迎风沙、斗严寒、战酷暑，在茫茫盐碱滩上搞农田基础建设。当时生产和生活条件都极端恶劣，很少有人愿意到农场工作，再加上农场机构建制变化很大，职工队伍不稳定，人们调走的调走，回老家的回老家，新来的人也巩固不住。而以柳登旺为代表的一批人牢记毛主席的嘱托，鼓足干劲，继承艰苦奋斗、勇于开拓的南泥湾精神，树立了“因陋就简，以场为家，艰苦创业”的建场思想。就这样，这些开拓者们三块石头支一口锅，两捆麦草安一个窝，坚持了下来。柳登旺在农场先后任后勤协理员、国营前进农场党委办公室主任、国营前进第三农场副场长、农建十三师三团生产股长、农建五师三十四团副参谋长及前进农场党委书记、场长等职务。直到1976年，柳登旺才离开农场，先后任宁夏农垦局副局长、局长、党委书记。他还当选为自治区第四、第七届人大常委会委员，自治区第五届政协委员，自治区第六届党委委员。1991年受到中织部表彰，荣获全国优秀干部光荣称号。

1956年，一批苏联农业专家到农场考察，他们认为西大滩土壤条件太差，到

柳登旺

处都是盐碱地，根本没法组织生产，并且没有改造好的可能。柳登旺听后心里很不是滋味，但却不信这个邪。他担任副场长后，和场领导班子下定决心：非要改良过来不可。经过学习研究，并借鉴新疆等地的先进经验，农场加大有机肥的施用量，利用秸秆还田等方法改良土地，终于使盐碱下去了，排水顺畅了，单产提高了，总产增加了。原来春天种下15公斤稻种，秋天只能收回15公斤稗子，现在的收成可以达到500多公斤。

担任农场领导期间，柳登旺进一步解放思想，办企业，使农场不再是单纯种地的农场了。抓多种经营，开办糖厂、石灰厂、食品厂，建医院，办学校，设立了武装值班连队，开发煤矿资源，真正实现了无农不稳、无渔不富、无商不活。

改革开放以后，柳登旺看到一些省市旅游开发搞得红红火火，联想到前进农场万亩渔湖沙水相依、翠苇簇簇、鸟鸣鱼肥，也非常适合旅游开发，他就向自治区旅游局的领导积极建言献策。1989年8月4日，柳登旺陪同自治区主席白立忱到前进农场视察，白主席看到碧波荡漾的湖水、连绵起伏的沙丘、随风摇曳的翠苇、展翅翱翔的飞鸟等美景后，提出将渔湖开发为旅游区的构想，并将其改名为“沙湖”。沙湖旅游区建设由此拉开了序幕。

然而，建设之初，很多人对发展旅游并不看好，有的人认为农垦人就得面朝黄土背朝天搞农业，搞旅游只能走入死胡同；有的认为人们才刚刚吃饱肚子，根本没什么旅游消费能力，发展旅游前景渺茫；还有的人觉得沙湖人穷地少，不具备发展旅游的资金和实力。面对各种阻力和声音，以柳登旺为代表的老一代沙湖人没有退缩，他们大力弘扬军垦精神，迎风沙、战严寒，在艰苦卓绝的环境和条件下，以顽强的干劲和惊人的毅力在白浆地上修码头、建船坞、造游船。

当年的塞上已经是十月，虽然寒意袭人，可沙湖周边到处红旗飘扬、人声鼎沸，一片热火朝天、干劲十足的劳动场面。建设者们就近搭帐篷、挖窝棚、砌炉灶，许多人都是老婆孩子一起上，以工地为家，渴了喝湖水，饿了啃干粮，困了睡窝棚……到了冰封大地的隆冬，谁也没有停歇片刻，仍然战斗在建设一线，其势轰轰烈烈，其情可歌可泣。

每迈出一步，沙湖人都要付出了很多心血和汗水。据沙湖退休职工雷利春回忆，当年码头建成剪彩之日，他开着挂着大红花的推土机挖开决口，湖水一下子几乎将整个推土机淹没，当他从深秋冰冷刺骨的湖水里钻出来时，虽然冻得浑身发抖，但脸上却洋溢着幸福的微笑，心里感到暖烘烘的。

正是凭着这种艰苦奋斗、勇于开拓的军垦精神，短短几个月时间，沙湖人就种植树木万余株、草坪百余亩，修整荒地近千亩，修砌码头千余米，他们用劳动和智慧、青春乃至生命，在巍巍贺兰山下、滔滔黄河水旁，书写了一曲曲战天斗地的精神赞歌。

1990年5月1日，沙湖正式开放。凭着一只旅游船和原来的渔业生产船，沙湖以每人2元钱的船票，当年接待游客15万人次，旅游收入54.7万元，实现利润5.5万元，向党和政府递交出第一份满意的答卷。

柳登旺虽然文化水平不高，入伍之前只念过“冬书”（旧社会一些生活贫困、劳动力缺乏的人家，为了不让孩子当睁眼瞎，只能在冬天农闲时把孩子送到私塾，叫“念冬书”），中华人民共和国成立以后，才读过半年工农速成中学，但是他非常善于学习、总结，他采用大家比较熟悉的陕北信天游的形式，生动、形象地把沙湖开发和现状简要地总结出来，编成群众喜闻乐见的段子。例如《赞沙湖》中的一段：

贺兰山下一明珠，
塞上宁夏有沙湖。
沙湖有水还有芦，
江南风光在沙湖。
东南有湖没有沙，
西北有沙没有湖。
登在沙山北望见江南水乡，
坐在船中南看到大漠风光。
沙湖的水、沙湖的芦，
风景优美赛西湖。
东南西北的人都跑来看沙湖，
游人来了就不想走……

为了当好“导游”，他还能现场编顺口溜。如1991年6月19日，中共中央总书记江泽民同志在宁夏视察工作时，柳登旺是这样介绍沙湖的：“沙湖是贺兰山下一颗明珠，塞上宁夏有沙湖；有沙有水又有芦，风光在沙湖；南方有湖没有沙，北方有沙少有湖；沙湖有沙又有湖，湖中还有芦，欢迎总书记视察沙湖。”江总书记听后笑着说：“老柳是个高级导游。”柳登旺接着说：“我们宁夏人生在宝地要识宝，我们生在黄河边，不能光喝‘健力宝’，我们要让全国各地乃至世界各地的人都来喝黄河水，都来游沙湖。”江总书记肯定地说：“这个指导思想是对的。”就这样，江总书记和陪同人员边拉家常边愉快地游览视察了沙湖。

1992年9月国务院副总理朱镕基视察沙湖时，问柳登旺为什么想起了开发沙湖办旅游？他即兴回答：“黄河水不能白白地在宁夏流，宁夏人在改革大潮中也要朝前走。生在宝地要认宝，识了宝贝要用好。开发沙湖办旅游，宣传宁夏有了大窗口。要富宁夏也要富我们沙湖，总理您说农垦该不该办旅游？”

朱总理听了他的回答，很满意，向他开玩笑说：“你应该是国际高级导游职称。”陪同总理考察的时任自治区党委书记黄璜和自治区主席白立忱都跟着笑了起来。

如今，这南沙北湖，沙水相连，苇鸟相依，构成了一幅如诗如画、令人神往的

沙湖的新生

美丽画卷的沙湖景区已成为我国西部旅游和投资的热点，更是对外宣传宁夏、展示西部风情的窗口。忆苦思甜，我们不能忘记像柳登旺这样的老沙湖人，他们扎根农垦，发现沙湖是一块风水宝地，下定决心治理开发，为宁夏人民造福，给全国景观增光添色。他把数个湖泊整治到一起，种上簇簇芦苇，芦在水中生，水在芦边漾，塞外宁夏变成了塞上江南，塞上江南美名变得更加名副其实。沙湖的治理和改造，沙湖的利用和发展，是沙湖人给宁夏人民献上的一份丰厚的礼品。

门票一元为首创 立足服务续华章

赫天江

“一元门票撬动旅游大市场，八十万游客创造接待新纪录。沙与水天然相映，人与鸟和谐成趣，王牌景点续华章！”这是在2009年度宁夏经济人物颁奖晚会上，评委会给宁夏沙湖旅游股份有限公司董事长赫天江的颁奖词。

赫天江1996年大学毕业后进入沙湖工作，是沙湖第一批大学生员工。当时，宁夏旅游刚刚起步，沙湖旅游区也正值边开发边建设阶段，工作、生活等条件都异常艰苦，与他同来的10多名同学有的为了追求高质量的生活，先后离开了沙湖，但他却选择留了下来，与沙湖的员工一起挖沟、修路、植树、平地，常常是晴天一身汗，雨天一身泥。就这样，凭着坚忍不拔的毅力，他一步一个脚印，由一名普通员工逐步成长为旅游部副经理、接待部经理、办公室主任及沙湖旅游景区总经理助理、副总经理，2008年5月，他被提升为沙湖旅游景区总经理。

赫天江的工作不但得到了领导和全体员工的肯定和好评，也引起了区直各部门的注意，给予了这位青年企业家应有的荣誉：2003年被第七届全国少数民族传统体育运动会组委会评为“承办工作先进个人”，2004、2008年被石嘴山市旅游局评为“文化旅游工作先进个人”，2006年被自治区团委、自治区劳动和社会保障厅授予“2005年度宁夏优秀青年岗位能手”，2008年被宁夏回族自治区地方海事局评为全区水上安全工作先进个人，2009年被自治区团委、宁夏青联授予“全区十大优秀青年企业家”称号。

2009年9月，赫天江被宁夏农垦局任命为宁夏沙湖旅游股份有限公司党委

先进工作者奖状

副书记、董事长。他在沙湖景区、沙湖旅游股份有限公司主持工作期间，从实际出发，大胆创新，进行了一系列改革：

一是以加快发展为第一要务，进行改革创新。以将沙湖打造成为西部地区独具特色的旅游目的地为目标，以国务院《关于加快发展旅游业的意见》和自治区党委、政府《关于做强做大文化旅游产业的决定》为指导，制定并推行《关于进一步加快公司改革发展的方案》，明确了公司发展方向、产业定位、主攻目标、重点任务等；将股份公司和景区、宾馆、旅行社3个分（子）公司职能明确分离，设立景区财务部、人力资源部、市场营销部，指导沙湖宾馆制定三年发展规划，优

化部门结构，将以往17个部门整编合并为8部1室，增强分(子)公司经营管理水平和独立运营能力；稳步推进薪酬体系改革，加大社会保险投入力度，经广泛征求意见、6次会议讨论、集体协商通过了公司薪酬方案，实现人岗匹配、薪随岗定的目标，调动了广大员工的工作积极性。

二是以项目建设为重要抓手，增强发展后劲。组织专家对实施了12年的景区规划进行修编，完成了《宁夏沙湖生态旅游区提升规划》并通过专家评审。克服重重困难，顶住层层压力，加大环境整治力度，对严重影响景区环境的各类建筑设施予以拆迁、改建近1.8万平方米，恢复了景区自然原貌。投资建成了宁夏湿地博物馆、宁夏农垦博物馆、沙湖海狮表演馆、沙湖鸟类监测站、毛主席像章展览馆，种植荷花、芦苇等各类水生植物1000多亩，更换环保游船120余条，有效保护了沙湖生态环境。对沙湖宾馆全面升级改造，更换燃煤锅炉为燃气锅炉，消除安全隐患，完成改造并投入运营8~12楼客房，加快5~7层改造和宾馆外立面装修步伐，为申报四星宾馆创造条件。

三是以市场营销为突破重点，拓展客源市场。2010年经济危机，行业受到严重冲击，适时推出“宁夏人一元门票游沙湖”优惠政策，激活了持续低迷的区内旅游市场。将银川至北京列车冠名为“沙湖旅游号”，首开区内列车营销之先河。携手新浪、腾讯、去哪儿网、驴妈妈网等多家知名网站，开通网络咨询、预订、支付服务，加大微博宣传力度，构建“智慧沙湖”体系。先后推出并成功举办宁夏沙湖国际观鸟节、宁夏湖泊湿地论坛、沙湖渔舟唱晚季、沙湖冰雪狂欢季等活动，极大地提升了沙湖知名度和美誉度。借助中阿博览会平台，面向阿拉伯国家宣传“塞上江南·神奇宁夏”旅游品牌，使沙湖旅游向国际旅游市场稳步迈进。

四是以文旅融合为发展方向，提升核心能力。在区内率先探索文化与旅游融合之路，推进“精品演艺进景区”工程，受到了各级领导、专家的一致好评，称赞其“题材选得好、演员演得好、合作方式好、市场前景好”。大力发挥宁夏湿地博物馆在普及科学知识、增强环保意识、预防生态事件方面的教育窗口作用，安排专业人员讲解、演示，拍摄反映宁夏和沙湖湿地的4D影片，对广大游客免费进行生态体验和生态教育。推出鸟类表演、海狮表演等特色演艺项目，开创了宁夏文化与旅游携手并进、合作共赢的新局面。

五是以经营创新为主要方法，增强企业实力。高度重视全员培训工作，加强与中国旅游学院、宁夏大学、北方民族大学等高校的合作，成为其产学研基地和教育实训基地。采取校企联合办班的形式，在北方民族大学举办青年骨干培训班，建设沙湖人才储备梯队。组织优秀员工赴港澳台、北上广等旅游发达地区学习交流，安排全体员工赴周边景区开阔视野。沙湖宾馆邀请宁夏工商技术学院教师对全体员工开展实操培训，全员持证上岗，规范服务操作。沙湖旅游区对大漠娱乐、商贸餐饮进行规范整合，新增摇橹船、水上飞鱼等娱乐项目。沙湖宾馆在客房改造提升的基础上，推出新式菜肴百余种，时令冷饮20余款。沙湖旅行社在银川设立火车票代售点，在沙湖景区设立营业部等，满足了游客需求，拓宽了经营渠道，实现了经济效益、社会效益、生态效益的和谐统一。“到宁夏不到沙湖，就等于没到宁夏；到银川不到沙湖宾馆吃顿饭，就难以领略宁夏餐饮的神韵”已经成为业界共识。

赫天江始终以民生改善为根本宗旨，构建和谐企业。在符合用工条件的前提下，优先解决零就业家庭、困难就业人员和员工子女就业问题，先后有60余人

水上飞鱼

在沙湖实现了长期就业和季节性就业。集中财力投入，利用两年多时间，逐步实现了公司1200多人次“五险一金”劳动保障全覆盖。在旅游旺季，开展以“送清凉、送健康、送安全”为主要内容的关爱活动，为员工提供茶叶、绿豆汤、冰糖、水果、饮料等防暑降温用品。每年坚持举办书法绘画摄影大赛、职工运动会、迎新春联欢会、“三八”联谊会，增添职工书屋藏书。组建沙湖龙舟队，代表宁夏参加全国农运会、民运会龙舟项目比赛，丰富员工业余文化生活。

赫天江一系列改革措施中，影响最大的就是“宁夏人一元门票游沙湖”。

2010年春，赫天江进行了一次“转变经济发展方式、创新经营理念”的调研，通过对往年游客的地域分布结构的对比，发现在沙湖每年约60万人次的游客中，宁夏本地游客大约有20万人次，比例明显偏低。经过深入分析发现，宁夏本地客源不多的主要原因是许多宁夏人已经来过沙湖，对沙湖没有新鲜感，缺乏旧地重游的愿望和冲动。再加上60元的门票相对部分宁夏人来说，更是在一定程度上抵消了他们前往沙湖旅游的兴趣。

找到问题的症结后，赫天江决定一手抓招商引资，加紧扩建旅游新项目，以新景点让老顾客再度产生新鲜感；另一手采取惠民新措施，极力拓展市场，对持宁夏身份证的游客实行“一元门票”制（含游客人身保险费），对持学生证的游客实行半价门票制。

游客凭手里的门票，除可领略大沙漠、芦苇荡、荷花池等自然风光外，还可以欣赏水族宫、艺术沙雕、展览纪念馆，也可以登观光塔远眺天水一色、浩瀚山水之美景，观看各类表演。夏天的门票里还包括了进入天然浴场嬉戏、畅游的项目，而在冬季则包含了多种冰上活动。这些都是游客购票后享有的基本权益。不过，景区内诸如湖中荡舟、水面滑翔、湖上跳伞、水上摩托以及沙漠飞车越野等属于独立经营项目，是需要单独收费的。优惠门票制实行之时，沙湖景区向游客郑重承诺：过去用60元门票所享有的基本权益继续保留，而单独收费的独立经营项目也决不涨价。

享受优惠后，游客少花了钱，但景区的管理单位却多花了钱，景区道路需要清扫、设备需要修护、基础设施需要扩建、秩序需要维护等，这些都得花钱，特别是游客增多后，这部分支出也相应有所增加。那么，这笔账该怎么算？

对此，赫天江有另一番理解。他说：我们看似失去了很多门票收入，但却收

沙湖门票

获了更多“争取性”和“长远性”的收入：

其一，我们将门票降到最低，正好能争取那部分可来可不来的中间层，那些没来过的可能来开开眼，那些已来过的还会旧地重游看看新变化，这样客源大大增加了，旅游景点就兴旺了。

其二，游客来了，虽然只花了一元门票钱，但其中多数人还得坐船、买工艺纪念品，还要花钱吃饭、喝饮料，也会亲身体验一下滑沙坡、骑骆驼、驾快艇、观鸟岛等游玩项目的乐趣，这些都能给旅游区带来一些经济收入。虽然赚钱不多，但积少成多，总的效益也不少，这正是我们遵循的薄利多销的经营理念。而他们不来旅游，我们就连这点薄利也得不到。

其三，降低门票对树立旅游区的整体形象大有好处，这也有利于景区今后的可持续发展，从长远来看将来的经济效益会越来越好。

一元门票制实施后，沙湖的经济效益不降反升。截至2010年9月15日，景区接待游客已超过70万人次，较2009年同期增加近5万人次，经济收入也实现了同步增长。

巾帼敬业展风采 一流服务立新功

当您走进国家首批5A级景区沙湖，首先接待您的是沙湖生态旅游区接待服务部，活力四射的青春气息、满满的正能量将会萦绕在您的周围。作为全国顾客满意度行业十大品牌对外接待的排头兵、优质服务的标兵岗——沙湖生态旅游区接待服务部，有着属于自己的一大串荣誉：国家旅游局、共青团中央授名“青年文明号”，中华全国总工会授予“全国五一巾帼标兵岗”“全国工人先锋号”，宁夏回族自治区妇联多次授予“三八红旗集体”……

自治区“三八红旗”集体奖

接待服务部是沙湖旅游区对客服务的重要部门，也是对外展示沙湖旅游形象的窗口，这里有一个具有开拓创新、团结奋进的团队。2017年接待服务部有员工37名，其中女性员工32名，约部门总人数的86%。平均年龄27岁，党员6名，团员13名，是一支充满朝气和活力、能打硬仗的队伍。多年来，围绕公司的经营目标，团结协作，真抓实干，用自己的辛勤汗水多次创下辉煌业绩，以热情周到的服务出色地完成了“世界旅行商大会”“中美旅游高层对话”和“国际和平纪念日”等重大活动接待服务和讲解工作，赢得了海内外嘉宾和各级领导的高度评价，展现了沙湖人的优秀品质，向世界宣传了沙湖形象和宁夏旅游。同时，代表沙湖参加旅游系统导游比赛、农垦系统演讲比赛、全区企业界宣讲和旅游行业礼仪展演和服饰展演等重大活动，产生了一大批先进个人，如“宁夏最美青工”王晓婷、“宁夏最美导游”田春梅、“自治区百名旅游服务之星”高娜、“自治区千名服务标兵”丁良娟等。

“宁夏最美导游”田春梅

导游讲解在沙湖旅游中占据重要的地位，导游的服务质量直接影响着游客的旅游质量。为了提高导游服务质量，接待服务部对导游进行了长期大量细致的培训，涉及沙湖景区知识、全国和宁夏导游基础知识、导游业务、语言技能、救护技能、摄影知识、摇橹船实操驾驶等多个方面，开阔了导游视野，丰富了讲解内容，提高了导游服务水平。接待部还采取“走出去”的策略，选派优秀导游参加旅游景区(星级饭店)接待服务礼仪及阿拉伯语培训、红色旅游景区讲解员培训和全区优秀导游培训，为进一步提升景区接待服务水平做好人才储备。在此基础上，2012年，沙湖旅游公司邀请了专业教师，重点加强对接待部员工的才艺培养，尤其是民歌花儿、沙湖歌曲、沙湖快书的培训力度，有力地提升了沙湖的企业形象和文化内涵。

接待服务部经常组织员工学习，每天由部门员工轮流主持晨会，增强员工

导游风采

的责任感和使命感；晨会时进行养成训练，通过合唱沙湖歌曲、礼仪交流示范和才艺展示等方式，加强沟通了解；通过接待礼仪、摄影知识、国学知识、音乐鉴赏和形体训练等培训，增强团队凝聚力和向心力。正是拥有这些肯吃苦、能干事、干成事的员工、业务骨干和服务标兵，使得部门整体面貌焕然一新，接待服务质量稳步提升，得到了广大游客和社会各界的一致肯定，为公司的发展建设提供了坚强有力的保障。

2008年，接待服务部对导游实行评星定级管理，从综合素质、笔试成绩、讲解水平、协调能力、带动公司餐饮娱乐项目消费等10个方面对25名导游进行了星级评定，依据总体考核成绩划分出五星导游2名、四星导游6名、三星导游17名。并根据个人特长和服务特点把导游进一步细分为知识型（8名）、才艺型（7名）和服务型（10名），为不同需求的游客提供"菜单式"服务。通过星级评定考核，强化导游自学自律意识，提升服务技能和服务水平，在部门内形成比、学、赶、帮、超的良好氛围。管理制度改进很快就取得了良好的效果，2009年，接待服务部导游共接待33529人次，全年总收入增长10%，导游的收入也增长12%。

2012年，接待服务部在原有评星定级管理的基础上，改革了导游考核管理办法，每月对导游从讲解水平、综合知识、促进项目消费、游客意见反馈、协作部门意见和遵规守纪等10个方面进行考核。每月初，由公司主管领导、部门经理、主要协作部门及民营项目负责人、相关部门领班、部门员工代表共同参与，对全体导游进行业务考核，通过现场讲解、知识问答、才艺展示等方面综合考评，结合当月带团业绩、服务信息反馈和特殊贡献等方面，总评成绩优异者晋级，反之降级，不合格人员经培训合格后方能上岗。通过考核，强化了导游自学自律意识，提升了服务技能和服务水平，在部门内形成比、学、赶、帮、超的良好氛围。

沙湖导游讲解精彩、服务大方，出色扮演了讲解员、接待员、服务员、联络员和宣传员等多重角色，充分展现了沙湖人的优秀品质和巾帼不让须眉的良好风范，充分展示和宣传了沙湖形象和宁夏旅游。在各种活动中，部门人员积极努力，得到了社会各界的一致好评，充分展现了沙湖人的优秀品质，极大地展示和

接待外宾

“亲子游”带团活动

宣传了沙湖形象，为宁夏旅游增添了光彩。仅2012年一年，接待服务部就承接省部级以上领导100多次，接待全国性商务、会议团体近50个，成功接待了四川、浙江等党政代表团，出色接待了中非、密克罗尼西亚、巴布亚新几内亚、泰国等外国领导团队，尤其在第三届中阿经贸论坛活动期间，为来访的世界各国嘉宾热情周到服务，赢得了嘉宾的高度评价。

被评为“旅游行业千名服务标兵”的丁良娟总是告诫自己，不能只做一名景点讲解员，她深知导游是“民间大使”，要用自己优质的服务、真挚的感情去温暖每一位客人。2011年6月的一天，她像往常一样来上班，她记得很清楚，那天天气非常晴朗，公司给她安排了一个公务接待，大约9点，小丁和公司领导到广场边迎接宁夏福利院的小朋友和工作人员，等他们下车以后她呆住了，有坐轮椅的，有拄拐棍的，有靠人搀扶的，院长组织大家在大门口拍了一张合影，然后小丁把他们慢慢带进景区，平时走5分钟的路，那天走了近20分钟。她只是介绍了欢迎词就再没顾上说话，一个劲帮大家。终于到了码头，码头上的工作人员不约而同地帮他们上了船。“谢谢！谢谢！”听着这些稚嫩的言语，小丁转过头擦掉了已经滑到嘴边的泪水。在驾驶室里她调整好自己的心态并开始讲解，一路上，小朋友们听得很认真，她感觉自己从来没有那样投入。在沙滩上，阿姨们和小丁精心地照顾小朋友们，把他们当作自己的孩子，小朋友们玩得非常高兴。在坐船返回的途中，她们共唱了一首《感恩的心》，感谢所有帮助过他们的人。走出大们时，有一位盲童大声说：“谢谢叔叔阿姨！”这是小丁带过的最有意义的一个团，使她铭记要学会感恩、学会报恩。

接待服务部是争先创优的集体，挖掘潜能、发挥特长、奖励先进成为部门的重要工作。部门高度重视公司内外的各种活动，精心组织参加了公司安排的各类活动，并取得优异成绩，近10年荣誉：2007年，被团中央授予“青年文明号”荣誉称号；2008年在自治区“红宝杯”讲解员大赛中荣获一等奖、二等奖和最佳组织奖，姚玉凤荣获石嘴山市旅游系统年度“旅游服务之星”；2009年在全区第三届导游风采大赛中，3名参赛人员分别获得“全区十佳导游”“十优导游”“最佳形象奖”；2010年，被评为自治区“三八红旗集体”，在全区旅游行业礼仪展演中获得一等奖；2011年，在全区旅游行业服饰展演中获得优秀奖；在自治区交通运输厅“安全伴我行”演讲比赛中荣获二等奖，在自治区千名服务标兵评选活动中导游良娟被评为优秀导游员；在全区企业界“我与祖国共奋进，我为企业献青春”宣讲比赛中获得优秀奖和最佳组织奖，姚玉凤被评为石嘴山市旅游系统“礼仪之花”；2012年，参加全区第五届导游员风采大赛获得石嘴山市一等奖、自治区优秀奖，田春梅被国家旅游局授予“全国优秀导游员”称号；2013年，在农垦局主办的“我骄傲，我是农垦人”演讲比赛中获一等奖，参加由自治区文化厅、自治区总工会、共青团宁夏区委主办的“我与企业共成长”演讲比赛荣获三等奖，王晓婷被评为宁夏“最美青工”，被自治区妇女联合会授予“自治区三八红旗集体”，被中华全国总工会授予“全国五一巾帼标兵岗”；2014年，被共青团宁夏回族自治区委员会评为“青年文明号”单位；2015年，代表自治区体育局参加全国全健排舞大赛获优秀组织推广奖，导游田春梅被评为宁夏“最美导游”；2016年被中华全国总工会授予“全国工人先锋号”称号，高娜被自治区旅游发展委员会评为“百名旅游服务之星”。

让优秀成为常态——这是沙湖旅游区接待服务部全体人员的信念。接待服务部紧紧围绕公司既定目标，根据旅游行业的特点，以文明服务为宗旨，优质服务为目标，做好各项接待服务工作，立足景区发展规划，争取在“重管理、求实效、树形象”上有新的突破，立足岗位，争创一流，用扎实的行动为宁夏旅游经济、沙湖蓬勃发展作出新的更大贡献。

全国五一巾帼标兵岗

立足大漠抒豪情
脚踏沙海创大业

雄奇苍茫的贺兰山下依偎着碧波荡漾的沙湖，它们向人们讲述着一段段传奇佳话。人们不禁要问，沙湖如何有今天的这番成就，又是如何在塞北荒漠大放光彩的。在沙湖的建设过程中，有一个人不得不提，他把一个年产7万斤鱼虾的普通渔湖，打造成为国家5A级旅游景区、王牌景点。凭借多年的艰苦创业和负重拼搏，使沙湖在西北独占鳌头，成为集风景游览、观光娱乐、体育竞技、疗养避暑、休闲度假、会议接待、水产养殖为一体的综合旅游体系，带动了区域经济的发展。他就是沙湖前总经理——韦星柳。

在20世纪六七十年代，沙湖还是个名不经传的农场渔湖，默守在贺兰山脚下。如果说黄河母亲养育了这个"豆蔻梢头二月初"的俏女子，那么沙湖的"一朝扬名天下闻"却有一段充满传奇的故事。成就这段充满传奇故事的人韦星柳，同沙湖一样既有江南神韵又有大漠豪情，或者说，他已把自己的江南神韵完完全全融入了大漠豪情，而更具传奇色彩。

1958年，韦星柳作别故乡的山水，作别故乡的云彩，远离柳州，揣着一颗童心，随父亲来到宁夏支宁。这一去，便从山清水秀的江南植根在北风呼啸百草折的大西北。1963年8月，高中毕业的韦星柳和当时热血澎湃的青少年一样，主动请缨，报名到宁夏西大滩农场下乡。

天天挖沟、排水、治碱，虽然工作很辛苦，可他仍然全力以赴地去做。他干的活很多：灌水浇地、平田整地、挖沟排碱、赶车放羊、做饭烧水，甚至打炉盘炕，但他不叫苦不叫累，凭着坚强的意志和不服输的性格，很快精通农业生产十八

点点苇丛

般武艺，得到了农场职工的认可。1969年7月他光荣地加入了中国共产党。

改革开放的春风吹皱了元宝湖的一池水，渔场也逐渐在他的打理下呈上扬之势，只是更大的期盼如鱼儿在水中游，搅得他思绪如潮。如何把职工带出这亘古的日出而作、日落而息的传统并再创辉煌？这是他一直思考的问题。1982年5月，带着这样的心情回乡探亲，他不仅有寻找童年踪迹的兴奋，一种与亲朋好友相聚的兴奋，也有开阔眼界的兴奋。但韦星柳绝不是那种传统意义上的衣锦还乡，更不像汉高祖那样“大风起兮云飞扬，威加海内兮归故乡”。他只是宁夏农垦前进农场渔场的场长。

渔场南距宁夏首府银川市42公里，北距石嘴山市22公里，这里虽然沟渠纵横，布满沼泽，却盐碱遍地，水面还不到50公里。因它形似元宝，所以当地人称为“元宝湖”。这可是为农场职工提供福利的湖泊，鲤鱼、鲫鱼、草鱼、花白鲢鱼无异于活蹦乱跳的元宝。因盛产鱼，所以人们称它为渔湖。但毕竟渔场条件艰苦，在元宝湖里捞元宝可不是轻而易举的事。20世纪80年代，韦星柳主动要求从农场队长、技术员调到渔场，开始了他的水产养殖生涯，带领职工每天清晨5点多钟下湖捕鱼，一直到日落西山才一身疲惫地收网回去。

面对改革开放的大潮，韦星柳也开始思考自己所在渔场的前途了。想起过去经历的艰难，韦星柳只感到脚步很沉，归乡路是那么漫长。好在苦难已经远去，飞沙走石的大西北已经远去，秀色可餐的广西翩然而至。他除了看到桂林山水等风景名胜之外，还看到了故乡柳州的马鞍山公园、柳侯祠、大龙潭、冷泉寺、都乐岩、巨猿洞、程阳风雨桥等等，江南风景如画，游人如织，旅游业搞得如火如荼。

在故乡的日子里，韦星柳食不甘味，柳州蜜橙不甜了、马肉米粉不香了、蛤蚧酒不醇了，他一遍又一遍地回味着元宝湖鲤鱼的香、红宝枸杞酒的醇；韦星柳坐不安席，他跑马鞍山公园，心里摇曳着渔湖的翠苇；他跑大龙潭，心里荡漾着元宝湖的碧波……在家乡，他准确地捕捉到了与自己价值标准对应的一个新目标，改变元宝湖，使其从亘古中走出去。

他要搞旅游，发展第三产业，开创现代服务业。要开发元宝湖，把连年亏损的渔湖建成一个旅游胜地。在他眼里，南沙北湖，沙抱翠湖，湖润金沙，沙水相连，苇鸟相依，鱼荷相戏，构成了一幅如诗如画、令人神往的美丽画卷。当人置身其中，定会被那沙与水的巧妙结合、苇与鸟的和谐相处、鱼与荷的柔情相伴所感动，谁都会乐不思蜀、流连忘返……

韦星柳按捺不住了，他是个果断的人，认准的事说干就干，一点都不拖泥带水。当即，他拿出家里所有的积蓄，又向亲友借了一些，共凑了3000多元，买来变速器和发动机，准备回元宝湖后改装旅游船，供游客乘坐。为了节省运费，他买了几个大包装着160斤的铁疙瘩，硬是从广西老家背回了宁夏。

回到宁夏，回到元宝湖，韦星柳和他的同事们把机器安装在一条普通的渔船上，因为人们知道韦星柳没有什么不敢想，没有什么不敢干，都称他为“韦大胆”，这条船就被人们命名为“大胆号”。“大胆号”乘风破浪，载着游客在碧水翠苇间激荡起层层波纹，划出了一道道优美的弧线。

这就是沙湖历史上的第一条机动船，旅游接待的元老船。

韦星柳带领着员工艰难地开始了他“不务正业”的旅游生涯，就凭几只旧渔船和他的“大胆号”不知疲乏地穿梭在广阔的水面上，在大风大浪里履行历史使命。沙湖人全身心地投入到了旅游发展道路上，用一种锲而不舍的精神，不怕苦不怕累，书写着时代的变迁。

沙湖开发后，韦星柳带领广大员工一边开发建设，一边接待经营。他既当

领导，又做导游、促销员，勤勤恳恳，勾画着沙湖的美好前景。这一年，蜂拥而至的游客就达到80多万人，旅游收入达160万元，利润近70多万元，把养鱼的价值翻了好几倍，沙湖第一次扭亏为盈。这一年，沙湖人看到了旅游带来的实惠和巨大的发展前景，思想统一了，干劲更足了，沙湖迈出了快速发展的步伐。沙湖的芳名已是世人皆知，沙湖终于翻开了辉煌的一页，而韦星柳也真正成为了宁夏旅游业的领头雁。

1988年8月12日，宁夏回族自治区主席白立忱到渔湖视察农业生产。韦星柳陪同主席登上了“大胆号”，在湖光沙色、碧湖翠苇间穿行。白主席面对烟波浩渺的湖水、迎风摇曳的翠苇、连绵起伏的沙丘，思绪万千，良久，他叮嘱身边的韦星柳说：“这么好的自然生态旅游资源要充分利用，要开发成旅游区，生态养殖、观光旅游、休闲度假、体育竞技四位一体的度假区，为全区人民办一件实事、一件好事。你的路子走对了。”白主席在“大胆号”上当机立断地提出将渔湖开辟为旅游区的构想。

为了顺利开发沙湖，自治区政府在沙湖召开了近10次现场办公会。沙湖也一次次作为头条新闻走入千家万户，许多国家领导人都先后到沙湖考察指导工作，大大提高了沙湖的知名度。

1991年6月19日，时任中共中央总书记、国家主席江泽民到沙湖视察工作时，面对如此美景，他欣然挥毫写下了“沙湖”二字，从此沙湖名声大震。江主席对站在旁边看题字的韦星柳风趣地说道：“老韦哟，这可是你发财的好地方啊！”韦星柳顿时感到肩膀沉重起来，韦星柳怎能辜负总书记这殷殷嘱托呢？他更以百倍的努力去为沙湖的明天谋划。

1995年，国家旅游局要评定35个旅游王牌景点，韦星柳敏锐地认识到这是将把沙湖推向全国、推向世界的绝佳时机。他连夜赶往北京，火速找到国家旅游局相关领导，绘声绘色地向他们推荐沙湖美景。

领导静静地听他讲完沙湖水，摇了摇头道：“你这个湖太小了，没有历史渊源，地图上都找不到，怎么给你评呢？”

农垦人的淳朴和农垦生活的历练使韦星柳更显男子汉气概，他说话干脆利落，尾音短促有力：“据考证，湖面形成早于沙山，清乾隆年间，宁夏平原发生的大地震，致使银川周边奇迹般出现了许多大小不一的湖泊，素有‘七十二连湖’

之称，沙湖即是其中最大的湖泊之一，它比西湖还大好几倍呢。”

韦星柳如一位魔法师，不用斑斓的色彩，不用专业技巧和绚丽的笔触，他只用对美的深刻理解和认知来启迪人、征服人。回沙湖后，韦星柳加快了对沙湖旅游开发的步伐，将它的姿容装扮得更加亮丽。

1995年7月，国家旅游局局长刘毅带着5位专家来到沙湖，整整考察了两天。局长笑容满面道：“老韦呀，我给你平反了，你是王牌中的王牌。”并欣然给沙湖题词赋诗。

1996年，沙湖荣列全国35个王牌景点之中，之后又被评为“全国文明风景旅游示范点”，为2001年评选为4A级景点奠定了坚实的基础，直到顺利通过IS09001及IS014001两项国际认证。2007年被评为国家首批5A级旅游景区。

随着西部大开发的实施，宁夏回族自治区出台了《进一步加强旅游业的决定》，提出了着力打造“两沙、两山、一河、两文化”的旅游兴区方针，为宁夏旅游业的发展指明了方向。

为实现这个决定，韦星柳和沙湖人集中精力发展优势项目，依靠独特的沙、水、苇、渔、鸟五大资源，先后开发了沙、水娱乐项目30个，丰富了旅游内容，带动景区走进现代服务业快速发展轨道。

2001年9月18日，自治区党委、政府召开沙湖提质升级专题会，重新研究沙湖旅游区的发展大计。韦星柳提出发展沙湖必须做好顶层设计，思路要宽，起点要高，要跳出沙湖看沙湖，跳出宁夏看沙湖，跳出全国看沙湖，融入高文化、高艺术、高科技，争创中国一流、世界知名沙湖旅游区，在规划、设计上转变理念，在扩大内容、扩大规模、增添色彩、增添魅力上下大力气、下硬功夫。在开发建设上树立名牌意识、精品意识，打造大品牌、大旅游、大市场，促进旅游大发展。之后，韦星柳还专门出国考察，全国调研，研究沙湖的发展大计，推动沙湖的建设。

沙湖是韦星柳的安身立命之地、事业之本和精神所寄，韦星柳则是沙湖扬名天下的宣传者。沙湖对韦星柳来说，是“当今奋起千钧笔，不绘宏图不丈夫”，而韦星柳只希冀“沙湖慷慨飞百鸟，换得美丽悦人间”。

为了加快发展，吸引资金，韦星柳提出了把旅游开发与西部开发、扶贫开发、招商引资、旅游教育等相结合的观点，多元开发，在沙湖周围形成了旅游、观

“沙湖”石

光、娱乐、度假、体育竞技和水产养殖为一体的综合旅游产业。

按照聘请的国内外专家论证后制订的发展规划，沙湖在最短的时间内完成了长12公里、宽60米环湖运河的挖掘工作，集中全部人力、物力、财力沿运河两岸建设野荷苑、风情园、红柳园、沙漠营地4个旅游观光带，丰富人文景观，增加新的看点。

韦星柳没有停留在运河的单纯开发上，他又提出了“心往发展上想，劲往建设上使，路往项目上跑”的思路，景区的建设又一次掀起高潮。2001年至现在，景区先后自筹并投资1.511亿元，规划建设生态停车场、沙湖标志性大门、人工山体、水产基地等16项工程，同时申请并争取到国债资金2700万元，完成了沙湖环湖路、世纪大道、污水处理厂和垃圾填埋场4项大型工程。

为了把龙头舞大舞精，韦星柳决心突破单一的观光娱乐模式，向综合性旅游目的地发展，着重加快体育竞技、疗养避暑、休闲度假、会议接待、水产养殖综合体系开发。按照旅游专家的规划设计，沙湖人开设高塔览胜、迷津荡舟、荷苑观花、乐园观鸟、大漠驼铃、滑沙索道、银河观光、空中飞伞、水上驾乘、天然浴场、国际沙雕艺术展等精品旅游项目，修建中心大道、生态码头、环湖公路等基础设施，同时加大招商引资，建设星级宾馆、组合餐厅、商贸服务中心、游客服务中心等旅游服务配套设施，以金沙和芦苇为材质，开发了特色精美的芦苇画、沙塑等工艺品，实现了吃、住、行、游、购、娱一体化。

没有良好的企业文化，沙湖不可能真正走出宁夏、走向全国，甚至走向全世界。韦星柳开始带领沙湖人积极开发文化体育等项目，先后成功举办了“宁夏沙湖荷花艺术节”“中国西部‘沙湖杯’民歌（花儿）歌手邀请赛暨第二届荷花艺术节”，还配合政府及有关部门举办了“中国宁夏（沙湖）大漠黄河国际旅游节和中国银川国际摩托旅游节”等。多姿多彩的活动极大地丰富了旅游内容，极大地提高了旅游文化的品位，使前来观光的人们流连忘返。在此基础上，他又提出了“文化兴旅”的方针，确立了水文化、沙文化、鸟文化“三个文化”思路。

韦星柳早就意识到保护沙湖生态的重要性，于是，一个新的计划在他头脑中逐渐清晰起来：在沙湖建造一个鸟类天堂，建一个可以和青海鸟岛媲美的地方。

韦星柳专门请来一批水利、动植物和生物专业方面专家，会同沙湖的职工一起调查摸底。经过两百多个不眠之夜，这些专家终于摸清了沙湖的家底，其结果令人兴奋，也令人吃惊。沙湖保护区内共有植物63种，脊椎动物140多种，其中鱼类16种，鸟类98种，包括黑鹳、蓑羽鹤等国家一、二级保护动物。每年在湿地区域栖息、繁殖的鸟类多达12万只，是干旱荒漠地区鸟类的天堂。

分析得失之后，韦星柳和沙湖人确立了“保护第一、利用第二、开发第三”的原则，不断加大保护生态尤其是动植物的力度，并将建设鸟类保护区列为沙湖开发的重中之重。经过一年的努力，终于建起了沙湖湿地鸟类自然保护区。

2002年，沙湖又一个举动在宁夏旅游界引起了不小的震动。韦星柳认为，同优势企业联手打造宁夏旅游业的龙头企业，是沙湖人适应新时代的必然选择。于是，他毅然决定对沙湖旅游实现股份制改革，充当了宁夏旅游改革的排

湖润金沙

头兵。他的初衷是，通过组建股份公司，进一步强化沙湖品牌优势，下大工夫提高人员素质和服务质量，规范企业运作程序，增强企业的竞争力。在建立现代企业管理制度，同步引入现代规范的公司制度和法人结构，进一步建立激励和约束机制，从经营管理机制上确保企业的持续健康发展。

因此，实行股份重组后，他及时提出了“远引、外拓、近联”的3年计划，与北京首旅集团“联姻”，是为了“远引”；在大连成立了分公司，是为了“外拓”；将沙湖宾馆和沙湖旅行社纳入旗下，是为“近联”。

令人心驰神往的沙湖，其发展前景不可估量。随着我国旅游业的蓬勃发展，沙湖又提出“打造好一个景区，富一方百姓，兴一方经济，改变一方面貌”，他还提出旅游就是要把简单的东西做复杂，打造引爆点，引发兴趣点，使旅客目不暇接、流连忘返。围绕这个道理，沙湖又提出了“定位准、起点高、规模大、内容多、特色强、有差异”的发展思路，制定了“生态居先、区域整合、产业联动”的目标，力争在短期内实现“四大计划，五大目标，塑造七绝八景”，实施一带两区（运河观光带）、三门（新大门、南大门、西大门）、四线、六园、七绝、八景的发展战略，整合旅游线路，延长旅游时间，促进旅游消费，提高经济效益。

韦星柳和沙湖人制订了区域拓展计划，即坚持北部优化现有接待服务区，南部发展沙漠风情区，西接贺兰山背景带为沙湖添姿，向东大规模开发环湖路周边的大片沼泽、湿地。制订了水乡度假计划，从回归自然、放松身心、亲近自然的需求出发，开辟了以玩水面、吃水鲜、享受大自然为主题的水乡度假计划旅游。

沙湖有着深厚的军垦、农垦文化背景，开发建设至今涌现了许多可歌可泣的动人故事，昔日上山下乡的知青、转战南北的军人在沙湖这片土地上留下了令人难以忘怀的激情燃烧的岁月，深入挖掘出来，会增添这里的人文色彩。无论是沙湖的发展规划还是正在建设的项目，都不难看出，按照宁夏旅游战略规划，未来十年，西部独具特色的旅游基地，沿黄河一线的旅游"金走廊"将在宁夏建成，"天下奇景"沙湖将成为这一旷世奇观的"桥头堡"。

白天的沙湖热情、粗犷、豪放，夜晚的沙湖清净、神秘、诱惑，昼夜交替、时光嬗变中的"塞上江南"沙湖和谐生辉，既静若处子，又动如脱兔，它本身就是个奇迹，使人产生无限的遐想，获得人生启迪，创造生命的奇迹。

参考文献

著作类:

1.陈育宁主编:《宁夏通史》,宁夏人民出版社,2008年。

2.王天顺:《河套史》,人民出版社,2006年。

3.许成、吴峰云:《宁夏古塔》,宁夏人民出版社,1988年。

4.许成、杨浣、董宏征:《古都银川》,杭州出版社,2010年。

5.邢宏亮主编:《平罗史话》,宁夏人民出版社,2012年。

6.戴亮主编:《银川史话》,宁夏人民出版社,2015年。

7.张进海主编:《沙湖传说》,宁夏人民出版社,2004年。

8.张进海主编:《美丽的沙湖》,宁夏人民出版社,2004年。

9.荀光生主编:《天堂沙湖鸟——沙湖鸟类鉴赏》,阳光出版社,2015年。

10.《宁夏农垦志》编纂委员会编:《宁夏农垦志》,宁夏人民出版社,2006年。

11.平罗县军事志编纂委员会编:《平罗军事志》,方志出版社,2002年。

12.《前进农业志》编纂委员会编:《前进农场志》,宁夏人民出版社,1992年。

13.国家文化局主编:《中国文物地图集:宁夏回族自治区分册》,文物出版社,2011年。

14.宁夏回族自治区发展和改革委员会编:《宁夏回族自治区资源环境地图集》,中国地图出版社,2006年。

报刊类:

1.竺可桢:《中国近五千年来气候变迁的初步研究》,《考古报告》1972年第1期。

2.黄多荣:《汉唐时期古黄河银川平原段河道迁徙及沿岸城镇初探》,《宁夏社会科学》1998年第6期。

3.汪一鸣:《历史时期黄河银川平原段河道变迁初探》,《宁夏大学学报(自然科学版)》1984年第2期。

4.张维慎:《明代宁夏畜牧业的经营类型与地域分布》,《中国历史地理论丛》2005年第1期。

5.张维慎:《人类活动与宁夏森林的变迁》,《古今农业》2003年第4期。

6.张维慎:《试论宁夏中北部土地沙化的历史演进》,《古今农业》2005年第1期。

7.汪一鸣:《银川平原湖沼的历史变迁与今后利用方向》,《干旱区资源与环境》1992年第1期。

8.马建林、何彤慧:《银川平原湿地的初步研究》,《宁夏大学学报(自然科学版)》2002年第4期。

9.李徽、赵磊:《宁夏两个5A级景区是怎样炼成的》,《宁夏日报》2007年8月28日。

10.赵倩:《人与自然的神奇物语——宁夏沙湖旅游股份有限公司董事长韦星柳访谈录》,《中国质量万里行》2007年1月。

11.陈新洲、武勇:《韦星柳:将亏损渔湖建成旅游胜地》,《经济参考报》2004年11月5日。

12.李明今:《“一元门票”背后的辩证法》,《经济日报》2010年10月18日。

13.李君杰:《给沙湖旅游插上腾飞的翅膀—— 记2009年度“宁夏经济人物”赫天江》,《宁夏画报》2010年第8期。

14.庄电一:《沙湖娃娃鱼记趣》,《宁夏日报》2004年10月19日。

15.庄电一:《宁夏沙湖两条“娃娃鱼”寿终正寝》,《宁夏日报》2008年8月26日。

报告类:

1.宁夏沙湖自然保护区科考组:《宁夏沙湖自然保护区综合科学考察报告》,2010

年12月。

2.宁夏沙湖自然保护区总体规划编制小组:《沙湖自然保护区总体规划》,2012年12月。

3.北京候鸟旅游景观规划设计院:《沙湖生态旅游区总体规划》,2011年1月。

内部资料:

1.沙湖旅游公司办公室:《锻造沙中奇葩,不负国际一流——宁夏沙湖旅游区创建国家5A级景区工作汇报》,2006年12月21日。

2.沙湖旅游公司办公室:《宁夏沙湖旅游区创建国家5A级旅游景区工作实施方案》,2006年5月。

3.沙湖旅游公司办公室:《提升5A建设水平,构建和谐一流景区——沙湖旅游区建设国家5A级景区工作实施方案(讨论稿)》,2007年3月。

4.沙湖旅游公司办公室:《简报》,2010年第12期专刊。

5.沙湖旅游公司办公室:《沙湖旅游区创建国家文明景区工作汇报》,2005年8月。

6.沙湖旅游公司办公室:《沙湖旅游区创建国家文明景区实施方案》,2005年5月。

7.沙湖旅游公司办公室:《宁夏沙湖申报全国旅游系统先进集体汇报材料》,2007年4月。

8.沙湖旅游公司办公室:《沙湖旅游公司接待部先进汇报材料》,2012年12月。

9.沙湖旅游公司办公室:《沙湖旅游公司接待部"三八红旗集体"事迹材料》,2009年10月。

10.沙湖旅游公司办公室:《宁夏沙湖大漠国际沙雕园作品背景资料》,2002年8月。

11.沙湖旅游公司办公室:《生态沙湖低碳旅游——宁夏沙湖创建全国低碳旅游示范区汇报材料》,2011年5月。

12.宁夏农垦事业管理局:《宁夏农垦旅游产业"十三五"发展规划(2016—2020年)》(征求意见稿),2015年8月。

后　记

有沙湖才有沙湖人，有沙湖人才有沙湖，这话其实一点也不矛盾。“清水出芙蓉，天然去雕饰。”潜质无穷的沙湖像一处世外桃源，吸引着一批又一批建设者扎根沙湖，奉献青春，编织梦想，创造出一个又一个人间奇迹。

“宝剑锋从磨砺出，梅花香自苦寒来。”坚忍不拔的沙湖人正是凭借“艰苦创业，负重拼搏，开拓进取，勇于奉献”的军垦精神，使沙湖成为一处碧波荡漾、百鸟翔集、鱼跃其间的风景胜地，吸引了天涯海角的游客前来参观。

在本书出版之际，在此要特别感谢银川市政府秘书长、沙湖旅游股份有限公司原董事长赫天江，沙湖旅游股份有限公司副总经理、沙湖旅游公司总经理姚志强，沙湖旅游股份有限公司副总经理、办公室主任娄颜华，沙湖旅游有限公司接待部经理姚玉凤，沙湖旅游股份有限公司营销部经理尹继勇，沙湖旅游股份公司营销部赵志强，沙湖旅游公司办公室徐清清，他们为本书的出版给予了大力支持。毫无疑问，书中每一处使读者回味良久的地方都属于他们。本书编写过程中难免会有疏漏，恳请广大读者批评指正。